CM1

CYCLE 3

Collection *La balle aux Mots*

Observation Réfléchie de la Langue Française

Sous la direction d'Henri Mitterand

Martine Descouens
Professeur des écoles

Jean-Paul Dupré
Conseiller pédagogique

Élisabeth Breuvart
Professeur des écoles

Alain Rausch
Professeur en IUFM

Roger Schmitt
IEN

Maurice Obadia
IA-I.P.R.

Martin Olive
Conseiller pédagogique

Nathan

Avant-propos

Cette nouvelle édition de ***La Balle aux Mots*** a été conçue pour prendre en compte **le rôle de l'observation réfléchie de la langue dans l'enseignement de la langue française.** « *L'observation réfléchie de la langue conduit les élèves à examiner les productions écrites comme des objets qu'on peut décrire, et dont on peut définir les caractéristiques.* » (*Programmes 2002*) L'observation de la langue est nécessairement conçue de manière à conduire l'élève à **une meilleure maîtrise de l'usage du français, dans ses activités d'écoute, de lecture, de parole et d'écriture.**

Dans cette perspective, ***La Balle aux Mots*** propose **cinq périodes** d'étude, correspondant au rythme de l'année scolaire. Chaque période est structurée en **quatre grands domaines** reprenant la répartition classique de l'observation réfléchie de la langue et du discours : ***grammaire*** **(comprenant également une partie « *De la phrase au texte* »)**, ***conjugaison***, ***orthographe***, ***vocabulaire***. ***La Balle aux Mots*** offre également, en fin de chaque période, une partie consacrée à ***l'expression écrite***. Chacun de ces domaines se divise à son tour en **unités**, consacrées chacune à l'étude d'une notion particulière.

Au cours de l'année scolaire, le maître pourra ainsi **librement choisir** les faits de langue et d'expression nécessaires au travail de sa classe, tout en bénéficiant de **la commodité d'une progression régulière.**

Les auteurs

Générique de l'ouvrage

Conception graphique et couverture : Rony Turlet

Mise en pages : Médiamax

Illustrateurs :

Michel Boucher : pp. 11 – 14 – 17 – 19 – 24 – 25 – 28 – 29 – 30 – 32 – 34 – 52 – 53 – 56 – 58 – 60 – 64 – 65 – 66 – 67 – 70 – 72 – 73 – 74 – 76 – 79 – 80 – 94 – 95 – 98 – 100 – 102 – 103 – 104 – 105 – 106 – 108 – 109 – 112 – 114 – 118 – 121 – 122 – 136 – 142 – 143 – 144 – 146 – 147 – 149 – 151 – 154 – 155 – 156 – 157 – 159 – 160 – 161 – 165 – 178 – 180 – 181 – 183 – 186 – 188 – 189 – 201 – 206 – 207

Alain Chiche : pp. 47 – 48 – 89 – 90 – 131 – 132 – 173 – 216

Benoît Debeker : pp. 8 – 26 – 50 – 68 – 92 – 110 – 134 – 152 – 176 – 194

Thierry Lamouche : pp. 43 – 83 – 85 – 124 – 125 – 127 – 167 – 209 – 211

Mado Seiffert : pp. 13 – 15 – 16 – 20 – 21 – 22 – 23 – 31 – 33 – 38 – 54 – 55 – 57 – 61 – 62 – 63 – 71 – 78 – 97 – 99 – 107 – 113 – 116 – 137 – 139 – 140 – 141 – 158 – 164 – 184 – 185 – 190 – 191 – 192 – 193 – 196 – 197 – 198 – 200 – 202 – 203 – 204 – 207

Rony Turlet : pp. 44 – 45 – 46 – 86 – 87 – 88 – 128 – 129 – 130 – 212 – 213 – 214 – 215

Coordination artistique : Léa Verdun

Édition : Sophie Lovera et Laurence Michaux

ISBN 2.09.120541-9

Pour vous guider dans la Balle aux Mots CM1...

Des textes pour observer la langue

En ouverture de chaque période, **un texte de littérature de jeunesse** suivi de trois questions de compréhension.

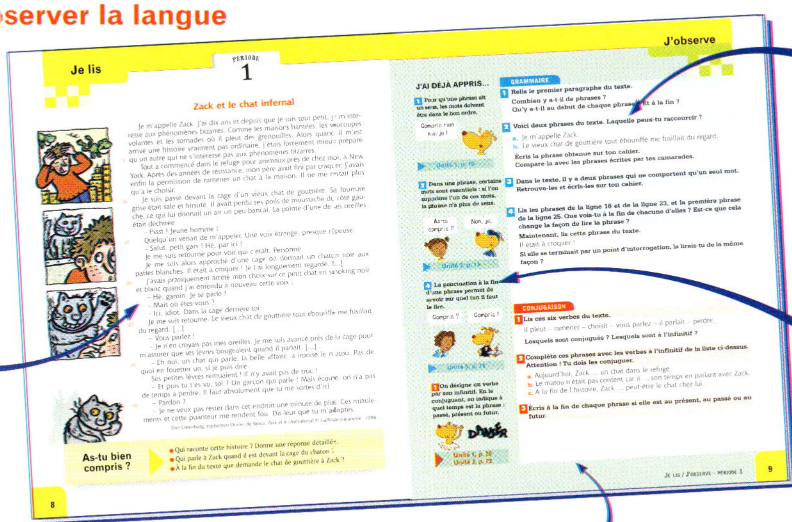

En relation avec le texte de la page *Je lis*, **une introduction des principaux faits de langue** étudiés dans les unités de la période.

Rappel des notions étudiées au **CE2.**

Une double page, construite sur le même principe, aborde les notions d'**orthographe** et de **vocabulaire**.

Des unités de grammaire, de conjugaison, d'orthographe et de vocabulaire

Lecture d'**un texte court** et observation de la notion étudiée.

Questionnement portant sur le texte.

Les principaux points observés dans l'unité. L'élève pourra les mémoriser et s'y reporter au cours de ses apprentissages.

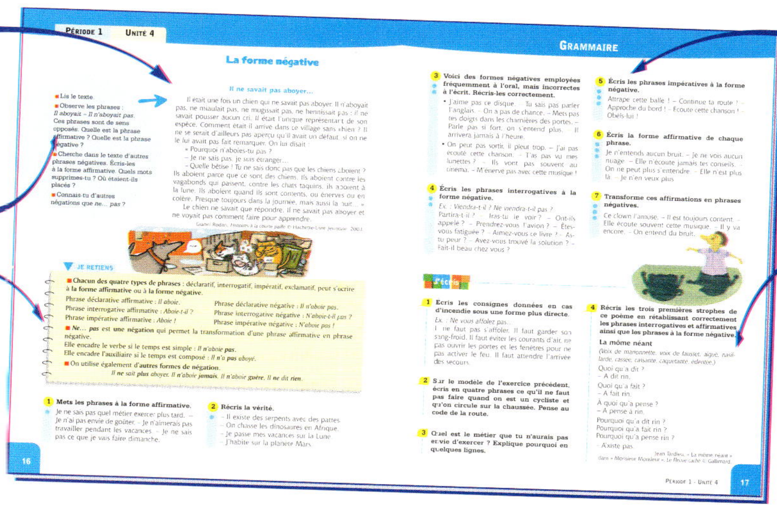

Des exercices d'entraînement classés par niveau de difficulté.

Des exercices de rédaction pour réinvestir les notions.

Des projets d'écriture

Le travail d'écriture s'appuie sur la lecture **d'un texte « modèle »**.

Des conseils et des techniques d'écriture.

Des passerelles renvoyant aux unités étudiées dans les périodes précédentes.

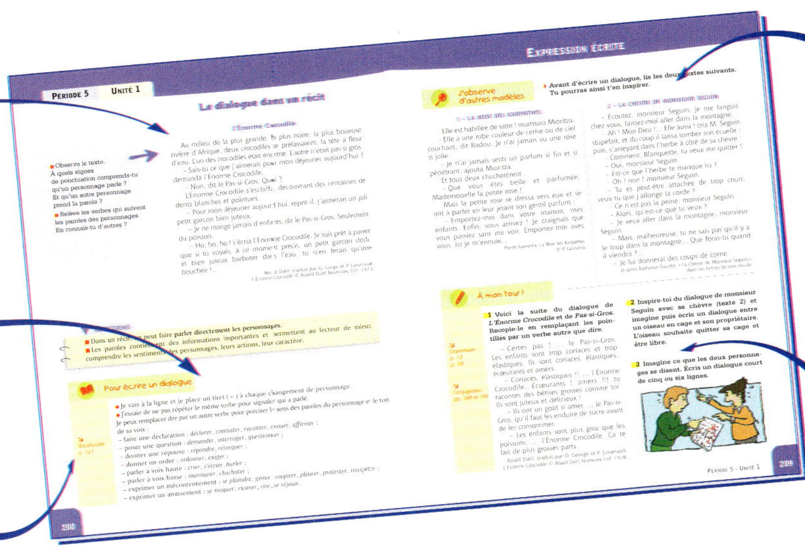

D'autres « modèles » pour guider l'élève.

L'enfant, actif, **crée à son tour ses propres textes.**

Sommaire

Période 3

Période 4

Période 5

Récapitulons

Période 1

Zack et le chat infernal

Je m'appelle Zack. J'ai dix ans et depuis que je suis tout petit, je m'intéresse aux phénomènes bizarres. Comme les maisons hantées, les soucoupes volantes et les tornades où il pleut des grenouilles. Alors quand il m'est arrivé une histoire vraiment pas ordinaire, j'étais forcément mieux préparé qu'un autre qui ne s'intéresse pas aux phénomènes bizarres.

Tout a commencé dans le refuge pour animaux près de chez moi, à New York. Après des années de résistance, mon père avait fini par craquer. J'avais enfin la permission de ramener un chat à la maison. Il ne me restait plus qu'à le choisir.

Je suis passé devant la cage d'un vieux chat de gouttière. Sa fourrure grise était sale et hirsute. Il avait perdu ses poils de moustache du côté gauche, ce qui lui donnait un air un peu bancal. La pointe d'une de ses oreilles était déchirée.

– Pssst ! Jeune homme !

Quelqu'un venait de m'appeler. Une voix étrange, presque râpeuse.

– Salut, petit gars ! Hé, par ici !

Je me suis retourné pour voir qui c'était. Personne.

Je me suis alors approché d'une cage où dormait un chaton noir aux pattes blanches. Il était à croquer ! Je l'ai longuement regardé. [...]

J'avais pratiquement arrêté mon choix sur ce petit chat en smoking noir et blanc quand j'ai entendu à nouveau cette voix :

– Hé, gamin. Je te parle !

– Mais où êtes-vous ?

– Ici, idiot. Dans la cage derrière toi.

Je me suis retourné. Le vieux chat de gouttière tout ébouriffé me fusillait du regard. [...]

– Vous parlez !

– Je n'en croyais pas mes oreilles. Je me suis avancé près de la cage pour m'assurer que ses lèvres bougeaient quand il parlait. [...]

– Eh oui, un chat qui parle, la belle affaire, a ironisé le matou. Pas de quoi en fouetter un, si je puis dire.

Ses petites lèvres remuaient ! Il n'y avait pas de truc !

– Et puis tu t'es vu, toi ? Un garçon qui parle ! Mais écoute, on n'a pas de temps à perdre. Il faut absolument que tu me sortes d'ici.

– Pardon ?

– Je ne veux pas rester dans cet endroit une minute de plus. Ces miaulements et cette puanteur me rendent fou. Dis-leur que tu m'adoptes.

Dan Greenburg, traduction Olivier de Broca, *Zack et le chat infernal* © Gallimard-Jeunesse, 1998.

As-tu bien compris ?

- Qui raconte cette histoire ? Donne une réponse détaillée.
- Qui parle à Zack quand il est devant la cage du chaton ?
- À la fin du texte que demande le chat de gouttière à Zack ?

J'observe

J'AI DÉJÀ APPRIS...

1 **Pour qu'une phrase ait un sens, les mots doivent être dans le bon ordre.**

Unité 1, p. 10

2 **Dans une phrase, certains mots sont essentiels : si l'on supprime l'un de ces mots, la phrase n'a plus de sens.**

Unité 3, p. 14

4 **La ponctuation à la fin d'une phrase permet de savoir sur quel ton il faut la lire.**

Unité 5, p. 18

1 **On désigne un verbe par son infinitif. En le conjuguant, on indique à quel temps est la phrase : passé, présent ou futur.**

Unité 1, p. 20
Unité 2, p. 22

GRAMMAIRE

1 **Relis le premier paragraphe du texte.**
Combien y a-t-il de phrases ?
Qu'y a-t-il au début de chaque phrase ? Et à la fin ?

2 **Voici deux phrases du texte. Laquelle peux-tu raccourcir ?**

a. Je m'appelle Zack.
b. Le vieux chat de gouttière tout ébouriffé me fusillait du regard.

Écris la phrase obtenue sur ton cahier.
Compare-la avec les phrases écrites par tes camarades.

3 **Dans le texte, il y a deux phrases qui ne comportent qu'un seul mot.**
Retrouve-les et écris-les sur ton cahier.

4 **Lis les phrases de la ligne 16 et de la ligne 23, et la première phrase de la ligne 25. Que vois-tu à la fin de chacune d'elles ? Est-ce que cela change la façon de lire la phrase ?**
Maintenant, lis cette phrase du texte.
Il était à croquer !
Si elle se terminait par un point d'interrogation, la lirais-tu de la même façon ?

CONJUGAISON

1 **Lis ces six verbes du texte.**

il pleut – ramener – choisir – vous parlez – il parlait – perdre.

Lesquels sont conjugués ? Lesquels sont à l'infinitif ?

2 **Complète ces phrases avec les verbes à l'infinitif de la liste ci-dessus.**
Attention ! Tu dois les conjuguer.

a. Aujourd'hui, Zack … un chat dans le refuge.
b. Le matou n'était pas content car il … son temps en parlant avec Zack.
c. À la fin de l'histoire, Zack … peut-être le chat chez lui.

3 **Écris à la fin de chaque phrase si elle est au présent, au passé ou au futur.**

La phrase

■ Lis ce texte puis relis attentivement les paroles de papa et de M. Lanternau.

■ À l'écrit, par quoi commence une phrase ? Par quoi se termine-t-elle ?

■ *La mer va être calme ?* Que peux-tu dire de l'ordre des mots dans la question posée ?

■ Dans le texte, existe-t-il :
– des phrases sans verbe ? Si oui, lesquelles ?
– des phrases à plusieurs verbes ? Si oui, lesquelles ?

En avant toute !

– Larguez les amarres ! Hissez les voiles ! En avant toute !

– Remuez pas comme ça, a dit papa, vous allez tous nous flanquer à l'eau !

– Oh oui, a dit maman, soyez prudent, M. Lanternau. Et puis elle a ri un petit coup, elle m'a serré la main très fort et elle m'a dit de ne pas avoir peur mon chéri…

– La mer va être calme ? a demandé papa au patron du bateau. Pas de grain à l'horizon ?

M. Lanternau s'est mis à rigoler.

– Vous, il a dit à papa, vous avez peur d'avoir le mal de mer !

– Le mal de mer ? a répondu papa. Vous voulez plaisanter. J'ai le pied marin, moi. Je vous parie que vous aurez le mal de mer avant moi, Lanternau !

Jean-Jacques Sempé et René Goscinny, « L'île des Embruns »
in *Les Vacances du petit Nicolas* © Denoël, 1962, 2003, by Sempé / Goscinny.

JE RETIENS

■ **Une phrase** est **une suite de mots mis en ordre**, qui a un sens. Généralement elle contient un verbe.

J'ai marin le pied n'est pas une phrase. C'est une suite de mots en désordre qui n'a pas de sens.
Elle me la main très fort n'est pas une phrase. Le verbe manque et cela la rend incompréhensible.
La voile gonflait le vent est correcte grammaticalement, mais ce n'est pas une phrase compréhensible. Cette suite de mots n'a pas de sens.

■ Une phrase écrite commence par **une majuscule** et se termine par **un point**.

■ Certaines phrases ne contiennent **pas de verbe**.

Pas de grain à l'horizon ? Quelle belle forêt ! Un temps superbe ! sont **des phrases sans verbe**. On les appelle **phrases nominales** parce qu'elles se réduisent à un groupe nominal.

1 Pour chaque cas, indique s'il s'agit ou non d'une phrase. Explique pourquoi.

Antoine est un marin prudent. – Ce dangereux est très passage. – Voyager préfère Julien en train. – Il viendra. – Demain, nous suivrons la course de voiliers. – Le vainqueur une coupe en argent.

2 Même exercice.

Qui est-ce ? – La branche chante sur l'oiseau. – Le train de cinq heures. – Hier, je suis allé au théâtre. – Vous avec moi ne viendrez pas. – Nous l'attendrons.

Quand c'est nécessaire, récris correctement la phrase.

3 **En mettant certaines de ces suites de mots en ordre, tu peux former des phrases. Lesquelles ?**

1. stoppe – feu – la – rouge – voiture – au.
2. la – importante – dans – circulation – cette – est – rue.
3. le – crevé – pneu – dans – mécanicien – garage.

4 **Complète, à ta manière, pour obtenir des phrases.**

– Au feu vert, les voitures…
– Si nous prenons le train…
– … quittent le navire après une longue traversée.

5 **Retrouve les trois phrases nominales. Écris-les.**

Quel beau bateau ! – Le vent se lève brusquement. – Hardi matelot, hissons la voile ! – Pas de panique, petit marin ! – Un peu de cran, moussaillon !

6 **Transforme ou complète ces phrases pour les rendre correctes.**

– Impatient tu vas être d'ouvrir tes cadeaux ?
– Je n'ai pas pu le venir voir.
– Tu me conseilles de faire.

7 **Transforme les phrases verbales suivantes en phrases nominales.**

Ex. : Le train arrive dans cinq minutes.
→ *Arrivée du train dans cinq minutes.*

– Le bateau partira à dix heures.
– La régate débutera à quatorze heures.
– Il est défendu de naviguer loin du rivage.
– Un petit voilier a disparu.
– Les secours sont intervenus.

8 **Récris des phrases verbales à partir des phrases nominales suivantes.**

– Organisation d'une course demain après-midi.
– Inscription des candidats à la mairie.
– Départ des concurrents à treize heures.
– Arrivée du bus à quinze heures.
– Distribution des prix sur la plage.

J'écris

1 **Récris ce texte en plaçant les majuscules et les points qui ont été oubliés.**

à peine rentré chez lui, Gepetto prit vivement ses outils et se mit à tailler et à fabriquer son pantin.

– quel nom vais-je lui donner ? se demanda-t-il en lui-même je vais l'appeler Pinocchio ce nom lui portera chance j'ai connu toute une famille de Pinocchi : le père s'appelait Pinocchio, la mère Pinocchia, les enfants Pinocchi, et tous menaient la bonne vie le plus riche d'entre eux était mendiant

Carlo Collodi, traduit par N. Castagné, *Pinocchio* © Gallimard.

2 **Pour connaître la suite des aventures de Pinocchio, récris le texte en remettant les mots de chaque phrase dans le bon ordre.**

Quand il le nom eut trouvé de son pantin, il à vraiment bien travailler commença, et lui fit tout de suite les cheveux, puis le front, puis les yeux. […] Alors, après les yeux, il le nez fit ; mais à peine fait, commença le nez à grandir : et il grandit, il grandit, il grandit… En quelques minutes, il un nez qui n'en finissait pas devint.

Carlo Collodi, traduit par N. Castagné, *Pinocchio* © Gallimard.

3 **Si tu connais la suite de l'histoire des aventures de Pinocchio, décris en quelques lignes ce qui arrive ensuite au pantin fabriqué. Attention ! Ton récit devra comporter deux phrases nominales.**

Les types de phrases

■ Lis le texte puis observe les phrases suivantes :
Je veux la moitié. – Tu veux la moitié ? – Parle donc ! – Que le diable t'étrangle !
Chacune d'elles relève d'un type différent.

■ Quelle est la phrase interrogative ? La phrase impérative ? La phrase déclarative ? La phrase exclamative ? Comment les distingues-tu ?

■ Trouves-tu d'autres exemples dans le texte ?

Le trésor du vieux seigneur

– Le trésor est à moi ; je n'aime pas qu'on me vole. Il est à moi, je l'ai gagné ! Je ne suis pas de ceux qui se laissent dépouiller, entends-tu ?

– Alors bon, répondis-je en me levant ; puisqu'il est à vous, gardez-le. Et je fis un pas pour me retirer.

Lui, se levant et m'arrêtant par le bras d'un geste brusque, en grinçant les dents, me dit :

– Écoute, combien veux-tu ?

– Je veux la moitié…

– Tu veux la moitié ?

– Oui.

– Quelle moitié ? L'or, l'épée, la couronne ? Quoi… quoi ? Parle donc !

– On fera deux parts ; on tirera au sort. Il faut que les parts soient égales.

Il réfléchit un instant, et dit :

– J'accepte ! Il faut que j'accepte… mais tu me voles ; je laisse cela sur ton âme. Que le diable t'étrangle ! Il faut que j'accepte.

Erckmann-Chatrian, *Contes choisis* © D.R.

JE RETIENS

On distingue quatre types de phrases :

■ **La phrase déclarative.** L'auteur déclare, affirme quelque chose : *Ce trésor est à moi. J'accepte.*

■ **La phrase interrogative.** C'est la phrase qui pose une question. Elle se termine toujours par un point d'interrogation. La phrase interrogative peut prendre trois formes : *Tu veux la moitié ?* (forme la plus courante à l'oral) – *Est-ce que tu veux la moitié ?* (avec *est-ce que*) – *Veux-tu la moitié ?* (avec une inversion du sujet).

■ **La phrase impérative.** Elle permet d'exprimer un ordre, un conseil ou une interdiction : *Tais-toi ! – Ne traverse pas en courant.*

■ **La phrase exclamative.** Elle permet d'exprimer l'étonnement, la surprise, la colère. Elle se termine toujours par un point d'exclamation. *Comme c'est beau ! – Quelle surprise !*

1 Indique le type de chacune de ces phrases.

Que viens-tu faire ici ? – Ils volent le trésor. – Prenez cette malle ! – Ne te penche pas, tu pourrais tomber. – Quelle merveille ! – Asseyez-vous, reprenez haleine. – Où est le coffre ? – Est-ce que tu connais ce lieu ? – Comme c'est profond ! – C'est la première fois que je le fais.

2 Transforme les phrases déclaratives en phrases interrogatives. Utilise des formes d'interrogation différentes.

Ex. : Vous avez marché longtemps.
→ *Avez-vous marché longtemps ?*

Cette route menait à la grotte. – Le seigneur marchait devant. – Tu as trouvé l'entrée. – Le trésor se cachait là. – Il voulait tout garder.

3 **Transforme les phrases déclaratives en phrases impératives.**

Ex. : Vous devez vous taire. → *Taisez-vous !*

Vous devez ralentir au carrefour. – Vous nous demandez de prendre cette lampe de poche. – Vous devez partir rapidement. – Vous attendez votre tour. – Vous devez ralentir dans la descente. – Vous me racontez ce qui est arrivé. – Vous devez tenir bon.

4 **Transforme les phrases déclaratives en phrases exclamatives. Emploie *que*, *comme*, *quel(le)*.**

Cette grotte est grande. – Ce trésor est fabuleux. – C'est un avare. – Je suis fatigué. – C'est une chance. – Cette histoire fait peur. – Nous avons passé une étrange soirée. – Cela lui fait plaisir.

5 **Voici des réponses. Écris les questions qui ont pu être posées.**

La grotte se trouve près du torrent. – Non, la grotte n'est pas loin. – Oui, je viendrai avec toi. – Nous partirons à huit heures. – Le trésor appartenait à un vieux seigneur. – Le coffre contenait des pièces d'or. – Ils le découvrirent en soulevant une dalle.

6 **Lis la phrase.**

Ce matin, Marie et Anna nous ont téléphoné pour nous avertir qu'elles arriveront par le train de onze heures.

Écris des questions commençant par :

– Qui... ?
– Pourquoi... ?
– Quand... ?
– À quelle heure... ?

J'écris

1 **Tu interroges le vieux seigneur pour savoir comment il a gagné un tel trésor. Écris les questions que tu lui poses.**

2 **En quelques phrases, imagine une suite à l'histoire du vieux seigneur.**

3 **Récris le texte suivant en indiquant à la fin de chaque phrase à quel type elle appartient.**

Chloé écrit dans son journal intime, son « je-me-parle », tout ce qui se passe dans sa vie.

Dimanche 14 novembre

Ah non ! Non ! Non !

Il faudrait que je partage MA chambre avec le bébé ! Mais c'est MA chambre ! Ils n'ont qu'à le mettre dans LEUR chambre, Papa et Maman ! *Je-me-parle*, tu sais ce qu'ils m'ont répondu ? Qu'il est nécessaire aux parents d'avoir une pièce rien que pour eux, comme il est nécessaire aux enfants d'avoir une pièce rien que pour eux. Autrement dit, a expliqué Maman, il y a la maison pour nous tous. Et à l'intérieur de la maison, il y a comme deux petites maisons, l'une réservée aux parents, l'autre aux enfants. Ainsi chacun peut vivre comme il le veut dans sa petite maison.

Sandrine Pernusch, *Mon* je-me-parle © Casterman S.A.

4 **La suite du journal intime nous apprend que les parents mettent une commode et un berceau dans la chambre de Chloé. Ils lui proposent également d'acheter un paravent pour isoler « son coin » de celui du bébé.**
Rédige le journal de Chloé qui raconte ces nouveaux événements.

Phrase minimale - Phrase non minimale

■ Lis le texte.

■ Observe la première phrase. Peux-tu la raccourcir ? Pourquoi ? Peux-tu l'allonger ? Si oui, comment ?

■ Trouve dans le texte des phrases que l'on ne peut pas raccourcir.

■ Raccourcis le plus possible la quatrième phrase. Écris ce que tu obtiens. Qu'as-tu supprimé ?

Ma première course

J'avais une santé de fer. Avant l'âge de seize ans, je n'ai jamais eu le moindre rhume. À Oignies, je ne portais jamais de pull-over. Pieds nus et en chemise, j'ai sauté des dizaines et des dizaines de déjeuners pour des matchs de football dans la chaleur de l'été ou le gel de l'hiver sans le moindre coup dur.

Une fois, au cours de la fête du pays, la Ducasse, comme on dit là-haut, une course fut organisée pour les grands.

Je m'alignai au départ.

On voulut m'interdire de courir. Je n'avais que dix ans ! Je fis semblant de me retirer et quand la course partit, hop ! je me mis au milieu du paquet…

Michel Jazy, *Mes victoires, mes défaites, ma vie* © D.R.

JE RETIENS

■ **La phrase minimale** *J'avais dix ans* est une phrase qu'**on ne peut pas raccourcir**. On ne peut enlever aucun mot sans la rendre incompréhensible.

■ On peut **allonger** cette phrase en ajoutant des éléments, des renseignements complémentaires :

À cette époque-là, en 1946, *je n'avais que dix ans.*

1 Recopie les phrases minimales.

- Quatre-vingts concurrents sont engagés. – Chaque coureur porte un numéro. – Le départ est donné à dix heures sur la place. – La course est longue. – Louis a du mal à suivre le rythme rapide. – Le vainqueur reçoit une médaille.
- Le soleil se lève. – Nous partirons dans quelques instants. – Je vous souhaite un bon voyage. – À la fin de la course, nous irons déjeuner au restaurant. – La route sera longue. – Mais nous sommes bien entraînés.

2 Des phrases incomplètes se sont glissées parmi des phrases minimales. Retrouve-les.

- Le vainqueur de la course. – On encourage Léa. – Quel exploit ! – Théo abandonne. – Les spectateurs. – Ahmed le premier. – Elle a remporté la course. – Des fleurs au gagnant. – Ses efforts sont récompensés.
- Avec beaucoup de plaisir. – Le chat ronronne. – D'un coup de pied. – Il n'a pas fait attention. – Une blessure à la main. – Attends-moi !

3 Quand c'est possible, raccourcis les phrases pour les rendre minimales.

- Hier, mercredi, je suis allé au cinéma avec mes amis. En chemin, j'ai rencontré Leïla et Paul. Le film était intéressant. À la sortie du film, nous sommes allés manger des glaces. Paul a mangé une glace à six boules. Le soir, il a été très malade.
- Encouragé par les spectateurs, le coureur fournit un gros effort.
  Sur cette paroi de roches friables, les alpinistes avancent très prudemment.

4 Allonge ces phrases minimales en ajoutant des renseignements complémentaires.

- Le coureur abandonne. Charlotte gagne la partie. On a applaudi. Thomas passe le ballon. Le joueur est malade. Il reste au lit. On appelle un médecin. Le pharmacien lit l'ordonnance.
- La course est finie. Qui est le vainqueur ? Anthony est félicité. Comme il est heureux ! Il reçoit un bouquet. La fête commence.

5 Complète ces phrases minimales.

– J'arrive au port…
– J'achète un pain au chocolat…
– Je pars en vacances…
– Je déménage…
– Je vais au cinéma…

6 Recopie les phrases minimales puis allonge-les en ajoutant des renseignements complémentaires.

Tu auras bientôt douze ans. – Mon grand-père fait une sieste. – Quel beau téléphone portable ! – Maman m'appelle. – Juliette pousse un cri. – Je suis heureux de te voir ce matin. – Mon chat s'est échappé par la fenêtre. – Aimes-tu ces gâteaux ? – Je fais un stage de karaté.

J'écris

1 Invente trois phrases minimales. Écris-les.

2 Utilise tous les éléments donnés pour construire trois phrases non minimales.

- le ballon – avec entrain – Maxime – tape – dans.
- de but – arrête – l'excellent – un tir – gardien – puissant.
- sous une chaleur étouffante – a passé – dans le désert – mon ami – de nombreux jours.

3 En quelques phrases, imagine la fin de l'histoire de *Ma première course*. Écris ton texte au présent et à la première personne du singulier.

4 Raccourcis les phrases du texte pour les rendre minimales. Écris le texte obtenu.

Les parents de Lili, monsieur et madame Delafeuille, sont des gens charmants qui sourient toujours. Madame Delafeuille a une peau de pêche. Elle a passé ses journées à faire des gâteaux et à disposer des fleurs dans tous les vases de la maison… jusque dans les toilettes ! Monsieur Delafeuille a une barbe dorée. Il est ornithologue et observe les oiseaux du matin au soir, avec des jumelles.

Michèle Cornec-Utudji, *Lili et le loup* © Nathan.

5 Comment imagines-tu Lili ? Écris son portrait en quelques lignes. Utilise au moins deux phrases minimales.

La forme négative

■ Lis le texte.

■ Observe les phrases :
Il aboyait – Il n'aboyait pas.
Ces phrases sont de sens opposés. Quelle est la phrase affirmative ? Quelle est la phrase négative ?

■ Cherche dans le texte d'autres phrases négatives. Écris-les à la forme affirmative. Quels mots supprimes-tu ? Où étaient-ils placés ?

■ Connais-tu d'autres négations que *ne... pas* ?

Il ne savait pas aboyer...

Il était une fois un chien qui ne savait pas aboyer. Il n'aboyait pas, ne miaulait pas, ne mugissait pas, ne hennissait pas : il ne savait pousser aucun cri. Il était l'unique représentant de son espèce. Comment était-il arrivé dans ce village sans chien ? Il ne se serait d'ailleurs pas aperçu qu'il avait un défaut, si on ne le lui avait pas fait remarquer. On lui disait :

« Pourquoi n'aboies-tu pas ?

– Je ne sais pas, je suis étranger...

– Quelle bêtise ! Tu ne sais donc pas que les chiens aboient ? Ils aboient parce que ce sont des chiens. Ils aboient contre les vagabonds qui passent, contre les chats taquins, ils aboient à la lune. Ils aboient quand ils sont contents, ou énervés ou en colère. Presque toujours dans la journée, mais aussi la nuit... »

Le chien ne savait que répondre. Il ne savait pas aboyer et ne voyait pas comment faire pour apprendre.

Gianni Rodari, *Histoires à la courte paille* © Hachette-Livre Jeunesse, 2003.

JE RETIENS

■ **Chacun des quatre types de phrases** : déclaratif, interrogatif, impératif, exclamatif, peut s'écrire à **la forme affirmative** ou à **la forme négative**.

Phrase déclarative affirmative : *Il aboie.*	Phrase déclarative négative : *Il n'aboie pas.*
Phrase interrogative affirmative : *Aboie-t-il ?*	Phrase interrogative négative : *N'aboie-t-il pas ?*
Phrase impérative affirmative : *Aboie !*	Phrase impérative négative : *N'aboie pas !*

■ ***Ne... pas* est une négation** qui permet la transformation d'une phrase affirmative en phrase négative.
Elle encadre le verbe si le temps est simple : *Il **n'**aboie **pas**.*
Elle encadre l'auxiliaire si le temps est composé : *Il **n'**a **pas** aboyé.*

■ On utilise également d'**autres formes de négation**.
*Il **ne** sait **plus** aboyer. Il **n'**aboie **jamais**. Il **n'**aboie **guère**. Il **ne** dit **rien**.*

1 Mets les phrases à la forme affirmative.

Je ne sais pas quel métier exercer plus tard. – Je n'ai pas envie de goûter. – Je n'aimerais pas travailler pendant les vacances. – Je ne sais pas ce que je vais faire dimanche.

2 Récris la vérité.

– Il existe des serpents avec des pattes.
– On chasse les dinosaures en Afrique.
– Je passe mes vacances sur la Lune.
– J'habite sur la planète Mars.

3 Voici des formes négatives employées fréquemment à l'oral, mais incorrectes à l'écrit. Récris-les correctement.

- J'aime pas ce disque. – Tu sais pas parler l'anglais. – On a pas de chance. – Mets pas tes doigts dans les charnières des portes. – Parle pas si fort, on s'entend plus. – Il arrivera jamais à l'heure.
- On peut pas sortir, il pleut trop. – J'ai pas écouté cette chanson. – T'as pas vu mes lunettes ? – Ils vont pas souvent au cinéma. – M'énerve pas avec cette musique !

4 Écris les phrases interrogatives à la forme négative.

Ex. : Viendra-t-il ? Ne viendra-t-il pas ?

Partira-t-il ? – Iras-tu le voir ? – Ont-ils appelé ? – Prenez-vous l'avion ? – Êtes-vous fatiguée ? – Aimez-vous ce livre ? – As-tu peur ? – Avez-vous trouvé la solution ? – Fait-il beau chez vous ?

5 Écris les phrases impératives à la forme négative.

Attrape cette balle ! – Continue ta route ! – Approche du bord ! – Écoute cette chanson ! – Obéis-lui !

6 Écris la forme affirmative de chaque phrase.

Je n'entends aucun bruit. – Je ne vois aucun nuage. – Elle n'écoute jamais tes conseils. – On ne peut plus s'entendre. – Elle n'est plus là. – Je n'en veux plus.

7 Transforme ces affirmations en phrases négatives.

Ce clown l'amuse. – Il est toujours content. – Elle écoute souvent cette musique. – Il y va encore. – On entend du bruit.

J'écris

1 Écris les consignes données en cas d'incendie sous une forme plus directe.

Ex. : Ne vous affolez pas…

Il ne faut pas s'affoler. Il faut garder son sang-froid. Il faut éviter les courants d'air, ne pas ouvrir les portes et les fenêtres pour ne pas activer le feu. Il faut attendre l'arrivée des secours.

2 Sur le modèle de l'exercice précédent, écris en quatre phrases ce qu'il ne faut pas faire quand on est un cycliste et qu'on circule sur la chaussée. Pense au code de la route.

3 Quel est le métier que tu n'aurais pas envie d'exercer ? Explique pourquoi en quelques lignes.

4 Récris les trois premières strophes de ce poème en rétablissant correctement les phrases interrogatives et affirmatives ainsi que les phrases à la forme négative.

La môme néant

(Voix de marionnette, voix de fausset, aiguë, nasillarde, cassée, cassante, caquetante, édentée.)

Quoi qu'a dit ?
– A dit rin.

Quoi qu'a fait ?
– A fait rin.

À quoi qu'a pense ?
– A pense à rin.

Pourquoi qu'a dit rin ?
Pourquoi qu'a fait rin ?
Pourquoi qu'a pense rin ?

– A'xiste pas.

Jean Tardieu, « La môme néant » dans « Monsieur Monsieur », *Le Fleuve caché* © Gallimard.

De la phrase au texte
La ponctuation

■ Dans la première phrase, repère une virgule.

■ Prononce cette phrase à haute voix, plusieurs fois. Que se passe-t-il, quand tu lis, à l'endroit indiqué dans l'écriture par la virgule ?

■ *Vous faites toujours des embarras, Donald !* Fais le même exercice de prononciation et d'explication.

Un bon petit diable

Charles sauta dans la carriole, et le cheval partit au grand trot. Un quart d'heure après, ils étaient à la ferme de Cedwin ; on hissa la truie sur la carriole, mais non sans peine, car elle se débattait, elle poussait des cris aigus, et Charles, en aidant à la contenir et à l'attacher, attrapa deux ou trois coups de dents. Ils repartirent ; à quelques pas de la ferme, Charles demanda à conduire le cheval.

Donald : Pas celui-ci, Monsieur Charles, il n'est pas facile à mener ; une autre fois, quand nous aurons la vieille jument noire, je vous laisserai mener.

Charles : vous faites toujours des embarras, Donald ! Quel danger peut-il y avoir à conduire un cheval sur la grande route ? Il n'y a qu'à marcher droit devant soi.

Comtesse de Ségur, *Un bon petit diable.*

JE RETIENS

■ À l'intérieur et à la fin des phrases écrites, il existe des signes d'écriture qui ne sont pas des lettres. Ce sont **les signes de ponctuation**.

■ Les signes de ponctuation ont des rôles divers. Par exemple :

– **Le point** (.) sert à marquer la fin d'une phrase. La phrase suivante commence toujours par une majuscule.

– **Le point d'interrogation** (?), à la fin d'une phrase, indique que la phrase pose une question : *Qu'est-ce que la météo prévoit pour demain ?*

– **Le point d'exclamation** (!) indique un sentiment fort (admiration, colère, indignation, etc.) : *Que c'est beau !*

– **La virgule** sert, à l'intérieur d'une phrase, à séparer des groupes de mots et à marquer une courte pause.

– **Le point-virgule** sert, à l'intérieur d'une phrase, à séparer des groupes de mots et à marquer une pause plus longue que la virgule.

■ Les signes de ponctuation correspondent à des changements de la prononciation : montée ou descente du ton, silences courts ou longs. Ils assurent la clarté et la cohérence du texte.

1 **Récris ces phrases en ajoutant les points et les majuscules qui manquent.**

Le vide-grenier dans la rue principale du village est très animé les marchands proposent toutes sortes de vieux objets l'un d'eux s'est spécialisé dans les livres et les gravures les promeneurs passent et repassent certains marchandent une femme s'en va emportant triomphalement sa trouvaille

2 **Récris ces phrases en ajoutant les virgules qui manquent.**

Freinée par son parachute la navette spatiale avec élégance s'est posée. Au bout de quelques minutes les cosmonautes souriants et détendus sont apparus. Entourés par les journalistes ils ont marché sans impatience vers la salle d'accueil où les officiels les attendaient.

3 **Identifie les signes de ponctuation que tu trouves à l'intérieur ou à la fin de ces phrases.**

Je ne sus jamais si c'était vrai : je voulus m'approcher pour vérifier, mais comme je ne pouvais pas baisser la tête, je ne voyais rien sur le sol et je mis le pied sur l'os en plastique du chien. J'entendis un couinement si épouvantable que j'en lâchai le plateau. Le sirop de menthe se répandit, je glissai dessus et m'étalai sur le dos. Le chien [...] se précipita pour lécher le sirop. Aïe ! Il dérapa dans le liquide visqueux, glissa jusqu'au comptoir qu'il ébranla, et l'énorme pile d'assiettes si bien rangées me tomba dessus.

Évelyne Brisou-Pellen,
Comment vivre 7 vies sans avoir mal aux pieds
© Rageot-Éditeur.

4 **Même exercice.**

Enfermée !

Soudain, Alice se trouva devant une petite table à trois pieds, toute de verre massif ; il n'y avait rien dessus, si ce n'est une minuscule clé d'or, et la première pensée d'Alice fut que cette clé devait ouvrir l'une des portes de la salle ; mais, hélas ! les serrures étaient-elles trop grandes, ou la clé trop petite ? Toujours est-il que cette clé n'ouvrait aucune des portes.

D'après Lewis Carrol,
Les Aventures d'Alice au pays des merveilles.

5 **Récris ce texte en ajoutant les signes de ponctuation et les majuscules qui manquent.**

Le Requin ne recracha que le grand mât parce qu'il lui était resté entre les dents comme une arête de poisson heureusement pour moi ce bâtiment était plein de viande conservée dans des boîtes de métal de biscuits de pain grillé de bouteilles de vin de raisins secs de fromage de café de sucre de bougies et de boîtes d'allumettes avec tout cela grâce à Dieu j'ai pu survivre pendant deux ans

Carlo Collodi, *Pinocchio* © Gallimard.

6 **Même exercice.**

Jérémy perdait tout sens de l'orientation la forêt lui apparaissait comme un immense piège qui se refermait sur lui où était-il tous ces arbres se ressemblaient cette souche qui étalait vers le ciel ses racines ne l'avait-il déjà vue et ce rocher couvert de champignons monstrueux ne tournait-il pas en rond depuis le matin

Jean Ollivier, *Le Cri du kookabura* © Casterman.

J'écris

1 **Écris une courte lettre à l'un de tes camarades, en prenant bien soin de la ponctuer correctement. Tu peux, par exemple, lui raconter un film que tu viens de voir, ou un jeu sportif auquel tu as participé.**

2 **Dresse la liste des cadeaux que tu souhaiterais qu'on t'offre à ton anniversaire. Dans la marge, ajoute des précisions et des recommandations importantes. Tu peux aussi poser des questions sur l'organisation de ton anniversaire.**

Savoir repérer le verbe
Passé, présent, futur

■ À quel temps est écrite chacune des phrases de ce texte : passé, présent ou futur ? Quels mots te permettent de le savoir ? Dans la dernière phrase du texte, quels autres mots te renseignent sur le temps ?

■ Change le temps des verbes dans le texte. Quels mots ont varié ?

Routier

Le puissant camion arrive dans la grande halle à l'heure prévue. Il vient se ranger sur l'immense parking où s'alignent déjà un nombre impressionnant de monstres qui attendent leur déchargement. Les chauffeurs se saluent. Quentin a roulé toute la nuit ; il n'a pas dormi et maintenant il est fatigué.

Ce soir, après quelques heures de repos, il reprendra la route avec un nouveau chargement.

JE RETIENS

L'axe du temps

Passé (hier)	Présent (aujourd'hui)	Futur (demain)
Le camion est arrivé à l'heure prévue.	*Le camion arrive à l'heure prévue.*	*Le camion arrivera à l'heure prévue.*

■ Le **verbe** est le mot qui **marque le temps** dans la phrase. **Il varie selon le moment à indiquer** (passé, présent ou futur). Pour repérer le verbe, on peut faire varier le temps de la phrase.

■ Le verbe est souvent accompagné de mots ou de groupes de mots qui complètent l'expression du temps : *autrefois*, *en ce moment*, *plus tard*, etc.

■ Le verbe peut indiquer **une action** : *Les chauffeurs **se saluent**.*
Il peut aussi indiquer **un état** : *Quentin **est** fatigué. La route **paraît** longue.*
Les principaux verbes d'état sont : ***être***, ***sembler***, ***devenir***, ***paraître***, ***rester***, ***demeurer***.

1 **Récris le texte et souligne les verbes.**

Les bolides sont immobiles. Les pilotes maintiennent la pression des moteurs. Le suspense est grand. Les nerfs sont tendus. Les regards fixent le faisceau lumineux qui, dans quelques secondes, libérera les fauves. L'attente semble interminable.

2 **Indique le temps du verbe de chaque phrase : passé, présent, futur.**

Nous sommes le 14 avril. – On fêtera ton anniversaire dans un mois. – Il n'est pas allé travailler. – Est-il malade ? – Qui viendra ? – J'écoute un disque. – Nous dînons ensemble. – Tu es parti à la piscine.

3 **Retrouve l'intrus de chaque liste.**
- je parlais – je marchais – je fais – je lisais.
- je ferai – je dirai – je lirai – je tirai.
- je lis – j'écris – je fis – je suis.

4 **Classe les mots ou les groupes de mots en trois colonnes : passé, présent, futur.**
Bientôt – de nos jours – l'an dernier – maintenant – la veille – prochainement – actuellement – plus tard – jadis – en ce moment – l'an prochain – autrefois.

5 **Écris six phrases avec six mots ou groupes de mots choisis dans l'exercice 4.**

6 **Écris une phrase avec chacun des verbes suivants : *conduire – sembler – paraître – dépasser.***

7 **Recopie le texte puis souligne d'un trait les verbes d'action, de deux traits les verbes d'état.**
De nombreux pilotes participent à la course. Le spectacle est magnifique. Les voitures françaises prennent la tête. Mais la pluie ralentit la ronde infernale. La chaussée devient glissante. Cependant, la vitesse reste élevée.

8 **Le texte est écrit dans le désordre. Récris-le en respectant l'axe du temps (passé, présent, futur).**
L'année prochaine, je pêcherai avec mon grand-père dans le sud de la France. L'année dernière, je suis allé avec mon frère au bord de la mer. J'ai fait de la voile et j'ai appris à pêcher des poissons. Cette année, je reste dans ma ville. Je vais à la piscine et à la bibliothèque avec mon ami Cyril.

J'écris

1 **Recopie le texte en replaçant au bon endroit les verbes de la liste suivante :**
passe – s'encastre – habite – s'envole – repasse – est – observe – agite.

Apolline … sur la pelouse mitée les allées et venues sautillantes d'un merle. En face d'elle, une porte verte … dans le haut mur qui entoure la cité nouvelle où elle … . Avec insistance, le merle … et … devant cette porte que personne n'emprunte jamais. Apolline … intriguée. Il est bizarre ce merle ! Soudain, il … et, perché au faîte du mur, … vivement sa tête de droite et de gauche comme pour inviter la petite fille à le suivre.

Thérèse Roche, *Apolline et la porte du temps*
© Mango Poche.

2 **Imagine en quelques lignes une suite à cette histoire. Écris-la au présent.**

3 **Mots croisés.**

	a	b	c	d
1				
2			■	
3				
4		■		

1. Présent du verbe *être* (3e pers. pluriel).
2. Présent du verbe *avoir* (2e pers. singulier).
3. Présent du verbe *lever* (1re pers. singulier).
4. 5e lettre de l'alphabet. Présent du verbe *avoir* (2e pers. singulier).

a. Présent du verbe *saler* (3e pers. singulier).
b. Présent du verbe *oser* (1re pers. singulier).
c. 14e lettre de l'alphabet. Présent du verbe *aller* (3e pers. singulier).
d. Présent du verbe *tuer* (2e pers. singulier).

Le verbe : infinitif et groupe

■ Relève les trois verbes du texte qui sont à l'infinitif (sauf *avoir* et *être*).
■ Parmi ces trois verbes, lesquels appartiennent au 1er groupe ? Comment le sais-tu ?
■ À quel groupe appartient le troisième verbe ? Comment le sais-tu ?
■ *offrir – choisir – finir*. Ces trois verbes appartiennent-ils au même groupe ? Conjugue-les à la première personne du pluriel du présent de l'indicatif pour le savoir.

On tire les rois !

Tous les ans, Bertrand Lafitte, le fils du boulanger, offre de bonnes galettes à la pâte d'amandes pour tirer les rois en classe. Les gars prennent toujours la maîtresse pour reine, ce qui n'est pas très original. Moi, je n'ai pas de chance, je ne tombe jamais sur la fève. La dernière fois, je m'attendais tellement peu à l'avoir que j'ai bien failli me casser une dent dessus. Les élèves croyaient, bien sûr, que j'allais choisir pour reine Mlle Luguet. Alors, n'écoutant que mon courage, j'ai posé la couronne sur la jolie tête brune de Claudine Léotard.

Tout le monde regardait Mlle Luguet. Chacun craignait qu'elle ne fasse une colère ou une crise de jalousie. Mais non, elle souriait. Visiblement, elle était contente. Elle devait en avoir assez d'être reine tous les ans.

Gérard Pussey, *Fiston et Gros-Papa* © Nathan.

JE RETIENS

■ Pour nommer un verbe, on utilise **l'infinitif** : *offrir, tirer, prendre*.
L'infinitif est invariable. Dans le dictionnaire, le verbe est écrit à l'infinitif.
■ À partir de l'infinitif, on peut classer les verbes en trois groupes :
– **1er groupe** : verbes terminés par ***-er* à l'infinitif** → *tomber*.
– **2e groupe** : verbes terminés par ***-ir* à l'infinitif** et ***-issons* à la 1re personne du pluriel du présent de l'indicatif** → *choisir, nous choisissons*.
– **3e groupe** : tous les autres verbes → *offrir, prendre, croire, craindre, faire*…
■ ***Avoir*** et ***être*** sont deux **verbes auxiliaires**. Ils servent à conjuguer les autres verbes aux temps composés : *j'**ai** posé – elle **est** tombée*.
Aller est un **verbe irrégulier** du 3e groupe.

1 ● **Repère les verbes et classe-les en deux colonnes : verbes conjugués, verbes à l'infinitif.**

J'étais trop bavard ; on essayait de me faire taire. Pour atteindre le sommet, la marche sera longue. Dès que le réveil sonne, je bondis hors de mon lit.

2 ● **Indique l'infinitif de chacun des verbes conjugués.**

tu joues – je garnissais – vous connaissez – elles partent – nous tentions – il appuie – je salue – ils écrivent – tu subis – j'aurai – nous mangeons – il rôtit – vous dormez – vous saisissez – il roussit.

3 Même exercice.

ils reçoivent – vous dites – tu sais – elle veut – nous viendrons – ils font – je reçus – tu peux – elle soutient – nous sommes.

4 Écris à la 1re personne du pluriel du présent de l'indicatif chacun des verbes suivants. Que remarques-tu ? À quel groupe appartiennent ces verbes ?

rougir : … – bâtir … – bondir : … – franchir : … – guérir : … – réussir : …

5 Écris à la 1re personne du pluriel du présent de l'indicatif chacun des verbes suivants et indique le groupe.

sortir : …, … groupe – unir : …, … groupe
subir : …, … groupe – sentir : …, … groupe
tenir : …, … groupe – finir : …, … groupe

6 Classe les verbes en trois colonnes : 1er groupe, 2e groupe, 3e groupe.

franchir – appuyer – faire – mettre – garnir – nouer – saisir – remuer – vouloir – fendre – vivre – rougir – obéir – parcourir – nourrir – fendre – crier.

7 Classe les verbes en deux colonnes : verbes du 2e groupe, verbes du 3e groupe.

remplir – grossir – venir – courir – démolir – partir – fleurir – couvrir – dormir – applaudir – cueillir – gémir – offrir – durcir – salir – divertir.

8 Chasse l'intrus de chaque ligne.

– je marche, je chante, j'arrive, j'offre.
– il finira, il bondira, il criera, il applaudira.
– sortant, partant, riant, sautant, courant.
– nous allons, nous partons, nous jouons, nous courons, nous vendons.

J'écris

1 Récris la recette suivante en utilisant l'infinitif.

Ex. : Vous étalez la pâte. → Étaler la pâte.

La tarte au chocolat

Vous étalez la pâte. Vous la faites précuire dix minutes à four chaud. Vous faites bouillir le lait et la crème. Vous cassez le chocolat en morceaux et vous le faites fondre dans le lait. Vous ajoutez un œuf battu. Vous versez le mélange sur la pâte. Vous mettez au four pendant vingt minutes. Vous décorez avec des bonbons.

2 Lis le poème *J'ai vu le menuisier*, puis crée ton propre poème sur le même modèle.

Exemple :
J'ai vu le boulanger
Mélanger l'eau à la farine.

J'ai vu le boulanger
Pétrir la pâte.
etc.

J'ai vu le menuisier

J'ai vu le menuisier
Tirer parti du bois.

J'ai vu le menuisier
Comparer plusieurs planches.

J'ai vu le menuisier
Caresser la plus belle.

J'ai vu le menuisier
Approcher le rabot.

J'ai vu le menuisier
Donner la juste forme.

Tu chantais, menuisier,
En assemblant l'armoire.

Je garde ton image
Avec l'odeur du bois.

Moi, j'assemble des mots
Et c'est un peu pareil.

Guillevic, « J'ai vu le menuisier » dans *Terre à bonheur*

Le verbe : radical et terminaison

■ Dans la première phrase, quels sont les deux verbes écrits à l'infinitif ? Quelle est la terminaison de ces verbes ?
■ La partie qui se trouve devant la terminaison s'appelle **le radical**. Écris le radical de ces deux verbes.
■ *Il* ***commençait*** *à s'enrouler.* Quels sont le radical et la terminaison du verbe en gras ?
■ Mets ce verbe au futur. Emploie la 3e personne du pluriel du futur. Quelles conclusions en tires-tu ?

Comment capturer un python

Mon cousin me dit un jour qu'un homme d'une tribu voisine lui avait appris comment capturer un python vivant, et comment l'apprivoiser. Les pythons, comme les éléphants sauvages, sont en effet des bêtes que l'on peut apprivoiser, et qui deviennent alors de fidèles compagnons de l'homme. Mon cousin affirmait qu'il suffisait, lorsqu'un python vous attaquait, de lever les bras en l'air, très haut, sitôt qu'il commençait à s'enrouler autour de vous. Ainsi, vous conserviez les mains libres. Après quoi, vous n'aviez plus qu'à empoigner d'une main le bout de sa queue, et de l'autre sa tête, pour la maintenir à l'écart afin d'éviter la morsure ; ensuite, lorsqu'il se mettait à serrer, vous mordiez très légèrement sa queue. Pour une raison ou pour une autre, cela maintenait le python en respect. À ce stade, si le serpent était trop gros, le plus simple était d'appeler à l'aide. Mais le mieux était encore, dans la mesure du possible, de rentrer simplement chez soi, le python autour du corps. Cela dit, précisait mon cousin, il ne fallait surtout pas commettre l'erreur de lui mordre la queue trop fort : sinon, il entrait dans une rage folle, et vous enserrait à mort.

Huynh Quang Nhuong, *Mon pays perdu* © Flammarion.

JE RETIENS

■ Un verbe est formé de deux parties : **le radical**, qui est invariable pour les verbes réguliers, et **la terminaison**, qui varie avec le temps employé et les personnes.

	radical	terminaison	
	captur-	***er*** (infinitif)	
je	*captur-*	***e***	présent
tu	*captur-*	***es***	présent
je	*captur-*	***erai***	futur
tu	*captur-*	***eras***	futur

■ Les verbes dont le radical varie sont appelés **verbes irréguliers** :
aller : nous allons, nous irons – prendre : nous prenons, nous prendrons – faire : nous faisons, nous ferons.

1 **Sépare le radical de la terminaison de chacun des verbes.**

Ex. : chant/er
parler – jouer – appeler – crier – franchir – finir – bondir – sortir – courir – apercevoir.

2 **Fais le même exercice avec les verbes conjugués.**

je chante – tu écoutes – nous préparons – ils rougiront – on garnissait – tu partais – je courus – vous arriviez – tu sentiras – il permit.

3 **Recopie la dernière phrase du texte *Comment capturer un python*, souligne les verbes conjugués et sépare le radical de la terminaison.**

4 **Redonne à chaque radical la terminaison qui convient. Écris tes réponses.**

- *-irons / -ira / -ez / -es / -irai / -eront*
  nous garn… – je part… – tu lanc… – vous ouvr… – elles arriv… – il franch…
- *-rai / -ais / -era / -ent / -ions / -issent*
  nous sour… – on s'amus… – ils regard… – elles guér… – je perd… – tu ven…

5 **Recherche puis écris l'infinitif de ces verbes irréguliers.**

vous faites – ils viennent – je veux – nous verrons – tu peux – elles prennent.

6 **Dans cette liste, quels sont les six verbes irréguliers ? (Leur radical n'est pas invariable.) Pour t'aider, recherche d'abord leur infinitif.**

nous irons – ils travaillent – je viens – tu réussis – nous écoutons – vous faites – j'ai – nous sommes – il rentrait – on applaudit – ils obéissent – vous pensez – nous buvons.

7 **Relève les verbes irréguliers. Pour les trouver, écris chaque verbe à la première personne du pluriel du futur.**

– décorer : nous…
– être : nous…
– avoir : nous…
– tenir : nous…
– dîner : nous…
– savoir : nous…
– boire : nous…
– gagner : nous…
– décider : nous…
– devoir : nous…

8 **Observe les verbes soulignés. Recherche leur infinitif.**
À quel temps les verbes soulignés sont-ils employés ?
Parmi les verbes soulignés, quels sont les trois verbes irréguliers ?

Qu'est-ce qui vous prend ? criait le chat en se débattant à l'intérieur du sac. Vous perdez la tête, parents !

– Il nous prend, dirent les parents, qu'on ne veut plus d'un chat qui passe sa patte derrière son oreille tous les soirs. Assez de pluie comme ça. Puisque tu aimes tant l'eau, mon garçon, tu vas en avoir tout ton saoul. Dans cinq minutes, tu feras ta toilette au fond de la rivière.

Marcel Aymé, « La patte du chat » dans *Les Contes du chat perché* (10 lignes) © Gallimard.

Mots croisés

Chaque définition correspond à un verbe du texte *Comment capturer un python*. Écris ces verbes à l'infinitif dans la grille.

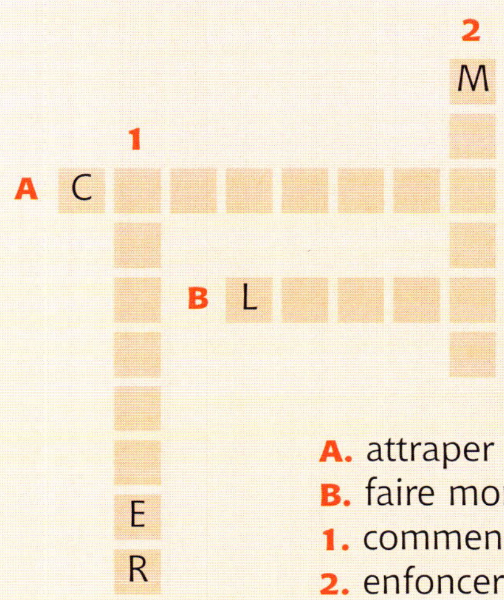

A. attraper vivant
B. faire monter
1. commencer le combat
2. enfoncer les dents

Mon *je-me-parle*

3 octobre

Hier j'ai acheté un cahier. J'ai mis je-me-parle en titre, sur la couverture. Et voilà : Je me parle.

C'est mon droit.

Avant je me parlais, mais à trois.

Un : moi.

Deux : à moi.

Trois : avec Zéphira.

C'est ma tortue, Zéphira. Elle est morte avant-hier.

C'est si triste, mon *je-me-parle*, que je préfère pas m'en parler. Zéphira, je t'oublierai jamais.

Papa m'a dit : « Je vais t'en offrir une autre, tu veux Chloé ?

– Sûrement pas, j'ai dit, ma Zéphira n'est pas un chou-fleur qu'on change. J'aurai plus jamais de tortues. »

Mais je voulais bien un chien. [...]

Mais là ils ont dit que de toute façon, quand on est un être humain « un peu responsable », on ne laisse pas un chien tout seul du matin au soir toute sa vie. Et comme y a personne à la maison sauf le soir et le mercredi, c'était pas possible.

Moi j'ai dit qu'ils n'avaient pas eu autant de scrupules pour Zéphira.

Alors là, mon *je-me-parle*, alors là... Un culot qu'ils ont eu ! Mais un culot !

Ils ont récité comme ça qu'un chien est plus près de l'homme qu'une tortue. Que Zéphira avait vécu heureuse dans notre jardin. Et qu'elle s'était très bien passée de nous !

Oh !... C'était révoltant de dire des trucs pareils sur Zéphira ! [...]

Du coup, j'ai plus voulu de chien.

J'ai dit que je ne serai pas complice des insulteurs de tortues.

Alors Maman m'a fait ses yeux moelleux de mousse au chocolat :

« Et un petit frère ou une petite sœur, Chloé, tu n'aimerais pas ? »

Mais si j'aimerais ! Ça fait des années que je réclame une petite sœur !

Alors maintenant, rien que pour me faire oublier Zéphira, on me raconte n'importe quoi ?

Faut pas me prendre pour une idiote. J'ai pas répondu et je suis sortie. [...]

4 octobre

C'est la meilleure ! Je viens vite te voir, mon *je-me-parle* parce qu'il m'arrive quelque chose d'extraordinaire !

Tu sais le coup de la petite sœur ? C'était pas une blague ! C'est pour de vrai ! [...] On aurait pas pu me le dire plus tôt ?

Sandrine Pernusch, *Mon* je-me-parle © Casterman S.A.

As-tu bien compris ?

- Chloé appelle son cahier mon « *je-me-parle* ». Quel autre nom aurait-elle pu lui donner : « Mon cahier de brouillon » ? « Mon journal intime » ? « Mon livre de recettes » ?
- Observe les phrases des lignes 11, 18, 33 et 38. À quoi voit-on que, dans son cahier, Chloé écrit comme elle parle ?

J'AI DÉJÀ APPRIS...

1 2 Quand on utilise *on* devant un verbe commençant par une voyelle, il faut faire attention à la liaison.

Unité 4, p. 31

3 *Ont* et *est* sont des verbes conjugués. Il ne faut pas les confondre avec *on* et *et*.

Unité 3, p. 30
Unité 4, p. 31

1 2 Dans un dictionnaire, les mots sont classés dans l'ordre alphabétique.

Unité 1, p. 34
Unité 2, p. 36

ORTHOGRAPHE

1 Compare ces deux phrases : entends-tu une différence à l'oral ?

On a pas de chien. / On n'a pas de chien.

Et à l'écrit, quelle différence vois-tu ? Explique pourquoi. À ton avis, laquelle de ces deux phrases est correctement écrite ?

2 Observe ces deux phrases du texte : laquelle est une phrase négative ?

On est un être humain.
On aurait pas pu me le dire plus tôt ?

Cette phrase négative est-elle correctement écrite dans le texte ? Récris-la sur ton cahier en ajoutant ce qui manque. Relis à voix haute la phrase du texte et celle que tu as récrite. Entends-tu une différence à l'oral ? Explique pourquoi.

3 Récris les phrases ci-dessous en les mettant au passé.

Les parents de Chloé **ont** dit qu'**on** ne laisse pas un chien tout seul toute la journée. **Et** comme il n'y a personne chez eux, la journée, ce n'**est** pas possible.

Quels mots en gras ont changé ? Explique pourquoi.

VOCABULAIRE

1 Cherche le mot *scrupules* dans le dictionnaire. Est-il au pluriel dans le dictionnaire ? Peux-tu expliquer pourquoi ?

Par quelle lettre commencent tous les mots qui sont sur la même page que le mot *scrupule* ?

2 À ton avis, le mot *révoltant* est-il placé avant ou après le mot *scrupule* dans le dictionnaire ? Explique pourquoi.

Cherche-le dans le dictionnaire puis recopie les mots de la même famille qui se trouvent juste avant ou juste après.

3 Relis les définitions de *scrupule* et *révoltant* puis écris une phrase avec chacun de ces mots.

J'écris le son [s] : *passer, lancer, attention*

■ Relève les différentes écritures du son [s] dans le texte.

■ Trouve d'autres exemples pour chacune d'elles.

■ Connais-tu d'autres écritures du son [s] ?

■ Quelles remarques peux-tu faire sur la lettre *s* ?
– écrite entre deux voyelles ?
– placée en fin de mot ?

Premier saut

Les jambes un peu molles, je m'approchai du trou béant et me plaçai en position de départ, la tête au niveau de la porte.

– Vas-y, cria le moniteur.

Du coup, sans plus réfléchir, j'ai sauté, la main crispée sur la poignée. Je me suis senti happé par le violent remous des hélices, et je suis tombé avec l'impression que le plancher venait de se dérober sous moi. Ce n'était pas très brillant mais j'avais tout de même sauté.

D'après A. Allemand, *Parachutiste d'essai* © D.R.

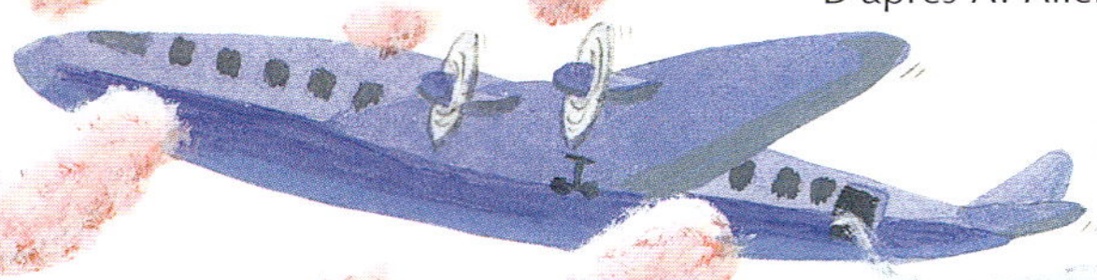

JE RETIENS

■ Le son [s] peut s'écrire : **s** → *un saut*, **ss** → *passer*, **c** → *lancer*, **ç** → *la leçon*, **t** → *attention*, **sc** → *la scène*, **x** → *dix*.

■ La lettre **s** écrite entre deux voyelles se prononce [z] : *du poison* ≠ *du poisson*.

■ La lettre **s** placée en fin de mot est généralement muette : *tu sautes* – *gris* – *le repos*.

1 **Écris un nouvel exemple pour chacune des écritures de [s].**

2 **Complète par *s* ou *ss* ; *c* ou *ç*.**

au…i – un men…onge – pou…er – ver…er – gro…e – le ma…que – ré…iter – la ran…on – un Fran…ais – de la gla…e – pin…er.

3 **Complète par *s*, *t* ou *sc*.**

la pi…ine – une opéra…ion – la …irène – de…endre – la …ience – un ab…ent – l'émo…ion – des ini…iales.

4 **Trouve un nom terminé par *-tion* à partir des verbes suivants.**

Ex. : déclarer → déclaration.

réclamer – réparer – créer – illustrer – former – respirer – tenter – louer – opérer.

DICTÉE

La choconouille

Ce matin, j'ai inventé la choconouille !… J'ai mis trois cents grammes de farine dans un saladier. J'ai cassé trois œufs dedans, j'ai ajouté une pincée de sel et neuf cuillerées à soupe de cacao. J'ai mélangé tout ça. Ça a fait une boule de pâte un peu marron. Je l'ai mise dans un torchon au réfrigérateur. Et j'ai attendu une heure, pour qu'elle repose bien… Ensuite, avec le rouleau à pâtisserie, je l'ai étendue sur la table. Et quand elle a été bien plate et bien fine, j'ai découpé des longues bandes étroites.

René Escudié, *L'Inventeur* © Nathan.

J'écris les sons [e], [ε] : *l'éclair, le danger, la vipère, mais*

■ Relève tous les mots contenant le son [e] : comment est écrit ce son ?

■ Connais-tu d'autres manières de l'écrire ? Si oui, donne des exemples.
– Fais le même travail avec le son [ε].

Intrépide

J'avais même besoin de me sentir en danger…

À huit ou neuf ans, j'attrapais déjà des serpents, au risque de tomber sur une vipère. Les vipères ne m'effrayaient pas. Une seule goutte de leur venin, dans une éprouvette, m'aurait sans doute coupé le souffle, mais j'étais loin de penser à ces perles de cristal quand, dans les chemins creux bordés de murets de pierre, l'éclair d'un serpent qui se glissait dans un trou me faisait bondir en avant.

André Chamson, *Le Chiffre de nos jours* © Bartillat.

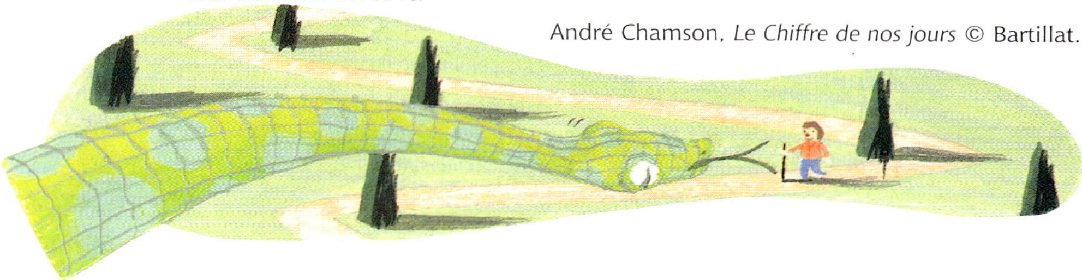

JE RETIENS

■ [e] peut s'écrire : é → *l'éclair*, er → *le danger*, ez → *le nez*, e → *effrayer*, et → ***et** puis*, eh → ***eh** bien !*

■ [ε] peut s'écrire : è → *la vipère*, ê → *même*, e → *la mer*, ai → ***mais***, ei → ***seize***, et → *le mur**et***.

1 Complète par *é*, *er* ou *ez*.

- Le jardini… a plant… un pommi… dans le verg… . – À la fin de l'ét…, le berg… a ramen… le troupeau.
- Il est venu ch… moi pour écout… de la musique. – Si vous pren… ce train, vous arriver… à l'heure. – Pour entr…, appuy… sur le bouton.

2 Complète par *ai* ou *et*.

Ce bal… perd ses poils. – Les danseurs de ce ball… sont élégants. – Le bol… est un champignon ; est-ce vr… ? – Il n'est pas g… parce qu'il a cassé son jou… .

3 Complète par *ai* ou *ei*.

Une ép…sse couche de n…ge couvre la pl…ne. – Il a acheté une p…re de chaussettes de l…ne b…ge. – La r…ne des ab…lles pond sans cesse.

4 Écris correctement le son [e] ou [ε].

Les vol… prot…gent les fen…tres. – Si vous all… au march…, achet…-moi un poul… . – C…tte v…ste est tr…s b…lle. – Depuis hi…r il pleut sans arr…t.

DICTÉE

La ruche

Dès que le soleil paraît, la ruche s'anime, le ballet commence.

C'est un va-et-vient permanent d'insectes qui ne s'arrêtera qu'à la fin du jour, quand la fraîcheur reviendra.

Chaque abeille joue son rôle dans cette société. La récolte du pollen, les soins à la reine, la propreté de la ruche, sa défense, sont des tâches réparties également entre tous les habitants de la ruche.

Choisir entre *et* ou *est*, *son* ou *sont*

■ À l'aide des mots soulignés dans le texte, essaie d'expliquer ce qui distingue :
– *et* de *est*,
– *son* de *sont*.

Au fond du gouffre

Le retour est plus difficile encore. Nos vêtements sont alourdis par le poids de l'eau et gênent nos mouvements. Michel ouvre la marche, il souffre de sa cheville et avance lentement. Son ombre, projetée par le faisceau de ma lampe, s'allonge et danse sur les parois de la caverne, sur les fines stalactites suspendues à la voûte majestueuse.

Là-haut nos camarades sont inquiets. Depuis deux heures nous aurions dû réapparaître… L'alerte est maintenant donnée et les secours s'organisent.

Norbert Casteret, *La Montagne creuse* © D.R.

JE RETIENS

■ **Est** : verbe ***être*** au présent, 3e personne du singulier, peut se remplacer par ***était***.
*L'alerte **est** donnée.* → *L'alerte **était** donnée.*

Et : conjonction, sert à réunir deux mots et peut se remplacer par ***et aussi***.
*Du thé **et** du café* → *Du thé **et aussi** du café.*

■ **Sont** : verbe ***être*** au présent, 3e personne du pluriel, peut se remplacer par ***étaient***.
*Les secours **sont** arrivés.* → *Les secours **étaient** arrivés.*

Son : déterminant possessif, signifie « **le sien** », et peut être remplacé par ***mon***.
***Son** livre (le sien)* → ***Mon** livre (le mien).*

1 **Complète par *et* ou *est*.**

Il … tard, il ne rentre pas. – Le gouffre … noir … profond. – Où …-il passé ? – … si l'orage éclate ? – Ne crains rien, il n'… pas en danger.

2 **Complète par *son* ou *sont*.**

Ces grottes … visitées tout l'été. – Dans … équipe, ils ne … que quatre. – Dès … arrivée au camp, il déballe … sac. – Cette année, leurs exploits … filmés. – Les spéléologues … des gens qui aiment l'aventure.

3 **Retrouve les quatre fautes du texte, corrige-les et récris le texte.**

La peur du gouffre

Djamel et descendu seul et ce n'est pas prudent. Depuis une heure, il et bloqué dans un passage étroit est les secours n'arrivent pas. Et-il blessé ?
Personne ne le sait car il ne répond pas.

DICTÉE

Dans l'eau glacée

L'eau du lac est en train d'inonder mes bras et mes épaules. Je sens aussi des filets glacés gagner ma poitrine et mon dos. Tant pis, je savais d'avance qu'il en serait ainsi, et d'ailleurs je suis habitué et entraîné de longue date à ces sensations.

Norbert Casteret, *La Montagne creuse* © D.R.

Choisir entre *on* et *ont* ; *on a* et *on n'a... (pas)*

■ Observe l'orthographe des mots soulignés. Lesquels de ces mots correspondent au verbe *avoir* ? Explique pourquoi.

■ Lis ces deux phrases.
On a bien ri. On n'a rien vu.
On oublie souvent le premier mot *(n')* de la négation. Peux-tu expliquer pourquoi ?

Le jeu du cochon d'Inde

On a d'abord caché l'animal sous un carton. Puis on a vendu les dix billets qui correspondaient aux dix numéros des boîtes à chaussures disposées autour du carton. Une fois libéré de son carton, le petit cochon d'Inde devait entrer dans une de ces fameuses boîtes. L'heureux gagnant allait être ainsi désigné !

Mes amis ont regardé Émile faire tourner le carton puis le soulever..., mais ils n'ont rien vu ! L'animal rusé avait disparu.

On a bien ri. On a remboursé tout le monde et on a recherché le petit animal. On n'a pas eu de mal à le retrouver.

JE RETIENS

■ **On** remplace ***quelqu'un***, ***il*** ou ***elle***. Il peut aussi remplacer ***nous***, essentiellement à l'oral. C'est **un pronom** qui accompagne le verbe.

On frappe à la porte. → ***Quelqu'un*** *frappe à la porte.*

■ **Ont** est le verbe ***avoir*** au présent, à la 3ᵉ personne du pluriel. Il peut être remplacé par ***avaient***.

Ils ***ont*** *regardé Nicolas.* → *Ils* ***avaient*** *regardé Nicolas.*

■ ***On a*** *recherché l'animal.* ***On n'a pas*** *eu de mal à le retrouver.* N'oublions pas **le premier mot de la négation (n')** devant une voyelle.

1 Remplace *on* par un nom, un pronom ou des noms qui peuvent convenir.

On a arrêté le voleur. – *On* l'a lu dans le journal. – *On* allume la télévision à huit heures. – Chaque matin, *on* fait son lit. – *On* ne va pas souvent au théâtre. – *On* a très peur pour lui. – Tous les jours de la semaine, *on* mange à la cantine.

2 Complète par *on* ou *ont*.

Les dernières nouvelles ... rassuré sa famille. – Les passagers ... quitté l'avion. – ... a annoncé du beau temps. – Plus ... est de fous, plus ... rit. – ...-ils gagné la partie ? – Que dit-... de lui ? – Que doit-... faire ? – Ils ... choisi leur déguisement. – ... ne le croit plus, il ment continuellement.

3 Complète par *on* ou *on n'*.

... habite ici depuis longtemps. – ... aime bien ce quartier. – ... a pas un grand appartement, mais ... est pas gêné par le bruit. – ... a pas envie de déménager.

4 Complète les proverbes par *on* ou *ont*.

Les murs ... des oreilles. – Comme ... fait son lit ... se couche. – ... a toujours besoin d'un plus petit que soi. – Les absents ... toujours tort. – ... ne fait pas d'omelette sans casser des œufs.

5 Écris deux phrases dans lesquelles tu emploieras *on* et *on n'*.

J'écris le son [ɑ̃] : dans, entendre, la lampe, le temps

- Relève tous les mots du texte qui contiennent le son [ɑ̃].
- Une des écritures de ce son n'est pas employée dans le texte. Laquelle ?
- Écris trois mots avec cette écriture.
- Observe la lettre qui se trouve juste après le son [ɑ̃] dans les mots suivants : *remplir* – *trembler* – *tempête* – *sembler*. Devant quelles lettres doit-on écrire *em* ?
- Cherche dans le texte deux mots contenant le son [ɑ̃] écrit *em*, qui appliquent cette règle.

Combat dans la nuit

À minuit le combat recommença. Cette fois le vieux savait que cela ne servirait à rien. Il avait contre lui une véritable meute… Le vieux cognait au hasard sur des têtes, il entendait des mâchoires claquer. La barque oscillait sur des dos. Le vieux résistait avec désespoir à un ennemi qu'il entendait et devinait seulement. Soudain le gourdin lui échappa : quelque chose s'en était emparé. Alors il décrocha la barre du gouvernail, la prit à deux mains et se remit à cogner dans tous les sens. Tantôt l'un derrière l'autre, tantôt ensemble, ils s'élançaient sur le poisson, arrachant des morceaux de chair…

Ernest Hemingway, traduit par Jean Dutourd,
Le Vieil Homme et la mer © Gallimard.

JE RETIENS

- Le son [ɑ̃] peut s'écrire : **an** → *dans*, **am** → *la lampe*, **en** → *entendre*, **em** → *le temps*.
- **Devant m, b, p**, on écrit **am**, **em** à la place de **an**, **en**. *Néanmoins* est une exception.

1 Complète les mots à l'aide de *an* ou *en*.

la d…se – la ch…ce – la p…te – une pl…te – l…te – la f…te – t…dre – la b…de.

2 Complète les mots à l'aide de *am* ou *em*.

la ch…bre – s…blable – une …bulance – une …poule – une t…pête – il tr…ble – la j…be – sept…bre – déc…bre – le b…bin.

3 Du nom au verbe à l'aide de *en* ou *em*.

Ex. : une barque → embarquer.

une boîte → … – un fil → … – une poche → … – un tas → … – un bras → … – un dos → … – une paille → … – un cadre → … – un vol → …

DICTÉE

Retour au port

Il était rentré dans le courant ; il voyait les lumières de toutes les plages éparses le long de la côte. Le retour au port n'était plus qu'un jeu d'enfant. On a le vent pour nous, en tout cas, pensa-t-il. Enfin, je veux dire de temps en temps, ajouta-t-il. Et aussi la grande mer, avec nos amis et nos ennemis. Et puis le lit, pensa-t-il. Le lit, ça c'est un ami ! Rien que le lit, pensa-t-il. Ça sera-t-y bon d'être au lit ! Ce que ça peut être facile, les choses, quand on a perdu, pensa-t-il.

Ernest Hemingway, traduit par Jean Dutourd,
Le Vieil Homme et la mer © Gallimard.

J'écris le son [ɛ̃] : *l'inconnu, simple, lundi, un parfum*

■ Relève les différentes écritures du son [ɛ̃].

■ Connais-tu d'autres écritures du son [ɛ̃] ? Cherche des exemples.

■ Observe la lettre qui se trouve juste après le son [ɛ̃] dans les mots suivants : *imprudent*, *imbuvable*. Devant quelles lettres doit-on écrire *im* ?

■ Cherche dans le texte un mot contenant le son [ɛ̃] écrit *im* qui applique cette règle.

Un inconnu

« D'où viens-tu ? »

Il fourragea dans sa tignasse de plus belle. Son embarras me donnait de l'assurance. J'insistai : « Tu viens d'une autre planète ?... de Mars, peut-être ? d'un autre système solaire ?... de... de plus loin ? »

Il ne répondait toujours rien.

« Tu es peut-être tout simplement terrien ? russe, ou américain. Ta soucoupe pourrait être une nouvelle invention pas tout à fait au point ?... Ou bien tu n'es pas assez bon technicien ? »

Claude Cénac, *Des milliards de soleils* © Magnard, 1996.

JE RETIENS

■ Le son [ɛ̃] peut s'écrire : **in** → *l'inconnu*, **im** → *simple*, **ain** → *la main*, **ein** → *plein*, **aim** → *le daim*, **un** → *lundi*, **um** → *le parfum*, **en** → *rien*.

■ Devant **m**, **b**, **p** on écrit **im** à la place de **in**.

1 Complète par *-ain* ou *-ein*.

N'oublie pas de serrer le fr... à m... . – Le p... est un aliment s... . – Ce tr... est pl... de voyageurs. – Le r... est un organe fragile. – On ne dit pas : « h... ? ». On dit : « Comment ? ».

2 Complète à l'aide de *in* ou de *im*.

un ...connu. – Il est ...prudent. – C'est ...portant. – ...capable ! – C'est une ...justice. – ...poser. – Cette eau est ...buvable. – Un ...firme.

3 Tout en [ɛ̃] ! Du verbe au nom.

Ex. : peindre → le peintre ou la peinture.

teindre → ...   craindre → ...
plaindre → ...   feindre → ...

4 Complète les mots avec le son [ɛ̃] écrit correctement.

un souver... – un tambour... – un écriv... – un coqu... – cert... – un comédi... – un orphel...

DICTÉE

Dans la terre !...

« Vous autres les Terriens, vous dites d'un rêveur qu'il est “dans la lune”. Eh bien, chez nous, quand quelqu'un rêvasse toujours, on dit : dans la terre. C'est simple, pourtant ? »

J'avais peur qu'il ne me prît pour un imbécile. J'acquiesçai vivement.

Claude Cénac, *Des milliards de soleils* © Magnard.

Le dictionnaire

- Les vingt-deux mots de cette page de dictionnaire commencent par les deux mêmes lettres. Quelles sont ces deux lettres ?
- Comment les mots sont-ils rangés à partir de la troisième lettre ?
- Écris les mots complets correspondant aux abréviations : *n. m.* ; *n. f.* ; *adj.* ; *v.* ; *pl.*

F fleuret LE ROBERT JUNIOR

fleuret n. m. ✦ Épée à lame fine, avec laquelle on fait de l'escrime.
● Ce mot vient de l'italien.

fleurir v. (conjug. 2) 1. Produire des fleurs, être en fleurs. *Les arbres fruitiers fleurissent au printemps.* 2. Décorer avec des fleurs. *Elle a fleuri la tombe de son grand-père.*
➤ **fleuri, fleurie** adj. 1. Couvert de fleurs. *Les pommiers sont fleuris,* en fleurs. 2. Garni de fleurs. *Toutes les tables du restaurant sont fleuries.*
➤ **fleuriste** n. m. et f. ✦ Personne dont le métier est de vendre des fleurs, des plantes. *Elle s'est acheté un cyclamen en pot chez le fleuriste.*
➤ **fleuron** n. m. 1. Ornement en forme de fleur. *Les fleurons d'une couronne.* 2. Élément le plus beau, le plus précieux d'un ensemble, d'une collection. *Ce tableau est le fleuron de la collection.*
▷ Mot de la famille de ① FLEUR.

fleuve n. m. ✦ Cours d'eau qui se jette dans la mer. *La Loire est le plus grand fleuve de France.* ⟶ aussi **fluvial** et **rivière**.

flexible adj. ✦ Qui peut être plié, courbé. ⟶ **élastique, souple.** *Le roseau a une tige flexible.* ≠ contr. **raide, rigide.**
▷ Autre mot de la famille : INFLEXIBLE.

flexion n. f. ✦ Mouvement qui consiste à fléchir un membre. ⟶ **fléchissement.** *Le gymnaste fait une série de flexions et d'extensions des jambes.*

flibustier n. m. ✦ Pirate qui pillait les navires. ⟶ **forban.** *Autrefois, les flibustiers écumaient la mer des Antilles.* ⟶ aussi **corsaire.**

flipper [flipœR] n. m. ✦ Billard électrique. *Alex et Paul font une partie de flipper.*
● Ce mot vient de l'américain *to flip* qui veut dire « secouer ».

flirt [flœRt] n. m. ✦ Petite aventure amoureuse. *Un flirt de vacances.*
● *Flirt* est un mot anglais.
➤ **flirter** [flœRte] v. (conjug. 1) ✦ Avoir une petite aventure amoureuse avec quelqu'un. *Ils ont flirté ensemble cet été.*
● Ce verbe vient de l'anglais *to flirt* qui veut dire « faire la cour à ».

flocon n. m. 1. *Un flocon de neige,* c'est une petite masse de neige qui tombe du ciel. *La neige tombe à gros flocons.* 2. Lamelle séchée de céréales, de légumes. *Paul prend des flocons d'avoine à son petit déjeuner. De la purée en flocons.*

flonflons n. m. pl. ✦ Musique populaire très bruyante. *Les flonflons du bal du 14 Juillet.*

floraison n. f. ✦ Moment où les plantes, les arbres sont en fleurs. *La floraison des arbres fruitiers a lieu au printemps.*

floral, florale adj. ✦ Qui concerne les fleurs. *Louise a visité une exposition florale,* une exposition de fleurs. *Dans la région, il y a plusieurs parcs floraux,* des parcs où il y a des fleurs.
➤ **floralies** n. f. pl. ✦ Exposition de fleurs. *Les floralies de Vincennes.*

flore n. f. ✦ Ensemble des plantes d'un pays ou d'une région. ⟶ **végétation.** *La flore de la région est très variée.* ⟶ aussi **faune.**

florissant, florissante adj. ✦ Qui réussit bien. *Un commerce florissant.* ⟶ **prospère.**

flot n. m. 1. *Les flots,* ce sont les eaux de la mer. *Le bateau navigue sur les flots.* 2. Grande quantité. *Elle a versé des flots de larmes.* ⟶ **torrent.** *Des flots de voyageurs entraient et sortaient de la gare.* 3. *Le bateau est à flot,* il flotte.

flotte n. f. ✦ Ensemble des bateaux d'un pays. *La flotte de commerce française.* – *La flotte aérienne d'un pays,* l'ensemble de ses avions.
➤ **flottille** n. f. ✦ Ensemble de petits bateaux. *Une flottille de pêche.*

flotte

422

Robert Junior, 2005.

JE RETIENS

- **Les mots** de la langue française **sont classés** dans le dictionnaire **suivant l'ordre alphabétique**.
- Le dictionnaire indique aussi **l'orthographe, la nature (nom, verbe, adjectif, etc.), le genre (masculin ou féminin), le sens ou les sens** d'un mot.

1 Retrouve les mots extraits de la page de dictionnaire ci-dessus qui correspondent à ces définitions.

- Personne dont le métier est de vendre des fleurs, des plantes : …
- Cours d'eau qui se jette dans la mer : …
- Ensemble des bateaux d'un pays : …
- Pirate qui pillait les navires : …

2 Écris les groupes de lettres dans l'ordre du dictionnaire.

- ba, bu, br, be, bo, bi.
- lai, lar, lac, lan, lav, lap.
- dési, desa, dese, dest, déso, desc.

3 Écris la signification des abréviations suivantes.

n. m. : … – adj. : … – v. : … – n. f. : … – prép. : … – inv. : … – adv. : …

4 **Recopie les mots de chaque liste dans l'ordre alphabétique.**

- devinette – girouette – champignon – alphabet – glisser – règlement – baguette – tracteur.
- travail – tradition – tracer – train – trafic – traîneau – traîner – traduire.

5 **De quel genre sont ces noms ? Signale le masculin par (m) et le féminin par (f).**

autoroute (…) – ongle (…) – enfant (…) – pétale (…) – asperge (…) – avion (…) – mousse (…) – vis (…) – oasis (…) – espèce (…) – angle (…) – maire (…).

6 **Recopie ces listes en mettant le mot entre parenthèses à sa place dans l'ordre alphabétique.**

- (oiseau) : gorge – lancer – partager – quitter – vapeur.
- (brioche) : bracelet – brave – brebis – brosse – brume.
- (clou) : cloche – cloison – cloque – clôture – clown.
- (lourd) : louer – loup – loupe – loutre – louve.

7 **Retrouve et écris le mot qui n'est pas à sa place dans chaque liste.**

- fuir – fumée – fusée – fureur – fusil – futur.
- paquet – paradis – parachute – paraître – parapluie – pardon.
- adjectif – admirer – adopter – adresse – adulte – adroit

8 **Recopie les mots de chaque liste dans l'ordre alphabétique.**

marionnette	impressionner
maire	imprudence
mammifère	imprimerie
maximum	imprévu
malhonnête	imprévisible
magazine	imprécis

9 **Retrouve dans cette liste les mots qui sont à la fois nom et verbe.**

travailler – boucher – devoir – calmer – lever – souper – recevoir – saluer – pêcher – toucher – raser – lancer – conseiller – savoir.

10 **Aide-toi des définitions du dictionnaire pour trouver les sens du mot *place.* Recopie les phrases et indique le numéro du sens.**

place **n. f.** 1. Espace entouré de bâtiments. *Il habite sur la place de l'église.* 2. *Une place forte,* c'est une forteresse. 3. Partie d'un lieu. *Théo est très énervé, il ne tient pas en place,* il bouge sans arrêt. *Le commissaire s'est rendu sur place,* là où l'événement s'est produit. 4. Endroit qu'une personne ou une chose occupe. *Où sont mes lunettes ? Elles ne sont pas à leur place.* 5. Siège. *Il a réservé deux places de train.* 6. Espace inoccupé. *Il n'y a plus de place dans ce placard. J'ai eu du mal à trouver une place pour garer ma voiture.* 7. *Se mettre à la place de quelqu'un,* c'est imaginer qu'on est dans sa situation. *À ta place, je m'en irais,* si j'étais toi. — *Qui va à la chasse perd sa place,* on risque de trouver une situation différente à son retour. 8. Rang dans un classement. *Cette chanson occupe la première place du hit-parade,* elle est classée première. 9. Emploi. *L'employé de la bijouterie a perdu sa place,* il a été renvoyé. 10. *À la place,* pour remplacer. *Nous ne pouvons pas vous rembourser, mais choisissez un autre article à la place.*

▷ Autres mots de la famille : DÉPLACÉ, DÉPLACEMENT, DÉPLACER, EMPLACEMENT, IRREMPLAÇABLE, PLACEMENT, PLACER, REMPLAÇANT, REMPLACEMENT, REMPLACER, REPLACER, SURPLACE.

Robert Junior, 2005.

La statue se trouve au milieu de la place. (…) – J'ai demandé une place de livreur-chauffeur. (…) – Le tube de dentifrice n'est pas à sa place sur l'étagère. (…) – Retenez votre place sur le prochain avion. (…) – Il n'y a plus de places assises dans le bus. (…) – Le coureur français a obtenu la deuxième place au championnat du monde. (…)

11 **Cherche quatre mots qui pourraient figurer après le mot *flottille* dans la page de dictionnaire reproduite page 34. Pour les classer, fais bien attention à l'ordre alphabétique.**

Chercher les mots dans le dictionnaire

- Quel est le nombre de mots expliqués dans cette page de dictionnaire ?
- Quel est le premier mot de la page ? le dernier ?
- Lis le mot en couleur tout en haut et à droite de la page du dictionnaire. Ce mot est appelé *mot repère*. Il se trouve également ailleurs dans la page. Retrouve-le. À ton avis, pourquoi l'a-t-on placé en haut de la page ?
- Tous les mots de la page commencent par les trois mêmes lettres. Quelles sont ces trois lettres ?
- Repère cinq mots de la famille de *casser*.

DE LA LANGUE FRANÇAISE castagnettes **C**

casino **n. m.** ✦ Établissement où l'on joue de l'argent. *Ils sont allés jouer à la roulette au casino.*
● Ce mot vient de l'italien.

casoar **n. m.** ✦ Grand oiseau d'Australie qui a sur le crâne une bosse osseuse appelée « casque ». *Les casoars ne volent pas mais courent très vite.*

casque **n. m.** ✦ Objet dur et solide qui couvre la tête et la protège des chocs. *Les pompiers portent un casque de métal.*
➤ **casqué, casquée** **adj.** ✦ Qui a la tête couverte d'un casque. *Les motards doivent être casqués.*
➤ **casquette** **n. f.** ✦ Coiffure plate en tissu, garnie d'une visière.

cassant, cassante **adj.** 1. Qui se casse facilement. *La fonte est un métal cassant.* 2. Autoritaire et dur. *Le directeur de l'usine parle d'un ton cassant.*
▷ Mot de la famille de CASSER.

casse **n. f.** 1. *De la casse,* des objets cassés. *Quand Alex fait la vaisselle, il y a souvent de la casse.* 2. Lieu où l'on casse les voitures très vieilles ou accidentées et où l'on récupère les pièces qui sont encore bonnes. *Il a mis sa voiture à la casse.*
▷ Mot de la famille de CASSER.

casse-cou **n. m. et f. inv.** ✦ Personne qui aime prendre des risques sans peur du danger. → **risque-tout.** *Julie est une casse-cou.* → **imprudent.** — Au pl. *Des casse-cou.*
▷ Mot de la famille de CASSER et de COU.

casse-croûte **n. m. inv.** ✦ Repas rapide et léger. — Au pl. *Des casse-croûte.*
▷ Mot de la famille de CASSER et de CROÛTE.

casse-noix **n. m. inv.** ✦ Instrument qui sert à casser la coquille des noix, des noisettes ou des amandes. — Au pl. *Des casse-noix.*
▷ Mot de la famille de CASSER et de NOIX.

casser **v.** (conjug. 1) 1. Mettre en morceaux. → **briser.** *Julie a cassé un verre.* 2. Se briser un os. *Elle s'est cassé la jambe en faisant du ski,* elle s'est rompu l'os de la jambe. → **fracturer.** 3. Endommager quelque chose au point de l'empêcher de marcher. *Alex a cassé sa montre.* 4. *Casser les prix,* c'est les faire diminuer brusquement.
▷ Autres mots de la famille : AUTOCASSABLE, CASSANT, CASSE, CASSE-COU, CASSE-CROÛTE, CASSE-NOIX, CASSE-TÊTE, CASSURE, CONCASSER, INCASSABLE.

casserole **n. f.** ✦ Récipient en métal muni d'un manche, qui sert à faire cuire les aliments.

casse-tête **n. m.** ✦ Ce qui est très difficile à résoudre, très compliqué. *Ce problème de maths est un vrai casse-tête.* — Au pl. *Des casse-têtes* ou *des casse-tête.*
▷ Mot de la famille de CASSER et de TÊTE.

cassette **n. f.** 1. Étui en matière plastique qui contient une bande magnétique enroulée sur des bobines, qui enregistre des sons ou des images. *Il a mis une cassette dans le lecteur. Elle met une cassette vidéo dans son magnétoscope.* → **vidéocassette.** 2. Petite boîte où l'on rangeait autrefois de l'argent ou des bijoux.
▷ Autre mot de la famille : VIDÉOCASSETTE.

cassis

① **cassis** [kasis] **n. m.** ✦ Petit fruit noir qui ressemble à la groseille, avec lequel on fait de la confiture, du sirop, de la liqueur.

② **cassis** [kasi] ou [kasis] **n. m.** ✦ Creux en travers d'une route. *Les cassis sont signalés par des panneaux.* → aussi **dos-d'âne.**

cassoulet **n. m.** ✦ Ragoût composé de haricots blancs et de diverses viandes (oie, canard, porc, mouton).

cassure **n. f.** ✦ Endroit où un objet est cassé. → aussi **fêlure.** *La cassure est à peine visible sur ce vase.*
▷ Mot de la famille de CASSER.

castagnettes **n. f. pl.** ✦ Petit instrument composé de deux morceaux de bois réunis

145

Robert Junior, 2005.

1 **Écris les groupes de quatre lettres qui commencent les mots de cette page du dictionnaire ci-dessus.** *Ex. : cas (i).*

cas ( ) cas ( ) cas ( ) cas ( )

2 **Dans une autre page de dictionnaire, le rangement suivant serait-il correct ? Rectifie-le si c'est nécessaire.**

rat (a) – rat (i) – rat (e) – rat (t) – rat (o) – rat (u)

3 Indique par une croix où se trouvent les mots suivants par rapport à la page du dictionnaire reproduite page 36.

	Avant cette page	Après cette page
cascadeur		
cathédrale		
cavalier		
catalogue		
caravane		
casier		
case		
castor		

4 Le mot *casseur* pourrait-il être rangé dans cette page du dictionnaire ? Explique ta réponse.

5 Le *castel* est un petit château. Ce mot a-t-il sa place dans cette page du dictionnaire ? Si ce n'est pas le cas, à quel endroit faudrait-il le placer ?

6 Dans laquelle de ces trois listes les mots sont-ils rangés dans l'ordre du dictionnaire ?

- changement – chanson – championnat – chance – chanteur – char – chapeau.
- championnat – chance – changement – chanson – chanteur – chapeau – char.
- chance – changement – chanson – chanteur – championnat – chapeau – char.

7 Relève et dresse la liste des abréviations contenues dans la page du dictionnaire reproduite page 36. Écris à côté le mot en entier.

8 Recopie les mots de chaque liste en les rangeant dans l'ordre alphabétique. Ajoute pour chaque mot les abréviations nécessaires.

- pastèque – pauvre – paupière – payer – pâtisserie.
- regard – regret – refroidir – régner – régime – refus.
- concurrent – concert – complet – composer – conclusion – concierge.

9 En suivant l'ordre alphabétique, récris chaque ligne en plaçant le mot entre parenthèses comme il convient.

- (sauvetage) – sauvage – sauver – sauveteur.
- (livret) – livre – livrer – livreur.
- (orange) – oral – orage – orang-outan.
- (boucher) – bouche – bouchon – boucler.

10 En suivant l'ordre alphabétique, récris chaque ligne en plaçant les mots entre parenthèses comme il convient.

- (nouveauté, nourrissant, nourrice) – nougat – nourriture – nouvelle.
- (équiper, équilibre, équerre) – équipage – équipe – équitation.
- (panne, pantin, papier) – palmier – pantoufle – panier.
- (séchage, secours, secousse) – sécher – seconde – secourisme.

11 Écris à quels mots tu chercheras, dans ton dictionnaire, le sens des mots suivants.

engloutirons – envahissant – brutaux – fausse – violente – réelle – lectrice – charmeuse – méchant – sursautait – ont déployé.

J'écris

À toi d'écrire l'article de dictionnaire du mot *balle*. N'oublie pas les abréviations et donne un exemple pour chaque sens du mot. Tu peux vérifier dans ton dictionnaire quand tu as terminé.

Les familles de mots

■ *Planter*, *plants*, *transplanté*, *plantations* et *plantes* sont des mots qui font penser au même domaine et qui se ressemblent. On dit qu'ils constituent **une famille de mots**. Trouve dans le texte une autre famille de mots. Écris ces mots.

■ Comment ces mots de la même famille sont-ils formés ? Encadre la partie du mot que l'on retrouve dans tous les mots.

■ À l'aide de ton dictionnaire, recherche des mots de la famille de *terrain*. À partir de quel mot simple sont-ils formés ?

Les nouveaux jardiniers

Nous avons décidé de transformer le terrain qui se trouve devant notre classe en jardin potager. Mais avant de planter, il a fallu bêcher et c'est Rony qui s'est chargé de ce travail.

Anastasia a apporté des plants de laitue. Aude et Renaud ont transplanté des choux pour l'hiver. Nous avons semé des radis, des carottes et des poireaux.

Nous avons également pensé à planter des fleurs. Manon et Juliette ont repiqué des œillets, des soucis, des anémones et de la sauge. Ces fleurs servent de bordures et séparent nos différentes cultures. Bien arrosées, nos plantations poussent vite et jardiner devient un plaisir. Chaque jour, nous observons les progrès de nos plantes. Nous sommes fiers de notre jardinage. On parle déjà de vendre nos récoltes !

JE RETIENS

■ À partir d'**un mot simple**, on peut former d'autres mots.

jardin → jardinier, jardiner, jardinage.

■ Ces mots formés sont des **mots dérivés**. Ils ont le **même radical** que le mot simple.

***jardin** → **jardin**ier, **jardin**er, **jardin**age.*

Tous ces mots appartiennent à **la même famille**.

1 **Recopie les quatre listes. Puis, dans chaque mot, encadre le radical que l'on retrouve pour une même famille.**

- patiner – patinage – patinoire – patineuse.
- froideur – froidement – refroidir – refroidissement.
- coucher – couchant – couchage – découcher.
- semis – semence – semeur – ensemencer.

2 **Reconstitue à chaque fois les deux familles de mots et écris-les.**

- bois – bondir – boisé – bond – rebond – reboiser – déboiser – rebondir – bosquet – rebondissement – reboisement.
- roue – monter – montagne – enroulade – montée – enrouler – déroulement – mont – rouler – montagneux.

3 **Dans chaque liste, retrouve les mots qui appartiennent à la même famille et écris-les.**

- patin – patrouille – patinoire – patient – patiner – pâtisserie – patte – patineur – pâturage – patriote – patinage – patte.
- sanglier – sang – sanglot – sanguin – sanglant – sanguinolent – sangle – sangsue – sans-gêne.

4 **De quel instrument joue-t-il ? Écris le nom de cet instrument.**

le pianiste : du … – le trompettiste : de la … – le flûtiste : de la … – le violoniste : du … – le saxophoniste : du … – le guitariste : de la … – le bassiste : de la … – le clarinettiste : de la …

5 **Recopie chacune de ces listes et barre l'intrus qui s'y trouve.**

- soin – soigner – soigneur – soirée – soigné.
- chausser – chaussette – chauffage – chaussure – déchausser.
- fabrique – fabriquer – fabricant – préfabriqué – fabuleux.

6 **Trouve trois mots dérivés du mot *loger* correspondant à chacune de ces définitions.**

– Endroit où l'on habite.
– Chasser quelqu'un de sa place.
– Replacer quelqu'un dans un logement.

7 **Écris trois mots de la même famille.**

- dent : … – … – …
- camp : … – … – …
- lessive : … – … – …
- naviguer : … – … – …

8 **Reconstitue les deux familles de mots et écris-les.**

territoire – terrain – terrible – terreau – terreur – terrorisme – terrestre – enterrer – terrorisé – terre.

9 **Lis ce texte puis complète-le avec des mots de la même famille.**

Tu dois te brosser les … chaque jour, surtout après les repas. C'est le moyen d'éviter les caries et d'avoir toujours une … en parfait état. On conseille deux visites par an chez le … . Celui-ci te recommandera une pâte … que tu utiliseras avec une brosse douce. Si tu suis ces conseils, plus tard, quand tu seras très vieux, tu ne porteras pas de … .

10 **L'orthographe du mot simple peut être souvent trouvée à partir d'un mot de la même famille. Écris les mots simples tirés des mots suivants.**

sanguin : le … – la lenteur : il est … – la blancheur : il est … – tapisser : le … – border : le … – la porcherie : le … – parfumer : le … – le plombier : le … – fusiller : le …

11 **Dans certains mots dérivés, le radical est parfois transformé. Il ne correspond plus tout à fait au mot simple.**
Pour chaque mot simple, retrouve le mot dérivé.

Ex. : mot simple → mer ;
mot dérivé → maritime

- Mots simples : pied – main – doigt – école – eau – faim – fête – fleur – été – heure.
- Mots dérivés : estival – horaire – digital – aquatique – scolaire – festival – manuel – affamé – pédestre – floraison.

12 **Même exercice.**

- Mots simples : clair – froid – bouche – nez – chair – chien – frère – ciel – larme – nuit.
- Mots dérivés : carnivore – réfrigérer – canin – nocturne – céleste – nasal – clarté – lacrymal – buccal – fraternité.

La lettre

- Qui a écrit et signé cette lettre ?
- À qui la lettre est-elle destinée ?
- Quelles informations Clément donne-t-il dans le corps de sa lettre ?
- Quels renseignements trouves-tu en haut à droite de la lettre ?

Paris, le 10 février 2006 ← Date

En-tête → *Cher David,*

Corps de la lettre:

Papa et maman sont d'accord pour que je vienne chez toi pendant les vacances de printemps. Je prendrai l'avion tout seul. Ne t'inquiète pas, une hôtesse de l'air m'accompagnera jusqu'à ce que tes parents et toi veniez me chercher. J'arriverai à l'aéroport de Nice le lundi 10 avril à 10 heures du matin.

J'ai hâte de te revoir et de jouer avec toi et ta sœur. J'espère que tu vas bien.

Formule finale → *À bientôt. Je t'embrasse très fort.*

Clément ← Signature

JE RETIENS

- Une lettre est **un message écrit** qui permet de faire part de quelque chose à quelqu'un ou à plusieurs personnes.
- **Une lettre personnelle est écrite pour une personne de sa famille ou pour un ami.** On peut également écrire une lettre à quelqu'un que l'on ne connaît pas personnellement : **une lettre administrative**, par exemple.

Pour écrire une lettre

↘ Grammaire p. 18

↘ Vocabulaire pp. 34 et 36

UNE LETTRE PERSONNELLE

- Pour débuter, j'utilise une formule amicale : *Bonjour Zoé*, *Cher Papa*.
- Dans le corps de ma lettre, j'expose les raisons de mon courrier.
- Je pense à demander des nouvelles de mon correspondant : *J'espère que tu vas bien. Et toi, que deviens-tu ?*
- Je termine par une formule affectueuse : *Gros bisous*, *Je t'embrasse très fort*.
- Et je n'oublie pas de signer !

UNE LETTRE ADMINISTRATIVE

- Je mentionne mon nom et mon prénom, mon adresse, mon téléphone, mon adresse e-mail, etc. J'écris toutes ces indications en haut de la page, à gauche.
- Je peux aussi écrire le nom et le prénom du destinataire, à droite de la page, en dessous de mon adresse.
- Pour débuter, j'utilise une formule comme *Monsieur le Maire*, *Madame la directrice*…
- Dans le corps de ma lettre, j'explique quelle est ma demande.
- Je termine par une formule de politesse : *Je vous prie d'agréer, Monsieur le Maire, l'expression de ma considération distinguée*.
- Et je n'oublie pas de signer !

J'observe d'autres modèles

Avant d'écrire une lettre, lis les deux lettres suivantes. Tu pourras ainsi t'en inspirer.

1 – LA SOURIS DE M. GRIMAUD

Le chat, M. Grimaud, a décidé de s'offrir une souris vivante à la place de la souris grillée qu'il commande chaque jour. Sur le point d'être dévorée par M. Grimaud, la souris a mis à sa place, dans l'assiette, la queue de M. Grimaud, déclenchant ainsi une série de catastrophes dans le restaurant. Voici la lettre que la souris adresse à M. Grimaud suite à cet événement.

Cher Monsieur,

Je tiens à vous faire savoir que je regrette infiniment les désagréments que j'ai pu vous causer. Je suis persuadée que vous n'auriez pas agi autrement si vous aviez été à ma place. J'espère sincèrement que votre queue et vous-même êtes en bonne voie de guérison. Je vous assure que je ne garde aucune rancune et j'ose espérer qu'il en va de même pour vous.

Permettez-moi de vous souhaiter une belle et longue vie.

Cordialement vôtre,

Votre amie du Bon Coup de griffe

Frank Asch, *La Souris de M. Grimaud* © Albin Michel Jeunesse.

2 – L'INSCRIPTION À L'ÉCOLE DE SORCELLERIE

Collège Poudlard, école de sorcellerie
Directeur : Albus Dumbledore
Commandeur du Grand Ordre de Merlin
Docteur ès Sorcellerie, Enchanteur-en-chef, Manitou suprême de la Confédération internationale des Mages et Sorciers

Cher Mr. Potter,

Nous avons le plaisir de vous informer que vous bénéficiez d'ores et déjà d'une inscription au collège Poudlard.

Vous trouverez ci-joint la liste des ouvrages et équipements nécessaires au bon déroulement de votre scolarité.

La rentrée étant fixée au 1er septembre, nous attendons votre hibou le 31 juillet au plus tard.

Veuillez croire, cher Mr. Potter, en l'expression de nos sentiments distingués.

Minerva McGonagall
Directrice-adjointe

J. K. Rowling, © J. K. Rowling, traduit de l'anglais par Jean-François Ménard, *Harry Potter à l'école des sorciers* © Gallimard-Jeunesse.

À mon tour !

↘ Grammaire p. 12

↘ Conjugaison p. 20

1 Associe le destinataire aux bonnes formules.

• ***Les destinataires***

1. Le Maire de Rouen
2. Maxime Damidaux
3. M. Lefèvre
4. Docteur Pavat

• ***Les formules pour débuter la lettre***

a. Docteur, …
b. Monsieur le Maire, …
c. Salut Maxime ! …
d. Mon cher papy, …

• ***Les formules pour terminer la lettre***

e. Veuillez agréer, Monsieur le Maire, l'expression de ma considération distinguée.
f. Mille gros bisous.
g. À demain, mon ami !
h. Je vous remercie par avance de vos conseils.

2 Relis la lettre de Clément à son cousin, page 40. Imagine la lettre de réponse de David. Il peut lui raconter ce qu'ils feront en vacances ou lui demander d'apporter un jouet, un vêtement…

3 Avec les camarades de ta classe, tu as préparé un spectacle. Vous écrivez au maire de votre commune pour lui demander l'autorisation d'utiliser la salle polyvalente pour la représentation.

Le début d'un récit

■ Quels sont les premiers mots du texte ? Que t'indiquent-ils ?

■ Cite tous les personnages qui apparaissent dans cet extrait. Dans quel genre de récit retrouve-t-on souvent ces types de personnages ?

Riquet à la Houppe

Il était une fois une Reine qui accoucha d'un fils, si laid et si mal fait, qu'on douta longtemps s'il avait forme humaine. Une Fée, qui se trouva à sa naissance, assura qu'il ne laisserait pas d'être aimable, parce qu'il aurait beaucoup d'esprit ; elle ajouta même qu'il pourrait, en vertu du don qu'elle venait de lui faire, donner autant d'esprit qu'il en aurait, à la personne qu'il aimerait le mieux.

Tout cela consola un peu la pauvre Reine, qui était bien affligée d'avoir mis au monde un si vilain marmot. […] J'oubliais de dire qu'il vint au monde avec une petite houppe de cheveux sur la tête, ce qui fit qu'on le nomma Riquet à la Houppe, car Riquet était le nom de la famille.

Charles Perrault, *Riquet à la houppe*.

JE RETIENS

■ **Un récit raconte une histoire vécue ou imaginaire.**

■ Dans un récit, il arrive des aventures à un ou plusieurs personnages qui peuvent être des personnes réelles ou imaginaires, des animaux ou des objets à qui l'on donne des caractéristiques d'êtres humains.

■ **Il existe plusieurs sortes de récit** : des contes, des récits d'aventures, des récits policiers, des récits de science-fiction, des récits fantastiques, des récits de vie, des récits humoristiques…

■ **Dès le début d'un récit**, le lecteur doit pouvoir dire quel est son genre grâce à **l'ambiance** créée par l'auteur.

Pour écrire le début d'un récit

AVANT D'ÉCRIRE

- Je choisis le genre de récit que je veux écrire.
- Je trouve un titre.
- Je fais la liste des personnages. Je détermine le ou les personnages principaux : je leur donne un nom, un âge, un caractère, un aspect physique et je fais la liste des péripéties qu'il vont vivre. Je choisis des personnages secondaires : j'imagine leurs rôles dans les aventures du héros (ami, ennemi, famille…).
- Je précise l'époque dans laquelle vivent les personnages et les lieux où ils se trouvent.

↘ Vocabulaire pp. 34 et 36

AU DÉBUT DU RÉCIT

- Je présente les personnages principaux et la situation dans laquelle ils se trouvent.
- Je place mon récit dans le temps : j'indique l'époque, je décris les habits des personnages, leurs façons de faire, les objets qui les entourent.
- Je place mon récit dans l'espace : je décris les lieux, les paysages, les maisons…

J'observe d'autres modèles

Avant d'écrire le début d'un récit, lis le début d'un texte humoristique et le début d'un texte de science-fiction. Tu pourras ainsi t'en inspirer.

1 – GERONIMO STILTON

Un après-midi d'automne fromageux…

Mon nom est Stilton, Geronimo Stilton. Je suis un rongeur éditeur, je dirige l'Écho du rongeur, le plus célèbre quotidien de l'île des Souris ; mon bureau se trouve au 13 de la rue des Raviolis. C'est justement là que je me trouvais en cet après-midi d'automne fromageux. Assis à ma table, je vérifiais les comptes de la maison d'édition en sirotant une tasse de chocolat bouillant, en grignotant des tartines au camembert fondu et des chocolats au roquefort… Soudain, les murs se mirent à trembler. Brrrouuummmmmmm…

Geronimo Stilton, *Le Secret de la famille Ténébrax*
© Albin Michel, 2004.

2 – LA BASE IMPÉRIALE DE PLANÈTE MORTE

Dans la galaxie d'Éridan, deux puissances se partagent le système solaire de Drasill : l'empire Comtall de la planète glacée de Nifhell, et le Khanat de la planète brûlante de Muspell.

Le commandant Brînx Vobranx laissa son regard se perdre dans les étoiles, bien au-delà des murs de polyverre. Les lumières artificielles baignaient les bâtiments métalliques d'un halo bleuté. Il faisait toujours nuit sur la base impériale de Planète Morte.

Brînx éprouva un pincement au cœur. Nifhell paraissait si loin ! L'image de son petit garçon et de son épouse, qu'il n'avait pas revus depuis six mois, surgit devant ses yeux. Le jeune officier poussa un soupir. Bien sûr, commander une garnison de cette importance représentait un grand honneur. Mais Planète Morte était si triste ! Le temps y passait si lentement…

Érik L'Homme, « Chien-de-la-lune »
dans *Les Maîtres des brisants / 1* © Gallimard, 2004.

À mon tour !

↘ Grammaire pp. 12 et 14

↘ Conjugaison p. 20

1 Sur le modèle du texte 1, écris en cinq ou six lignes un début de récit humoristique. Avant d'écrire ton texte, choisis un personnage, un lieu, une époque et imagine un début de situation. Tu peux aussi dresser une liste d'adjectifs ou d'expressions qui donneront à ton récit une ambiance humoristique.

2 Lis le début de ce récit de vie, puis récris-le en faisant de ce texte un début de récit fantastique.

Lucie aime aller chez sa tante Léonie. Cette sœur de sa grand-mère lui plaît beaucoup. Elle passe son temps à raconter à la fillette de charmantes histoires, des récits peuplés de fées bienfaisantes et de créatures ravissantes, qui la bercent tendrement avant le coucher du soir.

3 À partir de l'illustration ci-dessous, imagine un début de récit dramatique.

Bilan de la période 1

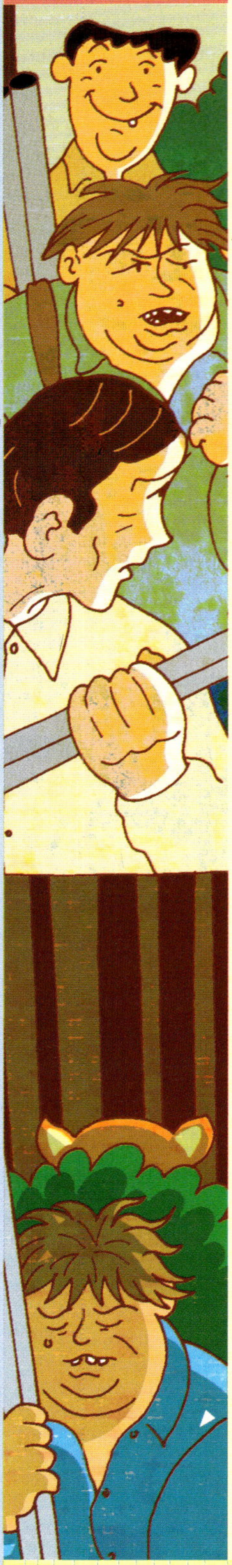

Fantastique Maître Renard

Chapitre 1. Les trois fermiers

Dans la vallée, il y avait trois fermes. Les propriétaires de ces fermes avaient bien réussi. Ils étaient riches. Ils étaient aussi méchants. Mais tous trois n'étaient ni plus méchants ni plus mesquins que d'autres. Ils s'appelaient Boggis, Bunce et Bean.

Boggis élevait des poulets. Il avait des milliers de poulets. Il était horriblement gros. Cela, parce qu'il mangeait tous les jours au petit déjeuner, au déjeuner et au dîner, trois poulets cuits à la cocotte avec des croquettes.

Bunce élevait des oies et des canards. Il avait des milliers d'oies et de canards. C'était une espèce de nabot ventripotent. Il était si petit que, dans le petit bain d'une piscine, il aurait eu de l'eau jusqu'au menton. Il se nourrissait de beignets et de foies d'oies. Il écrasait les foies et fourrait les beignets de cette bouillie infâme. Ce régime lui donnait mal à l'estomac et un caractère épouvantable.

Bean avait des dindes et des pommes. Il élevait des milliers de dindes dans un verger plein de pommiers. Il ne mangeait jamais. Par contre, il buvait des litres d'un cidre très fort qu'il tirait des pommes de son verger. Il était maigre comme un clou et c'était le plus intelligent des trois.

Bunce, Bean, Boggis,
Le gros, le maigre, le petit.
Laids comme des poux
Sont de vilains grigous !

Voilà ce que chantaient les enfants du voisinage en les voyant.

Chapitre 2. Maître Renard

Au-dessus de la vallée, sur une colline, il y avait un bois.

Dans le bois, il y avait un gros arbre. Sous l'arbre, il y avait un trou. Dans le trou vivaient Maître Renard, Dame Renard et leurs quatre renardeaux.

Tous les soirs, dès que la nuit tombait, Maître Renard disait à son épouse :

– Alors, mon amie, que veux-tu pour dîner ? Un poulet dodu de chez Boggis ? Un canard ou une oie de chez Bunce ? Ou une belle dinde de chez Bean ?

Et lorsque Dame Renard lui avait dit ce qu'elle voulait, Maître Renard se faufilait vers la vallée, dans la nuit noire, et se servait.

Boggis, Bunce et Bean savaient très bien ce qui se passait et cela les rendait fous de rage. Ils n'étaient pas hommes à faire des cadeaux. Ils aimaient encore moins être volés. C'est pourquoi toutes les nuits chacun prenait son fusil de chasse et se cachait dans un recoin sombre de sa ferme avec l'espoir d'attraper le voleur.

Mais Maître Renard était trop malin pour eux.

Roald Dahl, traduction de Marie Saint Dizier et Raymond Farré, *Fantastique Maître Renard*,

As-tu bien compris ?

- ➔ De qui parle le premier chapitre de ce texte ? Et le second chapitre ?
- ➔ Où vit Maître Renard ?
- ➔ Comment fait-il pour se nourrir, lui et sa famille ?
- ➔ Pourquoi les trois fermiers sont-ils fous de rage ?

GRAMMAIRE

1 **Dans le second chapitre du texte, il y a trois phrases nominales. Retrouve-les.**

– Puis récris ces trois phrases en y ajoutant un verbe différent pour chacune d'elles.

2 **Voici deux phrases du texte.**

Ils étaient riches.
Il élevait des milliers de dindes dans un verger plein de pommiers.

– Laquelle de ces deux phrases peux-tu raccourcir ?

– Écris la phrase obtenue sur ton cahier.
Compare-la avec celles écrites par tes camarades.

– Essaye maintenant d'allonger celle qui est la plus courte des deux. Compare la phrase obtenue avec celles écrites par tes camarades.

3 **Transforme la phrase : *Ils étaient riches* en la mettant à la forme négative.**

– Utilise d'abord, *n'... pas*, puis *n'... plus* et enfin *n'... guère*.

– Ces phrases négatives veulent-elles dire la même chose ?
Explique les différences.

CONJUGAISON

1 **À quel temps ce texte est-il écrit ? Au passé, au présent ou au futur ?**

– Quels mots du texte te permettent de trouver la réponse ?

2 **Dans le texte, cherche un verbe de chaque groupe et deux auxiliaires.**

– Recopie-les sur ton cahier puis écris-les à l'infinitif.

3 **Voici le radical de quelques verbes du texte : retrouve-les puis recopie-les en ajoutant le sujet et la terminaison qu'ils ont dans le texte.**

Ex. : buv... → il buvait

– tomb...

– faufil...

– s'appel...

– mange...

– sav...

ORTHOGRAPHE

Voici quatre mots du texte.

nourrissait – piscine – estomac – cidre.

– Quel son ces mots ont-ils en commun ?

– Ce son s'écrit-il de la même façon ?

– Classe ces mots dans le tableau en fonction de la graphie du son.

s	ss	c	ç	t	sc	x
…	…	…	…	…	…	…

– Pour quelles graphies n'y a-t-il aucun mot dans le texte ?

– Cherche d'autres mots pour compléter le tableau.

– Avec tes camarades, tu peux faire le concours de celui qui trouve le plus de mots pour chaque graphie !

– Tu peux faire un autre concours avec les graphies du son [ɛ̃].

in	im	ein	ain	aim	un	um	en
…	…	…	…	…	…	…	…

VOCABULAIRE

1 Classe ces mots du texte dans l'ordre alphabétique.

méchant – mesquin – mal – milliers – manger – maigre – maître – moins – malin – menton.

2 Cherche dans le dictionnaire des mots de la famille de *élever* et *épouvantable.*

– Compare avec ceux trouvés par tes camarades.

3 Connais-tu le sens du mot *ventripotent* (ligne 9) ?

– Écris la définition que tu en donnerais, puis cherche ce mot dans le dictionnaire et compare sa définition avec la tienne.

– Cherche dans le dictionnaire d'autres mots de la même famille que *ventripotent*.

À toi de jouer !

1 **Écris dans l'ordre les lettres correspondant à chaque définition et tu découvriras le verbe à l'infinitif qui désigne le cri de Maître Renard.**

a. Je suis la 7e lettre de l'alphabet.

b. Je me trouve dans l'alphabet, entre les lettres K et M.

c. Je suis la première lettre d'un verbe du premier groupe qui signifie « saisir, prendre ».

d. Je suis la première lettre du fruit qui se trouve dans le verger de Bean.

e. Avec le « R », je forme la terminaison des verbes du 2e groupe.

f. Je suis la première lettre du nom de l'animal héros de cette histoire.

…	…	…	…	…	…

2 **Suis le chemin qui passe par toutes les graphies du son [ɛ] et tu découvriras le nom de la maison de Maître Renard.**

3 **Retrouve les mots du texte qui correspondent à chaque définition. Tous ces mots contiennent le son [ɛ̃] :**

a. N.f. : La femelle du dindon. … … … … …

b. Adv. : D'une manière qui convient, qui est satisfaisante. (Contraire : mal.) … … … …

c. Adj. : Qui n'est pas généreux. … … … … … … …

d. N.m. : Eau dans laquelle on se baigne pour se laver. … … … …

e. Adj. : Qui est rusé. … … … … …

4 **Déchiffre le rébus et tu découvriras ce que les trois fermiers vont faire pour essayer d'attraper Maître Renard.**

Les mots en fête

Histoire à l'endroit

Un éléphant jouait tranquillement aux billes.
Survint un tigre affamé qui avala l'éléphant avec un peu de sauce tomate.
Une antilope, bonne cuisinière, dévora le tigre en pot-au-feu.
Un ouistiti avec cravate et chapeau melon grignota l'antilope rôtie à la broche.
Un rat acrobate engloutit le ouistiti à la croque au sel.
Un scarabée mal réveillé dégusta le rat en brochettes avec du riz.
Mais la mouche, écœurée, fit la grimace :
« Du scarabée, pouah, ça me donne mal au foie ! »

Bernard Friot, *Histoires pressées* © 1999, Milan Collection Poche Junior.

- À ton avis, pourquoi la mouche n'agit-elle pas comme les autres animaux ?
- Que remarques-tu sur la taille des animaux qui se succèdent ?
- Imagine que la mouche fasse comme les autres animaux. Continue l'histoire avec deux ou trois autres animaux.

1 Sur le modèle ci-dessus, écris une histoire avec d'autres animaux.
Exemple : *un hippopotame* ; *un lion* ; *un zèbre* ; *une souris* ; *une sauterelle* ; *une fourmi*.

2 Complète chaque phrase avec une des expressions suivantes : *prendre la mouche* ; *faire mouche* ; *pattes de mouche* ; *bateau-mouche* ; *fine mouche* ; *poids mouche* ; *mouche artificielle*.
Julien pêche avec une … – Se mettre en colère, c'est … – Nous avons visité Paris en … – Juliette est rusée, c'est une … – Ce boxeur très léger est un … – Sa fine écriture ressemble à des … – C'est un habile tireur, il va …

3 En changeant la première lettre du mot *mouche*, écris six noms différents, tous féminins :
La … – La … – La …
La … – La … – La …

4 Observe. En changeant de place certaines lettres du mot *miel* tu obtiens le mot *lime*. Cela s'appelle une anagramme.
À ton tour de trouver les anagrammes des mots suivants :
rat : … – chien : … – lion : … – poule : … – rame : … – rage : … – image : …

5 À toi d'écrire des phrases amusantes !
À l'aide de trois camarades, invente quatre phrases étranges comme celle-ci :

La mouche, écœurée, fit la grimace.
nom — adjectif — verbe — nom

Deux camarades écrivent huit noms accompagnés de leur article ; un troisième écrit quatre adjectifs et le quatrième quatre verbes.
Attention ! Vous ne devez pas vous montrer ce que vous écrivez.
Puis, sur le modèle ci-dessus, mettez en commun vos mots pour former quatre phrases étonnantes.

Période 2

Problème

Un roi a trois fils, dix-huit serviteurs, quinze servantes, deux chiens, huit chevaux et trente-quatre pantalons. Un jour, il fait venir ses fils et leur dit :

– Je suis né le 18 octobre 12447 à 6 h 33. Étant donné que nous sommes aujourd'hui le 26 juillet 12518 et qu'il est exactement 13 h 42, vous pouvez calculer à la minute près l'âge que j'ai. Je suis las de gouverner et j'ai décidé de me retirer. Me succédera celui d'entre vous qui me rapportera la calculette que m'a volée jadis le sorcier de la Montagne Noire. Bonne chance à vous trois !

Le fils aîné achète une carte du royaume et part à 14 h 18 avec sa voiture de sport. Il roule à une vitesse moyenne de 182 km/h. Après avoir parcouru une distance de 57 km, il tombe sur un contrôle routier dans une agglomération où la vitesse est limitée à 50 km/h. Les gendarmes lui retirent sur-le-champ son permis de conduire.

Le deuxième fils du roi se rend à la gare. La demoiselle des renseignements lui indique que le prochain train part à 15 h 02, qu'il roule à la vitesse de 115 km/h et qu'il rattrapera tôt ou tard le train précédent, parti à 13 h 33 et roulant à la vitesse de 56 km/h. La demoiselle des renseignements a une très jolie voix. Le fils du roi, pour l'entendre, lui fait répéter deux cent soixante et onze fois l'heure du train. Tant et si bien qu'il rate le départ.

Le fils cadet décide de partir à pied. Il parcourt 203 km en neuf étapes. Arrivé sur la Montagne Noire, il aperçoit une vache sanglotant dans un champ. Il lui demande la cause de son chagrin. Elle lui explique qu'elle est la fille d'un roi riche et puissant, mais que son professeur de mathématiques l'a transformée en vache parce qu'elle n'a pas trouvé la solution de l'exercice 34 page 176. Le prince cadet prend le livre de mathématiques de la princesse-vache et résout le problème en un rien de temps. Paf ! La vache redevient une merveilleuse princesse. Pour remercier son sauveur, la princesse lui donne un double décimètre magique et un gros baiser sur la joue. Le prince grimpe jusqu'au sommet de la Montagne Noire et trouve le sorcier devant sa grotte. Le sorcier se précipite sur le prince avec une équerre et un compas, mais le prince lui donne un coup de double décimètre sur la tête et le transforme en parallélépipède rectangle.

Le prince rentre chez lui avec la calculette électronique de son papa. La princesse décide de le suivre. [...]

Arrivé au château royal, le prince est sacré roi et épouse la princesse.

Question : combien de temps vivront-ils heureux et combien auront-ils d'enfants ?

Bernard Friot, *Histoires pressées* © 1999, Milan Collection Poche Junior.

As-tu bien compris ?

- Pourquoi le roi fait-il venir ses fils auprès de lui ?
- Pourquoi les deux premiers fils du roi n'atteignent-ils pas la Montagne Noire ?
- Comment le plus jeune fils parvient-il à retrouver la calculette ?
- Avec un ou plusieurs camarades, cherche dans l'histoire ce qui te fait penser à un conte et ce qui te fait penser à un problème de mathématiques.

J'AI DÉJÀ APPRIS...

1 **Pour retrouver le groupe nominal sujet et le groupe verbal d'une phrase tu peux utiliser « C'est… qui… ».**

Unité 1, p. 52

2 **Quand un groupe nominal est sujet de plusieurs verbes, chaque verbe s'accorde avec lui.**

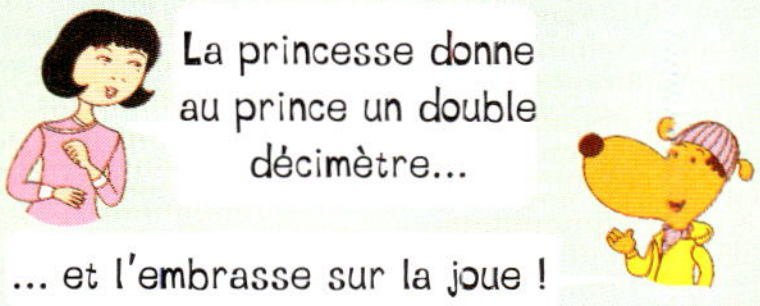

Unité 3, p. 56

3 **Si le groupe nominal sujet est composé de plusieurs noms, le verbe s'accorde au pluriel.**

Unité 4, p. 58

1 **Les verbes *avoir* et *être* ont une conjugaison irrégulière au présent de l'indicatif.**

Unité 2, p. 63

2 **3** **Les verbes du 1er groupe se terminent par « -er » à l'infinitif ; ceux du 2e groupe par « -ir » à l'infinitif et par « -issons » à la première personne du pluriel.**

Unité 3, p. 64
Unité 4, p. 66

GRAMMAIRE

1 **Recopie cette phrase du texte sur ton cahier.**

La vache redevient une merveilleuse princesse.

Souligne d'une couleur le groupe nominal sujet et d'une autre couleur le groupe verbal.

Lequel de ces deux groupes peux-tu réduire ? Écris la phrase obtenue. Par quel mot peux-tu remplacer le groupe nominal ? Écris la phrase obtenue.

2 **Cherche les deux verbes de cette phrase.**

Le prince cadet prend le livre de mathématiques de la princesse vache et résout le problème en un rien de temps.

Retrouve le sujet de chacun de ces verbes. Que remarques-tu ?

3 **Cherche le ou les sujets du verbe, dans chaque phrase. Puis accorde le verbe comme il convient.**

Le fils aîné et le deuxième fils n'arriv… pas sur la Montagne Noire.
Le fils cadet du roi rapport… la calculette à son père.
Le prince et la princesse rentr… au château.
Au château, le prince épous… la princesse.

CONJUGAISON

1 **Cherche dans le texte (lignes 1 à 5) toutes les formes conjuguées des verbes *avoir* et *être*.**

Recopie-les dans un tableau avec leur sujet, comme dans l'exemple.

avoir	*un roi a*	
être	…	

Cherche d'autres formes de ces deux verbes, au présent, pour compléter leur conjugaison dans le tableau.

2 **Observe ces trois verbes à l'infinitif : *acheter* – *retirer* – *grimper*.**

À quel groupe appartiennent-ils ?
Retrouve ces verbes sous une forme conjuguée dans le texte.
À quel temps sont-ils employés ?

3 **Quel est le verbe de cette phrase ? À quel temps est-il ? À quel groupe appartient-il ?**

Les trois fils du roi choisissent chacun un moyen de déplacement différent : la voiture, le train ou la marche à pied.

Les deux groupes constituants de la phrase minimale

■ *La lune brillait.*
Paul aperçut le cavalier.
L'homme arrêta sa monture.
Peut-on encore réduire ces phrases ?
Comment les appelle-t-on ?

■ Chaque phrase minimale est formée de deux groupes.
Quels sont les deux groupes dans la phrase *Paul aperçut le cavalier* ?

■ Quel petit mot peut remplacer le premier groupe ?

L'homme bleu

Dehors, la lune brillait. Il était tard. La Cité des Sables dormait paisiblement. La manivelle du store grinçait.

Alors, Paul aperçut le cavalier.

Un cavalier déambulait dans la Cité des Sables !

Majestueusement dressé sur son cheval noir, il avançait lentement sur la chaussée.

L'homme arrêta sa monture sous un réverbère. Un vaste turban blanc dissimulait entièrement son visage. Seule une mince fente dégageait ses yeux. Un ample vêtement de toile bleue recouvrait son corps. [...]

Paul écarquillait les yeux. Il ne parvenait pas à s'expliquer cette présence fantasmagorique dans la moderne Cité.

Certes, Paul adorait les livres de contes fantastiques. Il en possédait un grand nombre qu'il dévorait avec plaisir. Mais, cette fois, Paul ne lisait pas, Paul ne rêvait pas.

Pierrick Tillet, *L'Homme bleu* © Magnard, 1996.

JE RETIENS

■ **La phrase minimale est constituée de deux groupes.**

Paul / rangeait les livres.

Paul : **groupe nominal sujet** (GNS) ; *rangeait les livres* : **groupe verbal** (GV).

■ **L'emploi de *c'est... qui...*** permet de repérer rapidement ces deux groupes.

(C'est) Paul (qui) rangeait les livres.

■ **Le groupe nominal sujet peut être remplacé par un pronom** : *il(s)*, *elle(s)*.

Il rangeait les livres.

1 **Sépare par un trait vertical le groupe nominal sujet du groupe verbal de chaque phrase.**

- La Cité s'éveille. – Le cavalier retenait son cheval. – Des empreintes de pas couvrent le sol. – Paul aime les contes fantastiques.
- Un fantôme a hanté la Cité. – Paul a assisté à une scène curieuse. – Les habitants de la Cité n'ont rien entendu.

2 **Cherche d'autres groupes nominaux sujets possibles pour cette phrase.**

Paul adorait les livres.

*Ex. : **Le garçon** adorait les livres.*

3 **Cherche d'autres groupes verbaux possibles pour la phrase de l'exercice 2.**

*Ex. : Paul **aimait les jouets**.*

4 **Recopie chaque phrase et souligne le groupe nominal sujet.**

La chaleur était étouffante. – Le sable brûlait les pieds. – Les rayons du soleil chauffaient le sable. – La caravane atteignait l'oasis. – Les hommes et les bêtes recherchaient de l'ombre. – On ne distinguait pas son visage.

5 **Recopie chaque phrase et souligne le groupe verbal.**

Le Petit Poucet retrouva son chemin. – L'ogre ne dévora pas les enfants. – Pinocchio sauva son père. – Les Sept Nains accueillirent Blanche-Neige. – Baloo protégea Mowgli.

6 **Remplace le groupe nominal sujet par un pronom.**

L'enfant lit un roman d'aventures. – La lune éclaire la campagne. – Les hirondelles quittent le pays. – Les vaches rentrent à l'étable. – Les clowns amusent les enfants.

7 **Écris d'autres phrases en remplaçant le groupe verbal par un autre.**

Le gros chêne abrite un nid de pies. – L'écureuil mange des noisettes. – Les policiers ont surpris le voleur. – La mer recouvre le sable. – Mon ami habite en Asie.

8 **Remplace le pronom par un groupe nominal sujet.**

Ils habitent des châteaux forts. – *Ils* vivent au pôle Nord. – *Ils* accueillent Blanche-Neige dans leur maisonnette. – *Il* a bu de la potion magique. – *Elle* s'est enfuie dans la montagne et a été mangée par le loup.

9 **Complète chacune des phrases par un GNS ou un GV.**

... assistait à un spectacle étonnant. – Un mystérieux cavalier ... . – ... rêvaient à des aventures merveilleuses. – Dans le ciel, les étoiles ... . – ... appelle la tour de contrôle. – Dès demain, les cosmonautes ... .

10 **Forme des phrases en regroupant les GNS et les GV qui vont ensemble.**

L'homme bleu •	• ont aperçu une soucoupe volante.
Ce château •	• monte la garde.
Le soldat •	• raconte une histoire de pirate.
Camille et Lisa •	• abrite plusieurs fantômes.
Ce livre •	• habite en Afrique.

J'écris

1 **Imagine une suite à l'histoire de *L'homme bleu*.**
Paul se dirige vers le cavalier et lui demande : « Qui es-tu ? »
Écris en quelques lignes la réponse de l'homme bleu.

2 **Change tous les GN soulignés.**

<u>L'homme</u> arrêta sa monture sous un réverbère. <u>Un</u> vaste <u>turban</u> blanc dissimulait entièrement <u>son visage</u>. <u>Un</u> ample <u>vêtement</u> de toile bleue recouvrait <u>son corps</u>.

3 **Continue ton texte transformé et invente une suite.**

Le groupe nominal sujet : le nom, noyau du groupe nominal

■ *Le canot était cerné.*
Un cercle de cachalots se refermait sur lui.
Les hommes du canot étaient effrayés.
Relève les groupes nominaux sujets de chacune de ces phrases.
Utilise *c'est… qui* ou *ce sont… qui*.

■ Quels groupes nominaux sujets peuvent être réduits ?

■ Observe maintenant la terminaison des verbes de chaque phrase. Quels sont ceux qui sont au singulier ? au pluriel ? Explique pourquoi.

L'attaque du cachalot

Le canot était cerné. Il flottait dans un espace pas plus grand qu'une piscine et un cercle de cachalots se refermait sur lui. Le grand mâle s'élança soudain, imité par ses compagnons. Toute la bande fonçait sur le canot, bien enfermé au milieu et qui courait le risque d'être écrasé entre les flancs des cétacés.

La lance levée, Brown se dressa à l'avant du canot. Il était enveloppé d'écume et de vapeur et ressemblait à une statue au milieu d'une fontaine. La lance frappa. Elle s'enfonça profondément et, dans un mouvement convulsif, le cachalot jaillit hors de l'eau, le dos arqué comme une arche gigantesque.

« Reculez ! » cria Brown.

Mais il n'y avait pas de place pour reculer. L'arche noire s'écroula dans un fracas de tonnerre, manquant de peu l'embarcation.

D'après Willard Price, *Pièges dans la mer australe* © Robert Laffont.

JE RETIENS

■ ***La tête gigantesque du cachalot** heurta le canot.*

Le groupe nominal sujet peut être réduit :
La tête gigantesque du cachalot → *La tête* est **le noyau du groupe nominal sujet**.
Le noyau du groupe nominal sujet est **le nom essentiel** de ce groupe. On dit qu'il est **le sujet du verbe**.

■ **Le verbe s'accorde toujours en nombre avec ce nom essentiel, noyau du groupe nominal sujet**, quelle que soit sa place.

Les mâchoires du monstre brisèrent l'embarcation.

sujet pluriel → verbe pluriel

1 Recopie ces groupes nominaux puis souligne le nom qui en est le noyau.

- les hommes de l'équipage – un canot de sauvetage – les bateaux de pêche – une bande de gros requins – un groupe de baigneurs.
- un joli port de pêche – la pluie violente de la nuit – les rayons du phare de la jetée – les filets de pêche du chalut – les cris de peur des matelots – un vol de gros corbeaux noirs.

2 **Le mot en italique est-il le sujet du verbe de chaque phrase ? Écris si c'est vrai (V) ou faux (F).**

- Le petit *voilier* rentre au port. (…) – Une magnifique plage de *sable* fin forme le rivage. (…) – Le *canot* à moteur quitte le port. (…) – Le moteur du *canot* perd son huile. – (…) Ma planche à *voile* est neuve. (…)
- Les tours de *manège* coûtent cher. (…) – Ce livre de *contes* me plaît beaucoup. (…) – Les premiers *signes* de l'hiver apparaissent. (…) – Les freins avant de mon *vélo* ne fonctionnent plus. (…)

3 **Réduis le groupe nominal sujet quand c'est possible.**

La lourde lance frappe le cachalot. – Brown se dresse à l'avant du canot. – Le gigantesque cachalot jaillit devant le canot. – L'embarcation est sur le point d'être brisée.

4 **Conjugue les verbes au présent de l'indicatif. Accorde-les comme il convient.**

Le vieux pêcheur *(réparer)* son filet. – Les marins *(hisser)* la grand-voile. – Un puissant courant *(entraîner)* le bateau. – Des vagues énormes *(se briser)* sur la digue. – Un groupe de pêcheurs *(discuter)* sur la jetée. – Les filets de pêche *(sécher)* au soleil. – Les vents forts *(provoquer)* des tempêtes.

5 **Même exercice.**

Le cercle de cachalots *(menacer)* le canot. – Les tentacules de la pieuvre *(s'emparer)* du marin. – Une bande de mouettes *(se poser)* sur les galets. – Les grandes marées de l'année *(annoncer)* un changement de climat. – Paul et ses amis *(partir)* au bord de la mer.

6 **Complète les GN sujets à l'aide des GN suivants puis conjugue les verbes au présent de l'indicatif.**

de ma meilleure amie, de pierres, du bateau, de parfum, de la moisson.

La fête … *(se passer)* en septembre à Provins. – La voile … *(se gonfler)* au vent. – La mère … *(être)* une danseuse célèbre. – Cet escalier … *(mener)* au grenier. – Ce flacon … *(contenir)* du poison.

J'écris

1 **Écris des phrases au présent à partir de tous les éléments donnés. Attention aux accords !**

- requin – puissantes mâchoires – avant du canot – briser.
- coup de harpon – violent – stopper – animal furieux.

2 **Écris deux courtes phrases pour décrire chacune des vignettes ci-dessous.**

1

2

3

4

Le groupe nominal sujet : un sujet, plusieurs verbes

■ Relève les verbes conjugués de la phrase soulignée du texte. Quel est le groupe nominal sujet de chacun d'eux ? Explique l'accord des verbes.

■ Existe-t-il dans le texte d'autres groupes nominaux sujets communs à plusieurs verbes ?

Un escalier peu ordinaire

Hermine fit un pas, deux pas. Jacques la suivit. Éric les regardait sans comprendre ce qui se passait. Il s'engagea à son tour, et quand il crut mettre le pied, en descendant, sur la deuxième marche, plouf ! celle-ci se baissa. Éric tomba, glissa, dégringola l'escalier, alla se cogner le front contre une des boules de cuivre de la rampe, et se retrouva assis sur le tapis-brosse d'en bas, avec un très gros mal de cœur et une énorme bosse sur la tête. Hermine et Jacques, terrorisés, s'étaient assis sur la quatrième marche et se cramponnaient l'un à l'autre… L'escalier se balançait, montait, redescendait, se rebroussait, mélangeait ses marches… Heureusement pour eux, à ce moment-là Nounou entra, et comme par enchantement l'escalier redevint un escalier normal, immobile, paisible.

Claude Roy, *La maison qui s'envole* © Gallimard.

JE RETIENS

■ Un groupe nominal sujet peut être **commun à plusieurs verbes**.

Éric tomba, glissa et dégringola l'escalier.

Les verbes *tomba*, *glissa*, *dégringola* possèdent tous le même groupe nominal sujet : *Éric*.

■ Tous les verbes s'accordent **avec le groupe nominal sujet commun.**

***Les enfants** tombent, glissent et dégringolent l'escalier.*

1 **Recopie les phrases puis souligne en bleu les noms noyaux (ou noms essentiels) des groupes nominaux sujets et en rouge les verbes.**

La troupe de forains s'arrête et plante le chapiteau sur la place du marché. – Les baraques de jeux attirent les enfants. – La fête du village commence par un défilé et se termine par un feu d'artifice. – Les enfants se déguisent et dansent sur la place du village.

2 **Conjugue les verbes au présent et accorde-les comme il convient.**

– Les enfants *(se cogner)* le front contre une des boules de cuivre de la rampe puis *(se relever)*.
– Les enfants *(s'engager)* dans l'escalier et *(se regarder)*, sans comprendre ce qui se passe.
– L'escalier *(monter)* et *(redescendre)* puis *(mélanger)* ses marches.
– La Nounou *(rentrer)* et l'escalier magique se *(transformer)*.

3 **Écris le groupe nominal sujet qui convient pour chaque phrase.**

– … ausculte et soigne le malade.
– … prennent les commandes et servent les clients.
– … transporte un client et le dépose à l'adresse demandée.
– … arrête le penalty et renvoie le ballon au centre du terrain.
– … règle la circulation et renseigne les passants.
– … révisent, contrôlent et réparent les voitures.
– … accueille, installe et s'occupe des passagers.

4 **Évite les répétitions en ne construisant qu'une seule phrase. Emploie *et* avant le dernier groupe verbal.**

Ex. : L'avion roule jusqu'à la piste de décollage. L'avion accélère. L'avion décolle.
→ *L'avion roule jusqu'à la piste de décollage, accélère et décolle.*

– Le tireur lève son fusil. Le tireur vise. Le tireur presse la détente.
– Baptiste ouvre la portière. Baptiste s'installe. Baptiste démarre.
– Les passagers éteignent leur téléphone portable. Les passagers attachent leur ceinture. Les passagers décollent.
– Le lion surgit. Le lion fonce devant lui. Le lion rugit. Le lion renverse tout sur son passage.

5 **Complète chaque groupe nominal sujet à l'aide de plusieurs groupes verbaux.**

– L'équipe de France de football …, …, … .
– Le volcan en activité …, …, … .
– De gros nuages noirs …, …, … .
– Mes acteurs préférés …, …, … .
– La troupe de théâtre …, …, … .

J'écris

1 **Écris dans l'ordre, en une seule phrase et avec un seul groupe nominal sujet, les actions accomplies par Jérémy.**
entrer dans la librairie – rentrer vite à la maison – saluer le libraire – chercher son journal favori – payer.

2 **Écris en une seule phrase, avec un seul groupe nominal sujet, les actions accomplies par l'enfant qui va à la piscine.**

3 **Fais de même pour les actions accomplies par un enfant qui va acheter son goûter à la boulangerie.**

Le groupe nominal sujet : un verbe, plusieurs sujets – l'inversion du sujet

- Avec quels groupes nominaux sujets s'accordent les verbes : *paraissaient* – *formaient* – *se détachaient* ? (Utilise *c'est… qui, ce sont… qui.*)
- Pourquoi ces verbes sont-ils écrits à la troisième personne du pluriel ?
- Quel est le groupe nominal sujet du verbe *commençait* ? Quelle remarque peux-tu faire sur la place de ce sujet ?
- Où se trouve placé le groupe nominal sujet du verbe *se détachaient* ?

L'île

L'embarcation, l'eau et la rive paraissaient immobiles, et malgré la sourde émotion qui me serrait le cœur, j'étais heureux.

Car, tournant le dos au rivage, je ne voyais plus devant moi que la rivière. Elle glissait. Plus loin, en aval, l'île, prise dans les premiers rayons du jour, commençait à sortir des brumes matinales. Peupliers, ormes et bouleaux formaient une masse confuse d'où peu à peu se détachaient de grands pans de feuillages qui prenaient la lumière.

À la pointe, un roc bleu émergeait au-dessus de l'eau, qu'il brisait avec violence. Et l'eau bouillonnait de colère. Mais la rive de l'île était si rose et, sous une légère brise, il en venait de tels parfums d'arbres, de plantes et de fleurs sauvages, que j'étais saisi d'émerveillement. De nouveau, comme l'autre soir, entre les arbres monta la fumée.

« C'est Bargabot qui fait du feu, pensai-je, il a dû pêcher cette nuit »… Que n'étais-je dans l'île ? J'en rêvais…

Henri Bosco, *L'Enfant et la rivière* © Gallimard.

JE RETIENS

- **Un seul verbe** peut s'accorder avec **plusieurs sujets**. Dans ce cas, il s'écrit toujours au **pluriel**.
  Camille, Alice et Aurélien se baignent dans la rivière.
- Le verbe peut être **éloigné du sujet** avec lequel il s'accorde.
  ***Le chêne**, planté là depuis plus d'un siècle par les premiers habitants, **ombrageait la maison**.*
- Parfois **le sujet est placé après le verbe** ; on dit qu'il est **inversé**.
  *Sous les feuilles se cache **la violette**.*

L'emploi de ***c'est… qui*** permet de repérer le groupe nominal sujet :
(C'est) la violette (qui) se cache.

1 Récris chaque phrase avec le sujet qui convient.

- Sous nos pas, *(la feuille, les feuilles)* craquaient. – *(Sébastien et Nicolas, Sébastien)* écarte les branches sur son chemin. – *(L'oiseau, Les oiseaux)* volettent de branche en branche. – *(Ces voiliers, Ce voilier)* glisse sur le lac.
- Près du pont, *(l'eau, les eaux)* bouillonnent avec violence. – Dans les bois, *(Thomas et Juliette, Marie)* cueille les premières fleurs du printemps. – *(Les chants, Le chant)* mélodieux des mésanges accompagne les rires des enfants. – *(Le petit sentier, Des chemins imprécis)* s'enfoncent dans les bois.

2 Écris les verbes au présent.

Bolets, cèpes et girolles *(pousser)* dans ce bois. – La chouette, le hibou et le grand duc *(nicher)* dans le creux des grands arbres. – Mulots, lapins et lièvres *(être)* la proie des renards. – Ma mère, ma tante et ma grand-mère *(partir)* chez le coiffeur. – Audrey, son chien et son chat *(voyager)* en bus.

3 Récris chaque phrase avec le verbe qui convient.

Océane et Tiffanie, les sœurs jumelles, *(partage, partagent)* la même chambre. – Arthur, chaque soir, après s'être lavé, *(dîne, dînent)* avec son petit frère. – Une file de voitures, cachée par de gros camions, *(attend, attendent)* au passage à niveau. – Quelques passagers, bousculés par des enfants impatients et un chien joueur, *(descend, descendent)* du train.

4 Même exercice.

De la surface des étangs *(monte, montent)* une épaisse brume vers le ciel. – Près du meuble informatique se *(trouve, trouvent)* mon téléphone. – Sous mon étagère se *(cache, cachent)* mes économies. – Chaque soir, *(descend, descendent)* de la montagne le berger et son troupeau.

5 Rassemble chaque groupe de phrases en une seule. Fais bien attention à l'accord des verbes.

– La biche traverse le sentier. Le cerf traverse le sentier.
– Sarah ramasse des champignons. Lucas ramasse des champignons. Samira ramasse des champignons.
– Clara regarde la télévision. Son jeune frère regarde la télévision.

6 Dans les phrases suivantes, souligne les verbes en rouge et les groupes nominaux sujets en bleu. Que remarques-tu ?

Dans la forêt profonde se cache le vieux cerf. – À travers le feuillage passent les rayons du soleil. – Au fond de la vallée coule une petite rivière. – À quelques kilomètres de là se trouvait le village.

J'écris

1 Écris deux phrases avec des sujets inversés.

2 Écris quatre phrases comportant plusieurs sujets pour un seul verbe.

3 Lis le poème *Arc-en-ciel*.
– Quel est le sujet du verbe *se sont pris* ?
– Que désigne *Ils* dans *Ils ont joué à l'arc-en-ciel* ?
– À toi d'inventer ton poème selon le même modèle. Remplace tous les noms de plantes par d'autres noms que tu auras choisis.

Arc-en-ciel

Un coquelicot et un souci
Se sont pris par la main
Avec un pissenlit,
Puis une pomme verte
Et un bleuet
Et encore une prune
Et un iris violet.
Et sur la prairie,
Ils ont joué à l'arc-en-ciel
Comme dans le ciel.

Anne-Marie Chapouton, *Comptines pour enfants bavards*,

De la phrase au texte
Les mots de liaison (1) : cause, conséquence, opposition

■ La ruine du château est la conséquence de son abandon. Quel mot de liaison du texte indique cette conséquence ?

■ *Les promeneurs n'osent guère s'en approcher.* Pourquoi ? Par quel mot de liaison la cause de cette frayeur est-elle indiquée dans la phrase qui suit ?

■ *Mais quand les gamins…* Remplace *mais* par un autre mot ou par une expression indiquant l'opposition à ce qui précède.

Le château hanté

Tout en haut de notre village se dressent, depuis des siècles, les hautes tours du château de Rasalta. Ce château est abandonné depuis longtemps. Il est donc en ruine aujourd'hui. Et les quelques promeneurs qui s'aventurent de ce côté n'osent guère s'en approcher. Car on raconte à son propos toutes sortes d'histoires effrayantes et mystérieuses. Des fantômes, dit-on, hantent ses souterrains. Mais quand les gamins du village y sont allés, ils n'ont rencontré que des vipères.

JE RETIENS

■ Dans un texte, **plusieurs actions ou plusieurs idées peuvent « s'additionner »**. La seconde idée s'ajoute à la première.

Il est abandonné depuis longtemps. ***Et*** *les promeneurs n'osent guère s'en approcher.*

■ Quand plusieurs actions ou plusieurs idées se succèdent, **la seconde peut être la cause de la première**, ou bien **sa conséquence**.

Les promeneurs ne s'approchent guère du château.
Car *on raconte à son propos des histoires effrayantes* (cause).
Le vieux château est abandonné. Il est ***donc*** *en ruine* (conséquence).

■ Une action peut être aussi en **opposition** avec la précédente.

Le vieux château effraie les promeneurs. ***Mais*** *les gamins du village osent parfois y aller* (opposition).

■ Ces indications (addition, cause, conséquence, opposition) sont données dans le texte par **des mots et des expressions de liaison :** ***et ; car, en effet ; donc, par conséquent ; mais, pourtant, cependant.***

1 **Recopie ces paires de phrases puis souligne les mots et les expressions de liaison qui indiquent la cause.**

- Malgré nos efforts, le canoë restait sur place. En effet, le courant était plus fort que nous.
- Ne vous mettez pas en retard. Car le bus ne vous attendra pas.
- Je n'ai pas pu pénétrer dans l'immeuble. Évidemment ! j'avais oublié le code de la porte d'entrée.

2 Recopie ces paires de phrases puis souligne les mots et les expressions de liaison qui indiquent la conséquence.

- Il pleuvait depuis le matin. Les enfants avaient donc déserté le square.
- Les coureurs du marathon traversent la ville. Par conséquent, il a fallu détourner la circulation.
- Une épidémie de grippe est annoncée. C'est pourquoi la population a reçu le conseil de se faire vacciner.

3 Complète les phrases par des mots qui indiquent la cause.

Thomas marche avec une canne depuis trois semaines (...) il s'est fait une entorse au pied. – Chloé va séjourner quelque temps au États-Unis (...) toute sa famille s'installe là-bas pour trois ans. – Je ne suis pas venu hier à la piscine (...) j'étais enrhumé.

4 Ajoute à ces paires de phrases les mots de liaison qui conviennent pour exprimer plus nettement la cause ou la conséquence, selon les cas.

À la montagne

- Les pistes de ski sont fermées. On redoute des avalanches.
- Les enfants vont trouver la journée longue. Les moniteurs ont prévu d'organiser des jeux.
- Heureusement, les commerçants de la station n'ont pas fermé boutique. Les flâneurs peuvent faire du lèche-vitrines.

5 Relève dans ces paires de phrases les mots et les expressions qui indiquent l'opposition.

- Stéphanie n'est sans doute pas d'accord. Mais elle n'en laisse rien paraître.
- L'eau de la mer était très fraîche. Pourtant, je m'y suis baigné.
- L'essence est de plus en plus chère. Néanmoins, la circulation automobile est toujours intense.

6 Même exercice.

- La neige recouvre le zoo. Cependant, on a laissé sortir quelques animaux.
- La maîtresse est très gentille. Toutefois elle n'hésite pas à gronder les élèves dissipés.
- Mon vélo a été réparé, mais malheureusement il n'est plus à ma taille.

7 Recopie le texte en ajoutant des mots et des expressions de liaison, indiquant tantôt la cause, tantôt la conséquence, tantôt l'opposition.

Mon père conduisait lentement. La route était mouillée. Un cerf a surgi de la forêt et, aveuglé par la lumière des phares, s'est jeté sur la route. Mon père a freiné brusquement. La voiture a dérapé légèrement. Elle n'a pas quitté la route. Le cerf avait déjà disparu. Le danger était écarté.

J'écris

1 Prévois tes occupations de la semaine prochaine puis écris-les en huit ou dix phrases, en employant des mots et des expressions comme *car, en effet, donc, par conséquent, c'est pourquoi, mais, cependant, en revanche*.

2 Décris le trajet que tu fais tous les matins pour aller à l'école. Explique bien les précautions à prendre et pourquoi. Emploie des mots et des expressions indiquant la cause, la conséquence et l'opposition.

Le présent de l'indicatif et son emploi

■ À quel temps sont écrits les trois paragraphes du texte ?

■ Chaque paragraphe présente un emploi différent de ce temps. Quel est celui qui exprime :
– des faits actuels ?
– des remarques générales ?
– des faits habituels ?

Mon journal favori

A. Chaque mercredi, j'achète mon journal favori. C'est un hebdomadaire passionnant qui raconte des aventures vécues. Je l'attends avec impatience.

B. Aujourd'hui, je découvre, à travers un grand reportage, la vie des Inuits. Je lis avec un grand intérêt tous les articles du journal.

C. La lecture est une source de plaisir. Elle contribue à enrichir les connaissances et permet l'évasion.

JE RETIENS

■ **Le présent de l'indicatif** s'emploie pour exprimer :
– ce qui est **actuel** : *En ce moment, je lis.*
– ce qui est **habituel** : *Chaque mercredi, j'achète mon journal favori.*
– **des remarques générales, des faits permanents** : *Le sport est bon pour la santé. La Terre tourne autour du Soleil.*

1 **Classe en deux colonnes : ce qui est actuel ; ce qui est habituel.**

En ce moment, je lis un roman d'aventures. – Chaque soir, nous regardons un dessin animé. – Le mercredi, je vais à la piscine. – Depuis ce matin, j'ai mal à la tête. – Il fête tous les ans Noël en Savoie – Aujourd'hui, les nouvelles sont bonnes.

2 **Relie pour reconstituer les phrases. Indique pour chaque phrase si le fait exprimé est actuel ou habituel.**

Chaque année •	• décolle à cinq heures aujourd'hui.
Tous les matins •	• la température dépasse les 30 degrés.
Dans dix minutes •	• le soleil se lève à l'est.
En été •	• il tombe de la neige en hiver.
La fusée •	• le film commence.

3 **Recopie le texte. Souligne les verbes au présent et indique à chaque fois ce qu'ils expriment.**

Sur la planète, il y a presque autant de femmes que d'hommes. La population mondiale est jeune : sur 100 personnes, on compte 30 enfants de moins de 15 ans et 7 personnes de plus de 65 ans. Les hommes sont particulièrement nombreux en Asie du Sud et de l'Est. Cette région du monde abrite à elle seule la moitié de la planète.

Mégascope, *6 milliards d'hommes* © Nathan.

J'écris

Écris trois phrases au présent de l'indicatif. La première exprimera un fait actuel ; la deuxième, un fait habituel et la troisième, une remarque générale.

Le présent de l'indicatif des verbes *avoir* et *être*

- À quel temps est écrit ce texte ?
- Relève les verbes conjugués.
- Classe-les selon leur infinitif.
- Trouve les personnes de la conjugaison des verbes *avoir* et *être* qui ne figurent pas dans le texte.
- Reconstitue et écris le présent des verbes *avoir* et *être*.

Derniers mètres

Nous sommes maintenant sur la dernière paroi rocheuse. Le sommet est là, tout près. Le vide est impressionnant. On a la sensation de coller à la roche. Les derniers mètres sont difficiles et nous n'avons plus guère de force. Mais notre volonté est solide. Nos pensées sont tendues vers la réussite. Nos muscles ont encore à souffrir, mais le but est proche. Déjà, nous avons le cœur gonflé de bonheur.

JE RETIENS

- Les verbes **avoir** et **être** ont **une conjugaison irrégulière** au présent de l'indicatif.

avoir		*être*	
j'ai	*nous avons*	*je suis*	*nous sommes*
tu as	*vous avez*	*tu es*	*vous êtes*
il, elle a	*ils, elles ont*	*il, elle est*	*ils, elles sont*

- Ces verbes servent à la conjugaison des temps composés en se combinant avec le participe passé. On les appelle **des auxiliaires**. *J'**ai** travaillé. Je **suis** arrivé.*

1 Complète par le verbe *avoir* ou le verbe *être* au présent de l'indicatif.

Tu … en vacances. – Il … très peur. – Nous … les premiers. – Je … à la plage. – Ils … du mal. – Tu … du courage. – Vous … sans nouvelles de lui. – Elles … ouvertes. – Il … très proche d'elle. – Nous … beaucoup de place.

2 Complète par *ai*, *es* ou *est*.

Cette lecture … difficile. – Je n'… pas peur. – Quelle … la hauteur de cette armoire ? – …-tu capable d'y arriver ? – J'… grimpé très vite. – Tu n'… pas venu. – …-il absent ?

3 Écris chaque phrase à la personne du pluriel correspondante.

Ex. : Tu es en retard. → *Vous êtes en retard.*

J'ai de la patience. – Je suis sans espoir. – Elle a un chien noir. – Tu es à l'heure. – Il est déjà là. – Tu es à la montagne.

4 Recopie le texte. Souligne les auxiliaires et entoure les participes passés.

Après la classe, je suis allé m'acheter une nouvelle canne à pêche et des hameçons et je me suis dirigé vers le fleuve. […] À la tombée de la nuit, j'ai attrapé une anguille grosse comme un crocodile. Qu'est-ce que j'allais pouvoir en faire ?

Vamba, *Le Journal de Jean la Bourrasque* © Hachette-Livre.

Le présent de l'indicatif des verbes du 1er groupe

- Relève dans le poème tous les verbes du 1er groupe.
- À quel temps ces verbes sont-ils écrits ? À quelle personne ?
- Quel est l'infinitif du verbe du premier vers ? Que remarques-tu ?
- Choisis un verbe du poème et conjugue-le à toutes les personnes du présent.

Les animaux astronomes

Le chien aboie à la lune
le chat miaule à saturne
les chauves-souris sont vénus
le ru coule comme le mercure
un homme dans la nuit marche
la chouette chuinte à jupiter
le chat huant hue à neptune
le lièvre vagit à uranus
le lampyre reflète pluton
est-ce là l'harmonie des sphères
ou n'est-il bruit que sur la terre

Raymond Queneau, « Les animaux astronomes »
in *Battre la campagne* © Gallimard.

JE RETIENS

- Au présent de l'indicatif, **tous les verbes du 1er groupe se terminent à l'écrit comme le verbe *marcher*.**

1re personne :	*je march**e***	*nous march**ons***
2e personne :	*tu march**es***	*vous march**ez***
3e personne :	*il, elle march**e***	*ils, elles march**ent***

- À l'oral, on ne distingue que trois formes différentes : [ə], [ɔ̃], [e]. On en distingue cinq à l'écrit : *-e, -es, -ons, -ez, -ent*.
- **Les verbes en *-yer* changent le *y* en *i* au singulier et à la 3e personne du pluriel** : *je bala**ie**, tu bala**ies**, il bala**ie**, nous bala**yons**, vous bala**yez**, ils bala**ient**.*

1 **Recopie les verbes et entoure les terminaisons.**

tu regardes – nous écoutons – elles parlent – je raconte – vous jouez – ils dansent – il aboie – j'arrive – tu travailles – nous passons.

2 **Écris les verbes à l'infinitif. Souligne les verbes du 1er groupe.**

tu nettoies – il secoue – tu offres – je sue – nous saluons – j'ouvre – ils paient – nous plaçons – vous attendez – je mange.

3 **Écris devant chaque verbe un pronom sujet qui convient. Quand c'est possible, écris plusieurs pronoms sujets qui conviennent.**

… imagine un animal extraordinaire. – … écoutes les bruits de la nuit. – … n'arrivent pas à s'endormir rapidement. – … aimons les films fantastiques. – … rêves souvent à des aventures merveilleuses. – … préférez les histoires drôles aux drames. – … ne mange pas son petit déjeuner.

4 **Complète chaque phrase avec un groupe nominal sujet ou un pronom personnel qui peut convenir.**

… diffuse ce soir un film policier. – … répètent leur rôle avant la représentation. – … rangeons notre chambre avant d'aller jouer. – … traverses la chaussée avec précaution. – … ne travaillez pas suffisamment. – … encouragent les deux équipes par leurs applaudissements.

5 **Écris à la 2e personne du singulier du présent de l'indicatif.**

saluer un ami – avouer une faute – nouer ses lacets – étudier une leçon – oublier sa promesse – recopier un exercice – bercer la petite sœur – balancer les jambes – enregistrer une chanson – arroser les plantes.

6 **Écris à la 3e personne du pluriel *(ils* ou *elles).***

regarder la télévision – dessiner une maison – régler le télescope – photographier la mer – étudier la carte du ciel – chercher l'étoile polaire – gronder un enfant – goûter un plat – aimer le chocolat – casser une tirelire – aménager une chambre.

7 **Écris les verbes à la 1re personne du singulier, puis à la 1re personne du pluriel du présent de l'indicatif.**

Ex. : nettoyer → je nettoie, nous nettoyons.

payer une facture – essuyer la table – envoyer un message – appuyer la tête – employer une secrétaire.

8 **Écris les verbes à la 2e personne du singulier, puis à la 3e personne du pluriel.**

Ex. : nettoyer → tu nettoies, ils nettoient.

effrayer les oiseaux – essuyer ses pieds – envoyer un colis – expédier une lettre – balayer le couloir – photographier un monument.

9 **N'écris que les cinq verbes du 1er groupe qui sont conjugués au présent de l'indicatif.**

nous lavons – vous écouterez – ils balaient – tu achètes – il arrivait – je viens – elle crie – elles offrent – vous attrapez – nous irons.

10 **Écris au présent de l'indicatif.**

Nous changerons de route. – Nous interrogerons notre répondeur. – Nous avancerons prudemment. – Nous annoncerons notre arrivée. – Nous habiterons cet appartement.

J'écris

1 **Récris le texte au présent de l'indicatif.**

Les parents de Jack étaient morts, et son oncle et sa tante ne se montraient pas « vraiment » gentils avec lui. Au lieu de le laisser sortir seul avec le chien, ils l'emmenaient faire de « charmantes et longues promenades » à travers champs, et Jack n'aimait pas du tout cela.

Robert Graves, *Le Grand Livre vert* © Gallimard.

Invente une suite en quelques lignes au présent.
Entoure, dans ton texte, tous les verbes au 1er groupe que tu as employés.

2 **Récris le texte au présent de l'indicatif.**

Noël

Des arbres resplendissant de lumière se dresseront de place en place. Des guirlandes, des paillettes multicolores brilleront, égaieront les rues de mille feux. Les magasins se pareront d'ampoules multicolores. Ce sera la fête. Badauds et enfants écarquilleront les yeux et se presseront sous cette avalanche de lumière.

Explique en quelques lignes ce qui te plaît particulièrement le jour de Noël. Écris ton texte au présent.

Le présent de l'indicatif des verbes du 2e groupe

■ Relève dans le texte les verbes du 2e groupe : ceux qui forment leur infinitif en *-ir* et dont la 1re personne du pluriel du présent de l'indicatif se termine en *-issons*.

■ Quelles sont les terminaisons de ces verbes du 2e groupe ? Choisis un de ces verbes et conjugue-le à toutes les personnes du présent.

Un instantané

Caméra au poing, presque inconscient, je subis une nouvelle fois la charge du monstre qui surgit des profondeurs bleutées. La tête menaçante grossit rapidement, emplit tout l'objectif, devient immense. Comme dans un rêve, j'actionne le levier. J'attends le choc. Rien ! Cette fois encore, dans un bouillonnement d'écume, l'animal bondit, m'évite et disparaît rapidement…

Maintenant la peur m'envahit. La pensée d'une nouvelle charge me glace d'effroi. Je sais que l'animal est un redoutable carnivore et qu'il ne lâche pas facilement ses proies. Pourtant, il ne franchit pas cette distance qui me mettrait en grand danger. Il semble que ce soit plus sa curiosité qui l'anime que son agressivité. Mais je ne réussis toutefois pas à me convaincre totalement. Je reste à la merci de mon adversaire…

JE RETIENS

■ Au présent de l'indicatif, **tous les verbes du 2e groupe se terminent à l'écrit comme le verbe *bondir*.**

1re personne :	*je bond**is***	*nous bond**issons***
2e personne :	*tu bond**is***	*vous bond**issez***
3e personne :	*il, elle bond**it***	*ils, elles bond**issent***

■ À l'oral, on distingue quatre formes différentes : [i], [isɔ̃], [ise], [is].
On en distingue cinq à l'écrit : *-is, -it, -issons, -issez, -issent*.

1 ● **Recopie les verbes et entoure les terminaisons.**

tu saisis – il réfléchit – vous agissez – elles réussissent – je choisis – nous frémissons – ils faiblissent – on accomplit.

2 ● **Écris le pronom sujet qui convient.**

… saisissons – … rougis – … durcit – … blanchissez – … vieillissent – … maigris – … retentit – … unissons.

3 ●● **Fais deux colonnes pour distinguer les verbes du 1er groupe des verbes du 2e groupe.**

tu rougis – tu cries – tu envies – tu finis – tu plies – je guéris – tu pries – tu agis.

4 ●● **N'écris que les 5 verbes du 2e groupe.**

il lit – il obéit – il écrit – il bâtit – il fournit – il dit – il sourit – il rafraîchit – il mûrit.

5 **Complète chaque phrase avec un groupe nominal sujet qui peut convenir.**

... bâtissent un grand immeuble.
... réfléchis à ce problème.
... guérit rapidement.
... trahissez votre secret.
... choisis une bonne solution.
... frémissons de peur.

6 **Même exercice.**

... engourdit les mains de l'alpiniste.
... hennissent dans l'écurie.
... mûrissent à l'automne.
... punit l'élève indiscipliné.
... ralentit au carrefour.
... resplendissent dans le ciel.

7 **Complète au présent de l'indicatif.**

Nous réfléch... avant de répondre. – Vous applaud... les joueurs. – J'obé... à mes parents. – Tu fourn... un gros effort. – Le projecteur éblou... l'acteur.

8 **Écris à la 3e personne du pluriel *(ils* ou *elles)*.**

établir une facture – bâtir leur nid – démolir le mur – choisir une robe – garnir un vase – gravir la côte.

9 **Écris la terminaison qui convient. Sois bien attentif !**

Il colori... son dessin – Elle choisi... un livre – Tu pétri... la pâte – Je remerci... mon camarade – Elle oubli... son rendez-vous – Il rugi... de colère – Je gravi... la côte – Tu pli... ta serviette.

10 **Chasse l'intrus de chaque liste. Explique ton choix.**

- épaissir – rebondir – fournir – cueillir – élargir.
- gémir – pâlir – durcir – partir – surgir.
- fuir – salir – rôtir – haïr – unir.

11 **Récris ce texte au présent de l'indicatif.**

Le tournoi

Les trompettes retentissaient. Un cavalier blanc et un cavalier noir surgissaient. Ils s'élançaient face à face et franchissaient rapidement la distance qui les séparait. Le choc était violent. Les chevaux hennissaient, fléchissaient mais ne faiblissaient pas. Aucun des cavaliers ne réussissait à mettre l'autre à terre. Les spectateurs applaudissaient. On se préparait à un nouvel assaut.

12 **Même exercice.**

Les radis d'Amélie

Chaque année, au début du printemps, Amélie semait des radis. Elle choisissait un endroit ensoleillé du jardin, aplanissait la terre, l'enrichissait avec un peu d'engrais, la rafraîchissait avec de l'eau et y enfouissait ses petites graines rondes. Elle accomplissait seule tout ce travail. Quand elle avait terminé, elle garnissait les bords de sa plantation de petits piquets.

13 **Même exercice.**

L'orage

Le vent fraîchissait, le ciel s'obscurcissait, la cime des arbres frémissait. La tempête approchait. L'éclair jaillissait, le tonnerre retentissait aussitôt. D'énormes gouttes s'aplatissaient sur la route. Une violente bourrasque précédait le déluge qui engloutissait les arbres.

Je lis

PÉRIODE
2

Marie-Martin

Marie sait parler ! Depuis aujourd'hui midi ! Maman lui donnait à manger, comme d'habitude. Cette fois-ci, c'étaient des épinards. Marie ne les aime pas. Elle préfère les bananes. Moi aussi. Je la regardais faire la difficile et je me demandais quand on me donnerait à mon tour quelque chose à manger parce que j'avais faim. Soudain, Marie a arraché la cuillère d'épinards de la main de maman ! Comme ça, brusquement, en disant très fort et très distinctement :

– Non.

Non !!! Marie a dit non. Et maman a une tache d'épinards sur le nez et les yeux ronds d'étonnement.

– Gagaga, a repris Marie.

Gagaga, ça nous connaissons déjà, en revanche le non était tout neuf.

– David, tu as entendu ? m'a demandé maman, les yeux brillants de joie.

Marie avait prononcé son premier mot. Je l'avais entendu aussi. Non : ce n'est pas un mot très long, mais qu'importe. C'est un mot utile. Elle pourra toujours en avoir besoin.

Maman était toute contente ; […]

– Aujourd'hui, nous devons faire la fête, David, a dit maman. Imagine un peu : son premier mot !

Nous avons réfléchi longtemps à la façon dont nous pourrions fêter cela. Ça devait être quelque chose qui se mange, parce que maman aussi avait faim. Et ça devait commencer par un N, comme non, parce que c'était le premier mot de Marie, m'a expliqué maman.

Mais il n'y a pas de nom de plat commençant par un N. Nous avons seulement trouvé navets et noix. Nous n'aimons pas les navets et ça prend longtemps pour faire un gâteau aux noix. Et nous, nous avions une faim de loup.

Alors, j'ai soudain pensé à quelque chose de super : des nouilles. Tout le monde aime les nouilles, et c'est rapide à faire. Maman a donc fait des nouilles. […]

J'ai félicité Marie d'avoir dit un mot commençant par un N. Si elle avait dit en premier pouah, nous aurions sûrement mangé du poisson, et je n'aime pas ça. Mais si elle avait d'abord dit glacière, nous aurions certainement eu de la glace. Ça aurait été encore mieux. Tout plein de glace pour fêter cela.

J'ai chuchoté à Marie d'une voix claire :

– Marie, dis : glacière, glacière !

Parce qu'il nous fallait un dessert maintenant.

Marie s'est contentée de dire « Gagaga » et, pour le dessert, nous avons eu des noix.

Gudrun Mebs, traduit par Geneviève Granier, *Marie-Martin* © Gallimard.

As-tu bien compris ?

- Qui raconte cette histoire ?
- Pourquoi la maman de Marie a-t-elle *les yeux ronds d'étonnement* ?
- Comment David et sa mère fêtent-ils le premier mot de Marie ?
- Pourquoi David veut-il faire répéter le mot *glacière* à sa sœur ?

J'AI DÉJÀ APPRIS...

1 2 Pour trouver la lettre finale d'un mot, on peut le mettre au féminin ou chercher un mot de la même famille.

▶ Unité 3, p. 72

3 Les homonymes sont des mots qui se prononcent de la même façon, mais qui n'ont pas le même sens.

▶ Unité 5, p. 74

1 On peut ajouter un préfixe ou un suffixe à un mot pour former d'autres mots.

▶ Unité 1, p. 76
Unité 2, p. 78

2 Les mots formés de plusieurs mots sont des noms composés.

▶ Unité 3, p. 80

ORTHOGRAPHE

1 Voici trois mots du texte : *plat – long – rond.*
Recopie-les et entoure leur lettre muette finale.

Retrouve cette lettre dans les mots de la même famille qu'eux. Entoure-la à chaque fois.

– plat – pla(t)eau – aplatir – plate
– long – longue – longueur – allonger
– rond – arrondir – rondeur – ronde

2 *t* ou *d* ? Trouve la lettre finale muette des mots suivants. Aide-toi de leur féminin ou d'un mot de la même famille, comme dans les exemples.

rond → ronde ; le départ → partir

sour... ; un couver... ; l'avoca... ; le bor... ; un bon... ; un écar... .

3 Cherche dans le texte, aux lignes 3, 5, 9 et 31, des homonymes des mots qui figurent dans le tableau.

	Les homonymes du texte
fin	...
poids	...
fer	...
nom	...
mois	...

Avec un camarade, tu peux compléter certaines lignes de ce tableau en cherchant d'autres homonymes.

VOCABULAIRE

1 Ajoute un préfixe ou un suffixe à ces mots du texte pour former des mots de la même famille, comme dans l'exemple.

Ex. : mange – manger – mangeur – remanger

rond – glace – claire – faire

2 Relie chaque mot du texte au mot composé ayant le même sens.

– soudain •	• à haute voix
– fort •	• à présent
– sûrement •	• tout à coup
– maintenant •	• à coup sûr

J'écris le son [k] : *un casque, un kilo, l'orchestre*

■ Relève les mots contenant le son [k].

■ Connais-tu d'autres manières d'écrire le son [k] ?

■ Observe les mots : *l'orchestre – la kermesse – le jockey – saccager*. Quelles sont les différentes façon d'écrire [k] ?

Tournoi à l'épée

Les plumes de leur casque, les clous de leurs brassards, les mailles de leur armure sautent au loin sous mille coups précipités. Ils frappent de pointe et de taille, à droite, à gauche, sur la tête, sur la poitrine ; ils reculent, ils avancent, ils se mesurent, ils se rejoignent, ils se saisissent, ils se replient comme des serpents, ils s'attaquent comme des lions ; le feu jaillit à tout moment des coups qu'ils se portent.

Voltaire, *Zadig*, Chap. XIX.

JE RETIENS

■ Le son [k] peut s'écrire : **c** → *le coup*, **k** → *le kilo*, **qu** → *quatre*, **q** → *un coq*, **ch** → *l'orchestre*, **ck** → *un stock*, **cc** → *accompagner*.

■ **c** se prononce [k] s'il est suivi de **a – o – u**.

■ Devant **e** et **i**, [k] s'écrit très souvent **qu** : *chaque*, *la quille*.

■ Attention à l'orthographe de **cueillir** (c et u) et **accueillir** (2 c et u).

1 **Relève les mots contenant le son [k].**

la glace – le dock – le chocolat – la chorale – un curieux – l'accusation – du ciment – cinq – la ficelle – le second.

2 **Complète avec la façon d'écrire le son [k] qui convient.**

une bar... de pêche – le ...épi du gendarme – la ...orde à nœuds – une co...ille de noix – les enfants chantent en ...œur – une ...erelle – le ...laxon du camion.

3 **N'écris que les mots dont la consonne finale se prononce [k].**

donc – l'arc – le banc – le sac – le coq – le bouc – un parc – blanc – du porc – Marc.

4 **Termine les mots suivants avec la façon d'écrire le son [k] qui convient. Quelle remarque peux-tu faire ?**

une mar... – il man... – la ban... – un chè... – le mousti... – le pho... – une bouti... – une bara...

DICTÉE

À la fête foraine

Loulou offrit à ses amis des beignets hollandais savoureux mais suintants de graisse qu'on tirait d'un sac en papier blanc. Ils firent deux parties de billard japonais et s'achetèrent de la barbe à papa toute rose dont le sucre collait aux lèvres.

D'après Robert Sabatier, *Les Allumettes suédoises* © Albin Michel.

J'écris les groupes prononcés [gz], [ks] : *l'examen, l'expérience, un accent*

■ Recopie le mot du titre contenant le son [gz] et les deux mots du texte contenant le son [ks]. Quel groupe de deux lettres ces mots ont-ils en commun ?

■ Observe la troisième lettre de chacun de ces mots. S'agit-il d'une voyelle ou d'une consonne ?

■ Parfois la lettre *x* ne se prononce pas. Quel mot du texte le montre ?

Un exemple à ne pas suivre

Nasrudin acheta un âne. Chaque jour, il devait, lui dit-on, donner à l'animal une certaine quantité de nourriture. C'était bien trop à ses yeux. Il décida donc de tenter une expérience : il allait habituer son âne à manger moins. De jour en jour, il réduisit sa ration. Un beau jour, cependant, alors qu'il en était arrivé à ne presque plus rien manger du tout, l'âne se coucha sur le sol et mourut.

« Quel dommage ! s'exclama Nasrudin. Voilà que cet imbécile d'âne crève au moment même où je l'avais habitué à vivre sans manger. »

Idries Shah, *Les Exploits de l'incomparable Mulla Nasrudin*

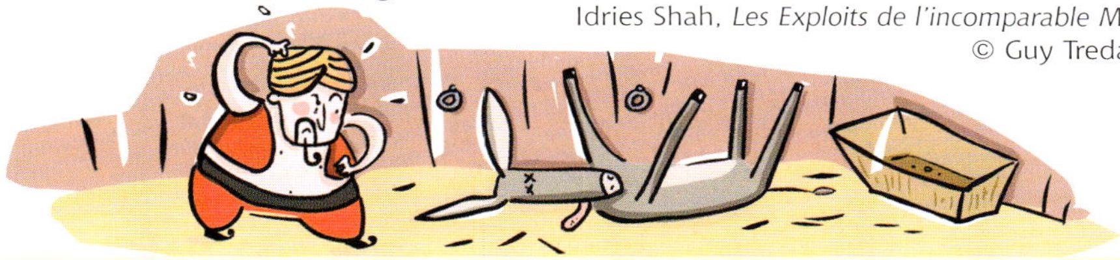

JE RETIENS

■ En début de mot :

ex
- se prononce [egz] lorsque **la lettre qui suit est une voyelle** : *examen*.
- se prononce [eks] lorsque **la lettre qui suit est une consonne** : *exquis*.

■ [ks] peut aussi s'écrire **cc** *(un accident)*, **xc** *(une exception)* ou **ct** *(la direction)*.

■ La lettre **x** peut être muette à la fin d'un mot : *je peux*, *la voix*.

■ Elle peut aussi se prononcer [s] : *six*, *dix* ; ou [z] : *sixième*, *dixième*.

1 **Classe les mots en deux colonnes : on entend [gz], on entend [ks].**

une excuse – un examen – exact – un accent – une excursion – exiger – exister – un taxi.

2 **Complète par *x* ou *cc*.**

La voiture a…élère. – C'est e…traordinaire ! – Un va…in douloureux. – Une jolie co…inelle. – L'e…térieur de la voiture. – Un champion de bo…e.

3 **Écris les noms féminins formés à partir des verbes.** *Ex. : protéger → la protection.*

projeter – élire – construire – corriger – agir.

4 **À la manière de l'auteur, imagine et écris les quatre vers suivants du poème.**

IXATNU SIOFNNUT I AVAY

Y avait une fois un taxi
taxi taxi taximètre
qui circulait dans Paris
taxi taxi taxi cuit
il aimait tant les voyages
taxi taxi taximètre
qu'il allait jusqu'en Hongrie
taxi taxi taxi cuit
et qu'il traversait la Manche
taxi taxi taximètre
en empruntant le ferry
taxi taxi taxi cuit [...]

Raymond Queneau, *Courir les rues*

La lettre finale muette d'un mot

- Observe les mots *vert – long – tremblant – fond*.
- Que peux-tu dire de la lettre finale de chacun de ces mots ?
- Mets les trois premiers au féminin. Entends-tu maintenant cette lettre ?
- Cherche un mot de la famille de *fond* qui permette d'entendre la lettre [d].

Approchez vos mains de la flamme

Approchez vos mains de la flamme
jusqu'à voir le feu au travers
avec ses courants et ses lames
et ses sirènes aux yeux verts
jusqu'à voir les grands fonds du feu
avec leurs poissons de sommeil
et les longs navires sans yeux
leurs équipages de soleil
et leur forêt d'algues de paille
qui flambe et brille au fond du feu
prisonniers des mains et des mailles
qui font et défont les filets du feu.

Claude Roy, extrait de « Aux innocents les mains pleines » in *Poésies* © Gallimard.

JE RETIENS

Pour trouver **la lettre finale muette d'un mot** (un nom ou un adjectif), on met ce mot **au féminin**, ou on cherche **un mot de la même famille**.

grand → *grande*
long → *la longueur*
un toit → *la toiture*

1 Écris le nom ou l'adjectif masculin correspondant.

- la commerçante – la marchande – la cliente – une Hollandaise – l'Africaine – la vagabonde – la marquise.
- blanche – laide – haute – épaisse – lente – grise – grasse.

2 Écris le nom correspondant à chacun des verbes. *Ex. : reposer → le repos.*

chanter – plomber – parfumer – tapisser – bondir – partir – éclater – tasser – galoper – ranger – cadenasser.

DICTÉE

L'incendie

Tout à coup le feu, comme s'il avait une volonté, allongea d'en bas un de ses jets vers le grand lierre mort qui couvrait la façade. En un clin d'œil, la flamme atteignit le second étage. Alors, d'en haut, elle éclaira l'intérieur du premier. Une vive lueur mit subitement en relief trois petits êtres endormis.

La mère reconnut ses enfants. Elle poussa un cri effrayant.

Victor Hugo, *Quatrevingt-treize*.

3 Complète les mots inachevés.

Le blessé a été installé sur un brancar… . – Ne mets pas tes doi… dans ton nez ! – Il n'entend rien, il est sour… . – Installé sur un ban…, il écoute le réci… de l'aventure.

Choisir entre *ce* et *se*, *ces* et *ses*

■ *Elle* ***se*** *dresse.*
Ce *papier.*
Lequel de ces deux mots en gras est un déterminant du nom ?

■ Quel mot se trouve avant un nom ou un verbe ?

■ Écris *Elle* ***se*** *dresse* et ***ce*** *papier* au pluriel. Dans quel cas le mot en gras a-t-il changé ?

La chèvre

Personne ne lit la feuille du *Journal officiel* affichée au mur de la mairie. Si, la chèvre.

Elle se dresse sur ses pattes de derrière, appuie celles de devant au bas de l'affiche, remue ses cornes et sa barbe, et agite la tête de droite et de gauche, comme une vieille dame qui lit.

Sa lecture finie, ce papier sentant bon la colle fraîche, la chèvre le mange.

Tout ne se perd pas dans la commune.

Jules Renard, *Histoires naturelles* © Flammarion.

JE RETIENS

■ **Ce** est **un déterminant démonstratif**. Il s'écrit devant un nom singulier : *ce journal*. On l'appelle démonstratif parce qu'il sert souvent à montrer. Il a pour pluriel **ces**.
Ce peut aussi avoir le sens de **cela** : ***ce** fut* = ***cela** fut*.
Ne le confondons pas avec **se**, qui est **un pronom personnel**. On écrit **se** ou **s'** devant un verbe : *Elle **se** promène – elle **s'**arrête*.

■ **Ces** est le pluriel de **ce**, **cet**, **cette**, **déterminants démonstratifs** : ***ce** mur* → ***ces** murs*.
Ne le confondons pas avec **ses**, qui est **le pluriel de son, sa, déterminants possessifs de la 3ᵉ personne** : ***son** ami* → ***ses** amis*.

■ **Les déterminants possessifs** sont : **mon, ma, mes** ; **ton, ta, tes** ; **son, sa, ses** ; **notre, nos** ; **votre, vos** ; **leur, leurs.**

1 Écris au pluriel. Attention aux accords !

ce chapeau – cette fleur – sa poupée – son jouet – cet arbre – son livre – ce chien – cet outil – sa chaussure – ce tapis.

2 Écris au singulier.

ces hommes – ses frères – ses bagues – ces affiches – ces pays – ses règles – ces objets – ses chiens – ces tartes – ces fleuves.

3 Complète par *ce*, *se* ou *s'*.

Comment … appelle-t-il ? – Qui est … monsieur ? – Pourquoi … fâche-t-il ? – … rosier … taille au printemps. – Il … émerveille devant … paysage. – Elle … tait.

4 Complète à l'aide de *se*, *s'*, *ce*, *ces* ou *ses*.

C'est dans … musée que … trouve … célèbre tableau. – Où vont … fleuves, … rivières ? – Il … est baigné avec … camarades. – J'attends … excuses pour … retard.

Les homonymes

■ Observe : *un coup de* ***dent dans*** *ce chargement.* Que peux-tu dire des mots en gras ?

■ À l'aide du dictionnaire, cherche des mots qui se prononcent comme *coup – bond – elle – en – sans*. Écris-les.

Les poissons

Soudain il fit un bond de joie.

Une odeur flottait venant de la route, une odeur humide et forte que Renart reconnut aussitôt.

– Du poisson ! pensa-t-il. Sans doute, cette longue charrette que conduisent ces deux hommes en est-elle chargée. Oui. C'est cela. Elle approche et l'odeur devient plus forte. Oh ! la délectable nourriture ! Si je pouvais donner un coup de dent dans ce chargement exquis ! Mais les hommes n'ont pas l'air endormi et jamais je n'oserai les attaquer.

Roman de Renart.

JE RETIENS

■ Les mots comme *dent* et *dans*, *cette* et *sept* **se prononcent de la même façon, mais n'ont pas le même sens** : ce sont **des homonymes.**

■ Certains homonymes ont la même orthographe.

la pêche (le fruit) ; *la pêche* (action de pêcher) – *la moule* (le mollusque) ; *le moule* (à tarte)

■ D'autres homonymes ont des orthographes différentes.

coup et *cou* ; *elle* et *aile*

1 Complète avec l'un des homonymes suivants : *vert – vers – ver – verre.*

Le … est la couleur des prés, des plantes au printemps. – Remplissez votre … de limonade. – Le pêcheur met un … au bout de sa ligne. – Ton ami passera … midi. – Il m'a offert un … de champagne pour la réussite à son examen. – Les voitures démarrent au feu … . – Les hirondelles mangent de nombreux … .

2 Écris à quels homonymes ces dessins te font penser.

3 **Complète chaque groupe de phrases avec les homonymes qui conviennent. Le second homonyme a une lettre de plus que le premier**

a. – Papa ouvre une boîte de petits … .
– Le … du sac est de cinquante kilos.

b. – Donnez la … de votre naissance.
– La … est le fruit du palmier.

c. – Ton pantalon est …, il faut le laver.
– Dans notre quartier, il y a une … de cinéma.

4 **Complète chaque couple de phrases avec les homonymes qui conviennent. Les deux homonymes n'ont pas la même lettre finale.**

a. – Les chevaux avancent au … .
– Le train est déjà parti, tu arrives … tard.

b. – Il boit un bol de … de vache.
– Que ce manteau est … !

c. – Le … du Nord souffle.
– Ce marchand … des vêtements sur la place du village.

d. – Tu as oublié le … à la fin de ta phrase.
– Erwan a reçu un coup de … sur le nez.

5 **Trouve les quatre homonymes.**

– Au soleil du Midi, le raisin donne un … excellent.
– On l'attendit, mais il ne … jamais.
– Sa dernière note est très bonne : il a eu … .
– J'ai cherché la rue, mais en … .

6 **Écris le mot qui convient à la bonne place.**

soie – soit – coup – coût – coud

– Mon frère a reçu un … de poing.
– Magali porte une belle robe en … .
– Quel est le … de cet appareil ?
– Pourvu qu'il … à l'heure.
– Il … un bouton à sa chemise.

7 **Même exercice.**

roux – roue – amandes – amende

– Il faudra changer la … de cette voiture.
– Julien a eu une … pour excès de vitesse.
– Je fais un gâteau aux … .
– Le pelage de certains écureuils est … .

8 **Trouve des homonymes aux mots en italique et fais-les suivre d'un complément.**

Ex. : un champ de blé / *le chant* du rossignol.

– la *fin* du film / …
– la *cour* de l'école / …
– le *maître* d'école / …
– la *tante* de mon ami / …
– la *boue* du chemin / …
– la *chaîne* de montagnes / …
– le *maire* du village / …

9 **Trouve l'homonyme du mot en italique et fais une phrase.**

Le maçon construit le *mur* de sa maison. – Mary a fait une *tache* sur sa robe. – Michael n'est pas *sûr* de connaître la bonne réponse.

10 **Écris un homonyme pour chacun des noms de ville suivants. Vérifie à l'aide de ton dictionnaire.**

- Cannes : …
- Pau : …
- Moulins : …
- Menton : …
- Tours : …
- Foix : …
- Orange : …
- Caen : …

11 **Trouve dans la dictée ci-dessous trois mots qui ont un ou plusieurs homonymes et forme une phrase avec chacun de ces homonymes.**

DICTÉE

Le piège

Que peut faire la fourmi, je vous le demande, sur la pente de ce piège infernal, où le sol se dérobe sous ses pattes, où il lui tombe d'en haut une grêle de cailloux ? En vain, elle lutte avec la vaillance du désespoir : pour un pas en avant, elle en fait trois en arrière, se rapprochant toujours des formidables pinces qui l'attendent au fond de l'entonnoir.

Jean-Henri Fabre, *La Vie des bêtes*.

Les mots dérivés : les préfixes

■ Relève dans le texte un mot de la même famille que *lever*, *commencer*, puis *tomber*. Comment sont-ils formés ?

■ Relève un mot de la même famille que *voler*, puis *serrer*. Comment sont-ils formés ?

■ Relève un mot de la même famille que *livrer*, puis *posséder*. Comment sont-ils formés ?

L'araignée dépossédée de sa proie

Une araignée va et vient dans le vide entre deux brins d'herbe… Une coccinelle est tombée sur le dos pour avoir voulu gravir une pente de sable, alors qu'elle aurait pu si facilement s'envoler. Je la relève, elle recommence et retombe, et cela ne finirait pas si l'araignée ne se précipitait pour l'enserrer gigotante dans son filet de soie… Je délivre la prisonnière en déchirant la toile, sauvant de la mort l'une des créatures pour condamner l'autre à la faim.

Jules Marouzeau, *Une enfance* © Magnard, 1977.

JE RETIENS

■ Un mot **radical** est **un mot simple** que l'on ne peut pas partager en éléments. Ex. : *toile*.

■ **Devant un radical**, on peut ajouter un élément pour former **un mot dérivé**. Cet élément est appelé **préfixe** (**pré-** signifie **avant, devant**) :

(re) *lever* → **préfixe**

(re) *commencer*, (re) *tomber*

(en) *voler*, (en) *serrer*, (dé) *posséder*

Dans la langue française, les préfixes sont nombreux.

1 ● **Recopie les mots et encadre le radical.**

relire – déboucher – survoler – enchanter – méconnaître – endormir – relancer – défaire.

2 ● **Utilise le préfixe *dé-* pour former des verbes à partir des noms qui te sont donnés.**

bouton – crasse – bord – chiffre – clou – gel – friche – chaussure – règle – livreur.

3 ● **Utilise les préfixes *de-* (*dé-*) ou *re-* (*ré-*) pour former de nouveaux verbes.**

construire – boiser – coudre – trouver – gonfler – chauffer – coller – placer – couvrir – venir.

4 ● **Utilise le préfixe *en-* (ou *em-*) pour former des verbes à partir des noms ou des adjectifs donnés.**

Ex. : prison → emprisonner.

courage → … – bouteille → … – flamme → … – soleil → … – semence → … – manche → … – barque → … – dur → … .

5 ●● **Trouve les verbes correspondant à chacune des actions. Quels préfixes as-tu utilisés ?**

enlever les armes → … – enlever la graisse → … – enlever les bois → … – enlever les habits → … – enlever l'herbe → … – enlever les noyaux → … – enlever les odeurs → … .

6 Pour former des mots contraires, utilise les préfixes *in-*, *im-*, *il-* ou *ir-*.

mobile – responsable – limité – buvable – exact – lisible – légal – régulier – volontaire.

7 Pour former des mots contraires, utilise les préfixes *mal-* ou *mé-* *(més-)*.

poli – content – façon – adresse – habile – chance – connaissance – odorant – aventure.

8 Complète à l'aide de mots dérivés comportant un préfixe.

– Enlever les taches d'un vêtement, c'est … ce vêtement.
– Un personnage que l'on ne connaît pas est un personnage … .
– Une eau que l'on ne peut pas boire est une eau … .
– Une voix que l'on ne peut pas imiter est une voix … .
– Une salle dans laquelle il fait trop chaud est une salle … .
– Un pays où la population est trop importante est un pays … .

9 Complète avec des mots formés à l'aide du même préfixe. Quel préfixe as-tu utilisé ?

Pour percer le brouillard, nous avons fait installer sur notre voiture des phares … . – Pour protéger le portail de la rouille, j'ai passé une peinture … . – J'ai placé un … pour empêcher le vol de mon vélo. – Ne fumez plus, mettez en pratique les conseils de la campagne … .

10 Complète avec des mots contenant les préfixes *inter-* ou *super-*.

Un match entre les nations est un match … . – Un vol entre deux planètes est un vol … . – Un carburant supérieur est un … .

11 Recopie sur ton cahier les mots dérivés formés à l'aide d'un préfixe. Relève les préfixes trouvés.

La tonte des moutons

Un beau jour de la fin avril, toute une équipe de gars, les tondeurs, vient avec de grands ciseaux alléger nos moutons de deux ou quatre kilos de laine épaisse et dorée. Pendant les huit jours qui suivent, les bêtes restent méconnaissables, comme rapetissées ; la mère semble souvent plus petite que son agneau ; redevenue toute blanche, elle est comme rénovée, rajeunie.

Marcel Scipion, *Le Clos du roi* © Seghers.

J'écris

Que va faire Tintin ? Imagine et écris la suite.

Le Sceptre d'Ottokar © Hergé/Moulinsart 2005.

Les mots dérivés : les suffixes

■ Relève dans le texte les mots de la famille de *patins*. Comment les dérivés sont-ils formés ?

■ Relève les mots de la famille de *arbre*. Comment les dérivés sont-ils formés ?

■ Dans les dérivés, retrouve-t-on en entier les mots *patin* ou *arbre* ?

À la patinoire

Zoé et Mathis vont faire leur apprentissage de patineurs. D'abord ils doivent chausser leurs souliers portant les patins.

Maintenant, les deux enfants avancent d'un pas prudent sur la piste glacée, un pied, puis l'autre et ils recommencent en balançant les bras pour essayer de patiner.

Mathis se lance, prend de la vitesse… Comment s'arrêter ? Pas d'arbre ou le moindre arbuste ou arbrisseau pour s'accrocher ! Il essaie de tourner, perd l'équilibre et se retrouve à plat ventre sur la glace !

JE RETIENS

■ *Patiner, patineur, patinage* sont **des mots dérivés** formés à partir du **mot radical** *patin*.

■ Les éléments que l'on ajoute à la fin du radical pour former un mot dérivé sont appelés **suffixes**.

patin (er) *patin (eur)* *patin (age)*

(er) ↓ **suffixe**

Souvent, le mot radical **ne se trouve pas en entier** dans le dérivé : *arbre* → *arb/uste, arbr/isseau, arb/oriculteur*.

1 Sépare le mot radical et le suffixe dans chaque famille de mots.

- dentiste – dentifrice – dentition – dentier – dentaire.
- chanter – chanteur – chanteuse – chantonner.
- nager – nageur – nageoire.
- pression – pressoir – pressant – pressurer.

2 Récris les mots qui sont formés avec un suffixe.

le dentiste – le chasseur – la fillette – triste – dangereux – la pollution – le soir – un puceron – la gentillesse – le pharmacien.

3 **Écris le nom, formé avec un suffixe, du petit de chaque animal.**

le porc : le … – le lapin : … – le chat : … – la chèvre : … – l'aigle : … – la souris : … – l'ours : … – la cane : … .

4 **À partir de ces verbes, forme des mots en utilisant un des suffixes suivants : *-tion* ; *-rie* ; *-oir* ; *-oire*.**

tricher : la … – patiner : la … – finir : la … – attribuer : l'… – se fâcher : la … – bouillir : la … – dormir : le … – chauffer : la … .

5 **À partir de ces verbes, forme des mots en utilisant un des suffixes suivants : *-onner* ; *-oter* ; *-eter* ; *-asser*.**

chanter : … – voler : … – siffler : … – rêver : … – tacher : … – traîner : … – griffer : … – cligner : … .

6 **Écris *vrai* ou *faux* à la suite de chaque affirmation.**

Une petite faux est une faucille. … – Un petit livre est un livret. … – Un petit châle est un chalet. … – Un petit ver est un vermillon. … – Une petite poutre est une poutrelle. … – Un petit citron est une citronnelle. … – Une petite croûte est un croûton. … – Une petite corniche est un cornichon. …

7 **Comment les appelle-t-on ?**

Il ou elle → vend des fleurs : …
– → fait de la motocyclette : …
– → saute en parachute : …
– → joue de la flûte : …
– → fait du trapèze : …
– → s'occupe d'écologie : …
– → fait de la trompette : …

Trouve d'autres noms de musiciens. Quel suffixe as-tu utilisé ?

8 **Complète avec des mots de la famille de *occuper*.**

Sa principale … est la lecture et il passe une grande partie de son temps à lire. – Je n'ai pas le temps de venir, je suis trop … . – On n'y voit jamais personne, cette maison est … . – Comment se nomment les … de cet appartement ?

Quand c'est possible, sépare radical et suffixe dans les mots que tu as trouvés.

9 **Trouve dans chaque liste le nom qui n'est pas formé avec un suffixe.**

- un collégien – un mécanicien – un pharmacien – un chien – un Parisien.
- un moucheron – un puceron – un aiglon – un poisson – un oisillon.
- une baignade – une glissade – une rigolade – une bousculade – une malade.

10 **En ajoutant des suffixes au radical de ces noms, forme d'autres noms.**

pomme – berger – Paris – prune – linge – Marseille – pêche – menuisier – Lille – cerise – boulanger – Lyon.

Relève les suffixes trouvés.

11 **En ajoutant des suffixes au radical des noms entre parenthèses, forme des adjectifs.**

un enfant (colère) – un homme (barbe) – un temps (brume) – un froid (hiver) – un animal (crainte) – une fête (an).

Relève les suffixes trouvés.

12 **Écris seulement les mots formés avec le suffixe *-able* qui signifie *qu'on peut…* .**

Ex. : supportable → qu'on peut supporter.

portable – capable – abordable – étable – buvable – cartable – fable – jetable – imaginable – minable – aimable – sable – câble.

Les mots composés

■ Qu'est-ce qu'un *chat-huant* ? Cherche dans ton dictionnaire.

■ Cherche également les mots : *pic-vert* ; *poisson-chat*. Comment ces mots sont-ils formés ? Quel est leur point commun ?

■ À l'aide de ton dictionnaire, cherche d'autres mots composés de la même manière.

L'heure du berger

La lune est rouge au brumeux horizon ;
Dans un brouillard qui danse, la prairie
S'endort fumeuse et la grenouille crie
Par les joncs verts où circule un frisson ;

Les fleurs des eaux referment leurs corolles ;
Des peupliers profilent aux lointains,
Droits et serrés, leurs spectres incertains ;
Vers les buissons errent les lucioles ;

Les chats-huants s'éveillent, et sans bruit
Rament l'air noir avec leurs ailes lourdes,
Et le zénith s'emplit de lueurs sourdes.
Blanche, Vénus émerge, et c'est la Nuit.

Paul Verlaine, *Poèmes saturniens*.

JE RETIENS

■ **Les mots** – généralement des noms – **formés de plusieurs mots** sont appelés **des mots composés**. Le plus souvent ils s'écrivent avec **un trait d'union** : *le chat-huant* ; *le poisson-chat*.

■ Parfois les mots composés sont formés **avec une préposition** : *une table* **de** *nuit* ; *un sac* **à** *dos*. Ils s'écrivent alors le plus souvent sans trait d'union, sauf quelques exceptions : *un arc-en-ciel* ; *le garde-à-vous*.

■ Les mots composés peuvent être formés :
– **d'un verbe et d'un nom :** *un couvre-lit*.
– **de deux noms :** *un balai-brosse*.
– **d'un adjectif et d'un nom :** *un rouge-gorge*.

1 ● **Associe les verbes et les noms pour former des mots composés.**
– casse ; porte ; chasse ; taille ; aide ; sèche.
– bagages ; crayon ; noisettes ; cheveux ; mémoire ; neige.

2 ● **Écris les mots composés en associant les mots des deux listes.**
– radio ; sourd ; grenouille ; wagon ; fleur ; poste ; virgule.
– timbre ; homme ; réveil ; point ; lit ; chou ; muet.

3 Associe un mot de la première liste à un mot de la seconde pour former deux ou trois mots composés d'animaux. Attention aux intrus !

– chat ; chien ; souris ; poisson ; requin ; fourmi ; crapaud ; oiseau.
– scie ; chauve ; buffle ; loup ; mouche ; marteau ; tigre ; lion.

4 Écris les mots composés formés à partir du verbe *garder* qui répondent aux définitions suivantes.

– Elle s'occupe des malades : la ...
– Il surveille la forêt : le ...
– On y conserve la nourriture : le ...
– Au village, il représente l'autorité : le ...
– Il se place au-dessus de la roue de la bicyclette : le ..

5 Remets de l'ordre dans ces noms composés en redonnant à chacun des mots déplacés sa bonne place.

– le porte-fesses
– l'essuie-crayon
– le taille-mains
– le cache-bonheur
– le porte-nez
– le croque-vaisselle
– le lave-monsieur
– le tire-monnaie
– le casse-dents
– le cure-tête

6 Complète avec la préposition qui convient.

– une table ... repasser ; une salle ... bains ; un chausson ... pommes ; une taie ... oreiller.
– un passage ... niveau ; un arc ... triomphe ; une pomme ... pin ; une pince ... épiler.

7 Pour former des noms composés, associe les adjectifs de la première liste qui conviennent aux noms de la seconde.

– courte ; plate ; belle ; rond ; basse ; longue ; beau.
– point ; vue ; mère ; bande ; échelle ; cour ; père.

8 Écris des mots composés formés à partir du verbe *porter* et les mots de la liste suivante.

Ex. : bonheur → un porte-bonheur

avions – cartes – bébé – clés – drapeau – plume – revues – documents.

9 Même exercice avec le verbe *garder*.

Ex. : robe → une garde-robe

malade – chasse – manger – barrière – meuble – côte.

J'écris

1 Sur le modèle de l'exercice 5, invente quelques mots composés amusants que tu feras remettre en ordre par un camarade.

2 Sur ce modèle, raconte une histoire amusante, en utilisant des mots composés.

Le grand-duc s'installa au wagon-restaurant, dîna d'un croque-monsieur, de chou-fleur et de pommes de terre, termina par un café crème arrosé d'eau-de-vie, puis remit son cache-nez dernier cri et se dirigea vers le wagon-lit.

La description d'un lieu

■ Quel type de paysage est décrit ?

■ Quels éléments du paysage relèves-tu ? Dans quel ordre ?

■ Pourrais-tu facilement dessiner ce paysage ?

Le village caché

Comme le bois grimpait vers d'autres collines, je dominai bientôt une bonne étendue de ce pays. Alors je m'arrêtai et m'assis sur une pierre.

Vers l'est, mais assez loin, la rivière reparaissait, toute luisante. Sur un grand bateau plat, deux petits hommes lentement pêchaient. À ma gauche, les chênes verts et de grandes pinèdes escaladaient les contreforts des premières collines. [...]

Au-delà de la colline, on apercevait un bout de village : cinq ou six maisons, une tour, un petit clocher. Derrière le clocher, trois ou quatre fumées montaient dans l'air. Là devait se cacher le plus gros de ce bourg. On voyait, à mi-côte des collines, le sentier qui y menait. La campagne était déserte ; mais un âne marchait sur le sentier.

D'après Henri Bosco, *L'Enfant et la Rivière* © Gallimard.

JE RETIENS

■ Dans un récit, l'auteur peut décrire **les lieux dans lesquels se déroule l'histoire**. Ainsi, le lecteur imagine mieux ce qui se passe.

■ La description d'un lieu fait appel à **la vue**, mais aussi à d'autres sens : **l'ouïe**, **l'odorat**, **le goût**, **le toucher**.

Pour décrire un lieu

↘ Grammaire p. 14

↘ Vocabulaire pp. 34 et 36

- Je choisis le lieu de l'histoire : cela peut être un lieu réel et connu ou un lieu imaginaire.
- Je décris ce lieu en suivant un ordre précis. Par exemple, d'un côté à l'autre, du plus loin au plus près, du devant à l'arrière…

Je peux aussi parler des différents plans : le premier plan (tout ce qui est situé près de celui qui regarde) ; le second plan ou le plan plus éloigné (ce qui est derrière le premier plan puis ce qui est encore plus loin).

- J'utilise des mots ou des expressions qui précisent bien où se trouvent les choses : *devant*, *à gauche*… Je place ces mots au début de mes phrases.
- Je fais des comparaisons à l'aide de *comme*, *pareil à*, *il ressemble à*…
- Je décris surtout ce que l'on voit, mais je peux parler aussi de ce que l'on entend : une musique, des cris, des rires, des bruits… *Ils avaient les mains aux poches et bavardaient à mi-voix*, et de ce que l'on sent : les odeurs, un parfum… *La lande dégageait une odeur de bruyère et de fleurs mêlée.*

J'observe d'autres modèles

Avant de faire la description d'un lieu, lis les deux textes suivants. Tu pourras ainsi t'en inspirer.

1 – LA CABINE DU PAQUEBOT

Lou embarque sur un paquebot pour faire une croisière. Elle décrit sa cabine.

Lou se débarrassa de ses bottes, s'assit en tailleur sur son lit et contempla sa minuscule cabine. En dehors du lit étroit il y avait tout juste la place pour une petite penderie, une table de nuit et une chaise. Une porte ouvrait sur un minuscule cabinet de toilette.

Le papier bleu sombre qui couvrait les murs rétrécissait encore l'espace. L'ensemble baignait dans une lumière blafarde. C'était plutôt sinistre, mais Lou n'avait pas l intention de moisir ici, elle avait tout un paquebot de luxe à explorer.

Marie Bertherat, « Le cri du rubis », dans *Les Enquêtes du Samovar* © Groupe Fleurus, 2005.

2 – L'ÉCOLE

Mais je ne sais pas trop pourquoi, je demeurai sur le trottoir de l'école et je me dirigeai vers le grand portail de fer à double battant qui donnait accès à la cour.

Les acacias de cette cour avaient perdu leurs feuilles depuis peu. Il n'en restait que quelques-unes accrochées aux branches nues. […]

L'immeuble de l'école avait deux étages. Les classes occupaient le rez-de-chaussée et le premier ; au second, c'était l'appartement du directeur, M. Baragnon.

Des lambeaux de brouillard flottaient sur les tuiles du toit et devant les fenêtres du deuxième étage. La cour était presque silencieuse. Il n'y avait qu'une demi-douzaine d'écoliers, réfugiés sous le petit préau, à gauche. Ils avaient les mains aux poches et bavardaient à mi-voix.

Pierre Gamarra, *On a mangé l'alphabet* © P. Gamarra.

À mon tour !

↘ Conjugaison p. 62

1 **Essaye de décrire la cuisine de ton appartement ou de ta maison. Écris ce que tu vois en suivant un ordre : de gauche à droite par exemple, ou bien du plus près de toi au plus loin. Pense aussi à décrire ce que tu entends et ce que tu sens. Écris au présent.**

2 **Décris un lieu en ne parlant que de ce que l'on entend et de ce que l'on sent. Puis demande à un camarade de deviner de quel lieu il s'agit.**

3 **Tu es un extra-terrestre et ta soucoupe volante se pose sur la Terre. Tu envoies un rapport aux habitants de ta planète.**
Choisis l'endroit de l'atterrissage et décris ce que tu vois.

4 **Observe le dessin. Décris-le en précisant bien ce que tu vois au premier plan, puis au deuxième et enfin au troisième plan.**

Le portrait d'un personnage

■ Recherche au début du texte les passages qui décrivent l'allure générale du personnage.

■ Relève ensuite les passages qui décrivent son visage.

■ Que sait-on du caractère et du comportement du personnage ? À quoi est-il comparé ?

Un homme extraordinaire

Quel extraordinaire petit homme que ce Mr. Wonka !

Il était coiffé d'un chapeau haut de forme noir.

Il portait un habit à queue d'un beau velours couleur de prune. Son pantalon était vert bouteille. Ses gants étaient gris perle. Et il tenait à la main une jolie canne à pommeau d'or.

Une petite barbiche noire taillée en pointe – un bouc – ornait son menton. Et ses yeux – ses yeux étaient d'une merveilleuse limpidité. Ils semblaient vous lancer sans cesse des regards complices pleins d'étincelles. Tout son visage était, pour ainsi dire, illuminé de gaieté, de bonne humeur.

Et, oh ! comme il avait l'air futé ! Plein d'esprit, de malice et de vivacité ! [...]

Tous ses mouvements étaient rapides comme ceux d'un écureuil. Oui, c'était bien ça, il ressemblait à un écureuil vif et malicieux.

Roald Dahl, traduit par É. Gaspar, *Charlie et la chocolaterie* © Gallimard.

JE RETIENS

■ On décrit un personnage par :

– son aspect physique

L'allure générale, la silhouette que l'on voit de loin, au premier coup d'œil : la forme du corps, la démarche, les gestes, les vêtements…

Le visage : la forme, les yeux, la bouche…

Et aussi d'autres éléments qui permettent d'identifier la personne : la voix, le parfum, les bijoux portés…

– son aspect moral

Son caractère, ses goûts, ses habitudes…

Pour faire un portrait

↘ Vocabulaire pp. 34, 36 et 38

- Je donne un nom à mon personnage et des expressions qui permettront de le désigner au cours de mon récit sans faire de répétitions. *Nicolas*, *mon ami*, *mon copain*…
- Je dresse une liste d'adjectifs et d'expressions utiles pour décrire son aspect physique : *musclé*, *mince*, *sportif*, *petit*, *un cou de taureau*…

  … et son caractère, ses goûts, ses habitudes : *timide*, *râleur*, *joyeux*, *gourmand*, *toujours en retard*…
- J'utilise des comparaisons : *Tous ses mouvements étaient rapides comme ceux d'un écureuil.*
- Pour éviter de répéter la structure de phrase *il a…*, *il est…*, je peux placer l'élément décrit en début de phrase.

  Il a des yeux verts brillants. → *Ses yeux verts brillent.*

J'observe d'autres modèles

▸ **Avant de rédiger un portrait, lis les textes suivants. Tu pourras ainsi t'en inspirer.**

1 – MADEMOISELLE LEGOURDIN

Mademoiselle Legourdin était une espèce de monstre femelle d'aspect redoutable.

[...] Il suffisait de regarder son cou de taureau, ses épaules massives, ses bras musculeux, ses poignets noueux, ses jambes puissantes pour l'imaginer capable de tordre des barres de fer ou de déchirer en deux un annuaire téléphonique. Elle avait un menton agressif, une bouche cruelle et des petits yeux arrogants. [...] Elle portait en permanence une blouse marron boutonnée, serrée à la taille par une large ceinture de cuir ornée d'une énorme boucle d'argent. Les cuisses massives émergeant de la blouse étaient moulées par une espèce de culotte extravagante taillée dans une étoffe vert bouteille.

Cette culotte s'arrêtait juste au-dessous du genou.

Roald Dahl, traduit par H. Robillot, *Matilda*

2 – PORTRAIT D'HAGRID

La moto était énorme, mais ce n'était rien comparé à l'homme qui était dessus. Il était à peu près deux fois plus grand que la moyenne et au moins cinq fois plus large. Il était même tellement grand qu'on avait peine à le croire. On aurait dit un sauvage, avec ses cheveux longs noirs en broussaille, sa barbe qui cachait presque entièrement son visage, ses mains de la taille d'un couvercle de poubelle et ses pieds chaussés de bottes de cuir qui avaient l'air de bébés dauphins.

J. K. Rowling, © J.K. Rowling, traduit de l'anglais par Jean-François Ménard,
Harry Potter à l'école des sorciers © Gallimard-Jeunesse.

3 – L'OGRE

Sa bouche ressemblait à la gueule d'un four, sa gorge à une cave humide, son ventre à une immense prison où brochets et sangliers, moutons et pigeons disparaissaient pour toujours.

Paul Thiès, *Les Sept Fils de l'ogre* © Rageot Éditeur.

À mon tour !

↘ Grammaire p. 56

↘ Conjugaison p. 62

1 **Relis le texte 1. Transforme cette description pour faire de mademoiselle Legourdin un personnage sympathique. Écris ton texte au présent.**

2 **Relis le texte 2. Imagine la situation contraire et écris en six lignes le portrait d'un tout petit homme. Écris ton texte au présent.**

3 **Dans sa lettre, ta grand-mère qui habite loin te demande de faire le portrait de ton meilleur ami. Décris son aspect physique mais aussi son caractère. Écris ton texte au présent.**

4 **Décris le personnage figurant sur le dessin : son allure générale et ce que l'on peut deviner de lui.**

Bilan de la période 2

Je suis amoureux d'un tigre

Benjamin rentre de l'école…

Il pleut.

Je rabats le capuchon de mon anorak, et je fonce jusqu'au canal Saint-Martin. Là, je monte sur le pont de la Grange-aux-Belles.

J'habite de l'autre côté, au coin du quai de Jemmapes et de la rue de la Grange-aux-Belles, au-dessus du café La Péniche jaune. La porte est jaune, la façade bleue. Dans le fond, un escalier étroit, en colimaçon, grimpe jusqu'à l'appartement. Ma chambre donne sur la Seine, et je regarde souvent l'eau couler. […]

Je m'arrête au milieu du pont, sur les planches de bois noires, mouillées, glissantes. En bas, l'eau coule, très verte, lente, à cause des écluses. Plus loin, du côté de la place de la République, le canal disparaît brusquement, il glisse sous terre comme un caramel au fond d'une poche.

Je me perche sur la pointe des pieds, le menton posé sur la rambarde. Je contemple l'eau, des feuilles mortes, parfois une branche, une planche qui tourbillonne.

– Tu regardes quoi ?

Je me retourne, surpris. J'aperçois une fillette de mon âge. Elle porte un anorak noir, un jean bleu sombre, presque noir. On croirait un garçon, sauf que ses longs cheveux sombres, mouillés, alourdis par la pluie, tombent sur ses épaules.

Elle hoche la tête en riant :

– Tu sais, j'ai horreur de mettre un capuchon, même s'il pleut !

Elle a un drôle d'accent.

Je passe ma main sur mes cheveux trempés.

– Moi aussi !

On rit ensemble. Je la trouve jolie, jolie, comme la fée de la pluie.

J'hésite, et je lui demande :

– Tu es… chinoise ?

Elle secoue sa tignasse d'ébène, hausse les épaules.

– Non ! japonaise. Je m'appelle Sonoko Watanabe. Mes parents habitent Paris, maintenant.

Elle pousse un soupir :

– Mais, à l'école, ils m'appellent tous la Chinoise… Ça m'énerve ! Je n'ai pas d'amis.

Je lui confie :

– Moi, c'est pareil ! Je n'ai pas d'amis et on m'appelle le Chincis alors que je suis vietnamien. Mon nom, c'est Benjamin.

Je montre le quai de Jemmapes :

– J'habite là, chez les gens qui tiennent le café.

Il pleut toujours ; le pont, les deux quais, les rues semblent vides, froids. On est seuls. Elle me ressemble un peu, et j'aime lui parler, même si je la connais à peine.

Paul Thiès, *Je suis amoureux d'un tigre* © Syros.

As-tu bien compris ?

- ➔ Qui raconte cette histoire ? Cherche toutes les informations que te donne le texte à son sujet (son nom, le lieu où il habite, sa nationalité).
- ➔ Pourquoi Benjamin dit-il que Sonoko lui ressemble un peu ?
- ➔ Cherche les informations qui te permettraient de faire le portrait de Sonoko.

GRAMMAIRE

1 Observe le verbe de ces deux phrases puis explique pourquoi il est au singulier dans l'une et au pluriel dans l'autre.

Ses longs cheveux sombres, mouillés, alourdis par la pluie, tombent sur ses épaules.
Sa longue chevelure sombre, mouillée, alourdie par la pluie, tombe sur ses épaules.

2 Relis la phrase de la ligne 6 du texte.

– Récris-la en ne gardant que les mots essentiels. Où se trouve le sujet par rapport au verbe dans cette phrase ?

– Maintenant, récris la phrase de la ligne 6 du texte en commençant par :

Dans le fond, jusqu'à l'appartement, grimpe...

– Où se trouve le sujet par rapport au verbe dans cette nouvelle phrase ?

3 Dans les cinq dernières lignes du texte, cherche une phrase dans laquelle le verbe a plusieurs sujets.

– Compare avec la phrase de la ligne 26 : combien y a-t-il de verbes dans cette phrase et combien de sujets ?

– Explique pourquoi dans un cas le verbe est au pluriel, et pourquoi dans l'autre cas les verbes sont au singulier.

CONJUGAISON

1 Conjugue ces verbes en utilisant les sujets proposés.

je monte → les enfants ...
il glisse → tu ...
un flocon de neige tourbillonne → les feuilles ...
elle secoue → nous ...
je fonce → nous ...

2 Récris cette phrase en remplaçant son verbe par le verbe *gravir*.

Benjamin monte l'escalier en colimaçon jusqu'à son appartement.

– À quel groupe appartient le verbe *gravir* ? Comment fais-tu pour le savoir ?

– Récris cette nouvelle phrase en utilisant les groupes sujets suivants : *Je*, *Benjamin et Sonoko*, *Nous*, *Vous*, *Tu*.

ORTHOGRAPHE

1 **Complète le tableau avec des mots du texte dans lesquels on entend [k]. Attention ! Certaines lignes ne pourront pas être remplies !**

[k] = c	...
[k] = qu	...
[k] = ch	...
[k] = cc	...
[k] = ck	...
[k] = k	...

2 **Tous ces mots contiennent la lettre *c*. Fais la liste de ceux dans lesquels le *c* se prononce [k] et ceux dans lesquels il se prononce [s].**

capuchon – place – croirait – école – ici – curieuse

– Observe les lettres qui se trouvent juste après la lettre *c* quand elle se prononce [k] et quand elle se prononce [s] : est-ce que ce sont les mêmes lettres ?

– Avec un camarade, fais un tableau qui permet de comprendre avec quelles lettres le *c* se prononce [s] et avec quelles lettres il se prononce [k].

3 **Les mots suivants en gras ont tous un homonyme. Aide-toi du dictionnaire pour le retrouver, puis recopie la définition de cet homonyme. Attention ! Trois d'entre eux n'ont pas la même orthographe que leur homonyme.**

L'eau coule très verte, **lente**.
Il glisse **sous** terre.
J'ai horreur de **mettre** un capuchon.

la **pointe** des pieds
très verte
au coin du quai

VOCABULAIRE

1 **Utilise les préfixes *dé-*, *re-* ou *en-* pour former d'autres verbes à partir de ces verbes du texte.**

monter – foncer – grimper – donner – glisser – poser – passer

2 **Retrouve le radical de ces mots du texte. Puis utilise des préfixes ou des suffixes pour construire d'autres mots dérivés à partir de ce radical. Essaye d'en trouver le plus possible.**

glissantes – disparaît – alourdis

À toi de jouer !

1 **Recopie dans l'ordre les lettres correspondant à chaque définition et tu découvriras le métier que font les parents de Sonoko.**

...	N	...	...	...	U	...	...	...	...

a. Je suis la 1re lettre de l'alphabet.
b. Je suis la lettre muette que l'on trouve dans le mot *pont*.
c. Avec le *r*, je forme l'infinitif des verbes du deuxième groupe.
d. Je ne suis ni *c* ni *k*, mais je peux faire le son [k].
e. Ensemble, nous formons la première personne du singulier du verbe *avoir*, au présent.
f. Ensemble, nous formons le préfixe qu'il faut ajouter au verbe *tomber* pour faire un mot dérivé signifiant : *tomber à nouveau*.

2 **Relie chaque mot au dessin qui représente son homonyme.**

mètre •

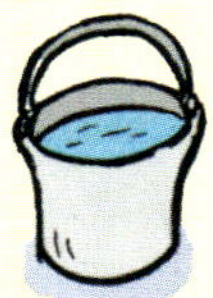

verre •

• poêle

sot •

• vin

3 **Retrouve le mot-mystère en recopiant les lettres du puzzle dans l'ordre.**

4 **À l'aide des dessins, cherche tous les mots composés que tu peux former avec le mot-mystère que tu as trouvé à l'exercice 3. Attention ! Il y a des intrus dans les dessins !**

Les mots en fête

PORTRAIT

Il a des yeux de bœuf
Une langue étrangère
Des dents de scie
Une haleine de savetier
Un cou de tonnerre
Des bras de mer…

Il a une mine de plomb
Un port de mer
Une voie d'eau
Un champ de bataille
Un accent circonflexe.

Claude Cherrier, *Les Mots en fête* © D.R.

- Peux-tu expliquer la méthode employée par l'auteur pour créer ce poème ?
- Quelles sont les expressions que tu connais ?

1 **Sur ce modèle, écris un poème amusant en te servant des éléments ci-dessous ou en en inventant d'autres que tu ordonneras à ta manière.**

– une bouche (d'incendie), (de chaleur), (d'égout).
– des oreilles (basses), (de souris), (qui sifflent).
– un cœur (d'artichaut), (sur la main).
– une tête (d'ail), (de Turc), (de linotte).
– des pieds (de cochon),(de nez), etc.

2 **Complète ces expressions avec une partie du corps humain : *tête*, *œil (yeux)*, *bouche*, *oreille*, *nez*.**

Jeter un coup d'… – En avoir par-dessus la … – Montrer le bout de son … – Avoir l'eau à la … – Faire un pied de … – Faire la sourde … – Motus et … cousue. – Faire une drôle de … – Obéir au doigt et à l'… – Se faire tirer l'… .

3 **Même exercice avec les mots : *dents*, *langue*, *bras*, *main(s)*, *pied(s)*.**

Donner sa … au chat. – Être pris la … dans le sac. – Mettre les … dans le plat. – Croquer la vie à belles … – Tenir à bout de … – Prendre son courage à deux . . – Garder une … contre quelqu'un. – Il faut savoir tenir sa … – Jouer comme un … – Rester les … croisés.

4 **Rébus.**

5 **Charades.**

- Mon premier s'écrit avec des lettres.
  Mon second n'est pas beau.
  Mon tout est une partie de la jambe.
- Après le biberon, bébé fait mon premier.
  Mon deuxième est un pronom personnel 2e personne du singulier.
  Mon troisième est un déterminant article.
  Mon tout est un os du genou.

6 **Mots croisés.**

1. Extrémité de la jambe.
2. Les deux dernières lettres du mot *cœur*.
3. Elle compte cinq doigts.
4. 2e personne du singulier du présent du verbe *avoir*.

a. Animal sauvage ressemblant à la panthère.
b. 2e personne du singulier du futur du verbe *aller*.
c. 2e voyelle. 3e voyelle.
d. Elle est parfois plombée !

	a	b	c	d
1				
2			■	
3				
4			■	

Lili Graffiti

Mme Holt vient de prononcer des mots que je déteste.

Ce n'est pas : « Fermez vos livres. Interrogation surprise. » […]

Ce n'est pas : « Tu seras punie parce que tu es trop dissipée en classe. »

Pas non plus : « Aujourd'hui, il y a des crêpes au thon et au bacon à la cantine. »

Non. La phrase que je redoute le plus, c'est : « Les photos de la classe sont arrivées. »

Quand j'étais petite, je m'en fichais complètement. Mais maintenant que je suis en CM1, c'est différent parce que j'ai envie de donner ma photo à des tas de gens et je ne veux pas qu'ils s'en aillent en hurlant après avoir vu ma tête.

Je croise les doigts en cachette…

Par pitié… faites que je sois bien sur la photo ! Il faut absolument qu'elle soit réussie pour que je puisse l'envoyer à mon père à Paris.

Je sais très bien qu'il me trouvera jolie de toute façon, parce que c'est toujours ce qu'il dit, mais quand même…

À la maternelle, je m'en souviens très bien, j'étais tombée du toboggan pile la veille du jour de la photo. J'avais le nez tout rouge, un gros bleu sur le front et un œil au beurre noir. Quand mon père a vu la photo, il m'a dit que le bleu, le rouge et le noir me rendaient encore plus belle, parce que ça collait parfaitement bien avec ma personnalité « haute en couleur » […] !

Dans ma tête, je fais la liste de tous les gens à qui je donnerai ma photo… si par miracle je ne suis pas trop affreuse dessus.

D'abord, j'en enverrai une à Justin Morris, mon meilleur ami qui est parti au fin fond de l'Alabama. Ensuite une pour Brandi, ma nouvelle meilleure amie.

Et puis mes quatre grands-parents : les parents de ma mère et ceux de mon père.

– Lili !

Mme Holt me tend mon enveloppe. Je l'ouvre en fermant les yeux. Et puis j'ose enfin regarder.

C'est tout à fait moi :

Cheveux châtains. Taches de rousseur. Yeux marron.

Mais il y a une chose que je ne comprends pas : pourquoi est-ce que j'ai l'air si mal coiffée ? […]

– Fais voir, me dit Brandi en me tendant sa photo d'une main et en prenant la mienne de l'autre.

– Tu es super !

Paula Danziger, traduction Pascale Houssin, *Un nouvel ami pour Lili Graffiti*

As-tu bien compris ?

- Qui raconte cette histoire ?
- Qui est Mme Holt ?
- À qui Lili Graffiti veut-elle donner sa photo ?
- Pourquoi Lili Graffiti ferme-t-elle les yeux en ouvrant son enveloppe ?

Période 3

J'AI DÉJÀ APPRIS…

1 2 Certains mots suivant le verbe ne peuvent être ni déplacés, ni supprimés : ce sont des éléments essentiels.

Unité 1, p. 94
Unité 4, p. 100

1 2 Le complément essentiel peut être un nom propre ou un groupe nominal.

Unité 2, p. 96
Unité 3, p. 98

1 Les verbes du 3e groupe ne se conjuguent pas tous de la même façon. Certains ont une conjugaison irrégulière.

Unité 1, p. 104
Unité 2, p. 105
Unité 3, p. 106
Unité 4, p. 107

GRAMMAIRE

1 Recopie ces trois phrases, puis souligne le groupe verbal dans chacune d'elles. De quoi se compose-t-il ?

Mme Holt distribue les photos.
Lili regarde sa jolie photo.
Brandi félicite Lili.

Observe le complément dans chacun de ces groupes verbaux. Peut-il être déplacé ? supprimé ?

De quoi ce complément se compose-t-il dans chaque phrase ?

2 Observe ces deux phrases.

La photo est belle.
Lili est contente.

Recopie-les puis entoure le verbe et souligne le mot qui le suit. Est-ce que c'est une suite essentielle ?

Observe le verbe de ces deux phrases. Que remarques-tu ?

CONJUGAISON

1 Complète la conjugaison de ces verbes du 3e groupe.

Prendre : je prends, tu … , il prend, nous …, vous prenez , ils … .
Devenir : je …, tu deviens, il devient, nous devenons, vous …, elles deviennent.
Couvrir : je couvre, tu couvres, on …, nous …, vous …, elles couvrent.

2 Compare les terminaisons du verbe *couvrir* avec celles d'un verbe du 1er groupe au présent. Que remarques-tu ?

3 Cherche le verbe dans la phrase suivante.

Mme Holt me tend mon enveloppe.

Sur ton cahier, écris la conjugaison de ce verbe, puis compare-la avec celle des verbes *prendre* et *comprendre*. Quelles différences remarques-tu ?

4 Voici quatre autres verbes du 3e groupe à l'infinitif. Retrouve-les sous une forme conjuguée dans le texte.

venir – faire – vouloir – se souvenir

Le groupe verbal (GV) : le verbe et le groupe nominal (GN) complément d'objet

- Transforme la phrase soulignée en phrase minimale. Écris-la.
Souligne le pronom sujet et encadre le groupe verbal de cette phrase.
- Observe le groupe verbal. De quoi se compose-t-il ? Quel est le rôle du groupe nominal *l'ananas* ?
- *Harris cherche une pierre.* Quel est le groupe nominal complément dans cette phrase ?
Quelle est la place du groupe nominal complément ?
- Cherche dans le texte d'autres groupes nominaux compléments du verbe.

La boîte d'ananas

Nous aimions beaucoup l'ananas tous les trois. Nous regardions l'image de l'étiquette, nous pensions au jus. Nous échangeâmes un sourire et Harris apprêta sa cuiller.

On se mit à la recherche de l'ouvre-boîtes. On retourna les valises. On souleva les planches au fond du canot. On déposa tous les objets sur la rive, un à un, et on les secoua. L'ouvre-boîtes demeura introuvable.

Harris alors tenta d'ouvrir la boîte avec son couteau de poche, mais la lame se cassa et il se coupa profondément. Georges essaya avec une paire de ciseaux, mais les ciseaux lui échappèrent et faillirent l'éborgner…

Alors, nous perdîmes la tête. Nous posâmes cette boîte sur la berge. Harris alla chercher une grosse pierre, je retournai au canot dont je rapportai le mât, et Georges tint la boîte et Harris posa sur le couvercle l'extrémité aiguë de sa pierre et je pris le mât que je levai en l'air, et rassemblant toutes mes forces, je l'abattis.

Ce fut le chapeau de paille de Georges qui lui sauva la vie ce jour-là !

Jérôme K. Jérôme, *Trois hommes dans un bateau* © Hachette-Livre Jeunesse, 1994.

JE RETIENS

- La phrase : *Nous aimons l'ananas*, est **une phrase minimale.**
Le groupe nominal *l'ananas* complète le verbe *aimons*. C'est **un complément essentiel. Il ne peut être ni supprimé ni déplacé.**
- **Ce groupe nominal complément essentiel est un complément d'objet.** Il peut être encadré par ***c'est… que***. C'est un moyen de le repérer dans la phrase : ***C'est*** *l'ananas* ***que*** *nous aimons.*
- Le groupe verbal ne comporte pas toujours de groupe nominal complément.
Les trois amis déjeunent. On a ici : groupe nominal sujet + verbe.

1 Dans chaque phrase, souligne le GN sujet, puis entoure le GN complément d'objet quand il existe.

Alfred met la table. – Sa petite sœur apporte les assiettes. – Les invités arrivent. – À la fin du repas, Djamel chante une jolie chanson. – Maman sert le café.

2 Souligne le GN sujet et entoure le GN complément d'objet de chaque phrase.

Mes parents lisent le menu. – Le cuisinier prend la commande. – Mon petit frère n'aime pas la moutarde. – Moi, je bois de la grenadine. – Mes parents prennent de l'eau. – Le serveur apporte les plats chauds.

3 Même exercice.

Sandra compte ses économies. – Le cheval franchit la haie. – M. Seguin enferme sa chèvre Blanquette. – Le loup guette la chevrette. – Les aigles ont une très bonne vue.

4 Récris chaque phrase en encadrant le GN complément d'objet par *c'est... que*.

Ex. : Je suce une glace. → C'est une glace que je suce.

Pierre mange une gaufre. – Nous attendons Lucie. – La tempête a déraciné le peuplier. – Le vent d'ouest nous apporte la pluie. – L'aigle rejoint son repaire. – Nous redoutons l'orage.

5 Dans chaque phrase, identifie le GN sujet, puis le GN complément d'objet quand il existe.

Aujourd'hui, maman a préparé une tarte aux abricots. Elle allume dix bougies pour l'anniversaire de ma sœur. En une seule fois, Marion a éteint l'ensemble. Maintenant, papa découpe le gâteau en parts égales. Tout le monde se régale.

6 Recopie les phrases et souligne d'un trait les GN compléments d'objet.

Nicolas boit un jus d'orange. – À cinq heures, nous prenons le thé. – Je n'aime pas les gâteaux secs. – Préfères-tu un pain au chocolat ? – Passez-moi la confiture.

7 Même exercice.

Mathias et Lucie observent le ciel. – Lucie repère l'étoile polaire. – Avec le télescope, on voit les cratères de la Lune. – Je prends une photo de la Lune. – Un satellite transmet des images de la planète Mars. – Le dompteur lance son fouet. – Le lion observe le dompteur.

J'écris

1 Complète chaque phrase avec un GN complément d'objet.

Au marché, Marie a acheté ... – Les hirondelles annoncent ... – Dans la forêt, sous les feuilles, on trouve ... – Notre voisin le pêcheur a attrapé ... – Avec cet appareil photo numérique, j'ai réussi ... .

2 Complète les phrases par un GN complément d'objet quand c'est nécessaire.

– Chaque matin, Clémentine prend.
– Pour mon anniversaire, j'ai reçu.
– La récréation se termine.
– L'infirmière attentive soigne.
– Le cordonnier a réparé.

3 Construis des phrases sur le schéma GNS + V + GN complément d'objet, en utilisant les verbes donnés.

... écrit ... – ... reçoit ... – ... achète ... – ... apprend ... – ... cherche ... – ... aperçoit ... – ... interroge ... – ... distribue ...

4 Invente trois phrases sur le modèle GNS + V + GN complément d'objet.

5 Invente quatre phrases pour expliquer ce que font les pompiers, les garagistes, les cuisiniers et les infirmiers.

Le groupe verbal : le complément d'objet direct

■ Observe les groupes verbaux de ces phrases.
– *Tank avait quitté son troupeau.*
– *Il dévisageait l'intrus.*
Souligne le groupe nominal qui suit le verbe. Quel nom donne-t-on à ce groupe nominal ?
Peux-tu le supprimer ?
Peux-tu le déplacer à un autre endroit de la phrase ?

■ Trouve dans le texte d'autres groupes nominaux semblables.

Le combat de buffles

Tank avait quitté son troupeau, et dévisageait l'intrus. Tous les autres buffles, cessant de brouter, attendaient la suite. Et soudain, les deux taureaux chargèrent, l'un vers l'autre, tête baissée. J'entendis un bruit de choc, sourd et puissant. Chacun des deux buffles était tombé en arrière. Mon cœur se mit à tambouriner. Personne encore, jamais, n'avait vu Tank à terre. Tank faisait l'orgueil de notre village, et s'il perdait ce combat, c'était une humiliation pour nous tous. Mais il y avait pire encore : si Tank se faisait tuer, le risque était grand de voir un bon nombre de femelles suivre le buffle vainqueur lorsqu'il regagnerait son village, et nous aurions bien du mal, dès lors, à les récupérer.

Huynh Quang Nhuong, *Mon pays perdu* © Flammarion.

JE RETIENS

■ Le groupe nominal complément d'objet **directement** rattaché au verbe est appelé **complément d'objet direct (COD)**. Le COD **ne peut pas être déplacé dans la phrase.**

*Tank dévisageait **l'intrus**. J'entendis **un bruit de choc**.*

■ Ce groupe peut être remplacé par un pronom : *Tank **le** dévisageait. Je **l'**entendis.*

■ Il répond généralement à la question **qui ?** ou **quoi ?** posée après le verbe.

■ Le COD peut être **un nom propre** : *Personne n'avait jamais renversé **Tank**.*
Le COD peut être **un pronom** : *Le buffle **le** charge.*
Le COD peut être **un infinitif** : *Il voulait le **tuer**.*

1 Souligne les COD.

● • Tank fixait son adversaire. – Les autres buffles attendaient le combat. – Les taureaux entremêlèrent leurs cornes. – Le rival de Tank perdait du terrain. – Le vainqueur relevait la tête. – Les femelles suivaient le buffle vainqueur.

• Le buffle reçut un coup de corne. – Ce buffle aimait combattre. – Son adversaire préférait attendre. – Les spectateurs admiraient ce magnifique animal paisible. – On avait retiré la corde passée dans les naseaux du buffle. – Le jeune gardien aimait conduire le troupeau.

2 **Complète chaque phrase à l'aide d'un COD.**

- La classe a préparé … . – Tom consulte … . – Chaque soir, maman me lisait … . – Les gendarmes ont arrêté … . – Ces magnifiques roses parfument … .
- Avec notre télescope nous observons … . – Avant l'hiver, le jardinier taille … . – La championne de natation bat … . – Avec le caméscope, la maîtresse a filmé … . – Ne prévenez pas … .

3 **Ne recopie que les phrases contenant un COD.**

Tous les buffles se rassemblent autour des combattants. – Le troupeau entoure le vainqueur. – Les buffles élevés en plaine sont moins combatifs. – Ce buffle monstrueux fonce à folle allure. – Les éleveurs redoutent les animaux agressifs. – L'animal blessé décoche un violent coup de corne à son agresseur.

4 **Transforme les phrases en remplaçant le groupe nominal COD par un pronom.**

Ex. : Les enfants lisent le journal. → *Les enfants le lisent.*

Le journaliste annonce les résultats. – Les orages ravagent les vignes. – Les pompiers sauvent les rescapés. – Le cuisinier prépare le festin. – Un policier découvre le coupable.

5 **Dans les phrases suivantes, les COD sont des pronoms. Récris ces phrases en entourant les COD.**

Tout le stade les applaudit. – On ne le voit plus. – Tu le lis. – Le chien la voit et la ramène. – Les bergers les accompagnent. – Le vent violent l'arrache. – Le vent les pousse. – Nous la suivons en voiture.

6 **Remplace ensuite les pronoms de l'exercice 5 par des groupes nominaux COD.**

7 **Récris ces phrases puis souligne en rouge les sujets et entoure en bleu les COD.**

Après mon cours de ski, je mange une tartiflette. – Après l'école, j'allume mon ordinateur. – Côte à côte, ils parcourent le premier tour du circuit. – Le plus rapide gagne le sprint. – Je fais des recherches sur Internet pour mon exposé en classe. – J'ai invité mes meilleurs amis à mon anniversaire.

8 **Récris ce texte puis souligne les COD.**

La plupart du temps, je surveille les lecteurs. Je les connais tous. […] Certains reniflent les livres comme s'ils choisissaient un camembert. D'autres se servent au hasard. Ils adorent les surprises.

Éric Sanvoisin, *Le Buveur d'encre* © Nathan.

J'écris

1 **Écris des phrases comportant un COD. Tu peux utiliser les verbes suivants : *raconter, offrir, écouter, lire, annoncer, préparer, prêter, attendre*.**

2 **Décris chacune des vignettes à l'aide d'une phrase comportant un COD.**

1

2

Le complément d'objet indirect

■ Observe le groupe verbal de cette phrase : *Prométhée pensa au feu.* Souligne le groupe nominal qui suit le verbe. Quel nom donne-t-on à ce groupe nominal ?

■ Est-il directement rattaché au verbe ? Par quel petit mot en est-il séparé ? Ce petit mot est une préposition.

■ Trouve dans le texte un exemple semblable.

Prométhée vole le feu du ciel

Prométhée, un dieu qui vient de créer l'Homme, se demande ce qu'il peut lui apporter pour le rendre supérieur au reste de la création.

L'intelligent Prométhée pensa au feu. Quel don merveilleux c'était là ! « À l'aide du feu, se dit-il, l'homme pourra se fabriquer des armes, dompter les fauves, forger des outils, labourer la terre et se rendre maître des arts... Le feu réchauffera sa demeure, et il ne craindra ni la pluie, ni la neige, ni le cruel vent du nord. »

Prométhée remonta au ciel, alluma une torche au char du soleil, rapporta le feu à l'homme et s'en alla plein de joie.

Mais au sommet de l'Olympe, assis avec les autres dieux, Zeus fronça les sourcils. Car Zeus était toujours jaloux de sa puissance.

D'après un mythe grec, adapté par A.T. White, *Mythes et légendes* © D.R.

JE RETIENS

■ **Le groupe nominal complément d'objet rattaché au verbe par une préposition** est appelé **complément d'objet indirect (COI).**

Prométhée pense ***au*** *feu. Zeus se méfie* ***de*** *Prométhée.*

■ Il répond aux questions **à qui ?**, **à quoi ?**, **de qui ?**, **de quoi ?**, **pour qui ?**, **pour quoi ?** posées après le verbe.

■ Le COI peut être **un nom propre** : *Ce roman a été écrit par* ***Victor Hugo****.*

Le COI peut être **un pronom** : *Cette histoire parle de* ***lui****.*

Le COI peut être **un infinitif** : *Emporté par sa vitesse, il ne parvient pas à* ***s'arrêter****.*

1 **Écris les compléments d'objet. Indique s'ils sont directs (COD) ou indirects (COI).**

Ex. : Zeus fronça les sourcils. → les sourcils (COD)

Zeus créa la femme. – Pandore obéit à Zeus. – Zeus condamna Prométhée pour son audace. – Les hommes remercièrent le dieu. – La colère de Zeus s'abattit sur le dieu généreux. – Prométhée luttait contre l'oiseau de proie. – Le vautour dévorait son foie. – Le soleil brûlait son corps.

2 **Même exercice.**

La directrice a présenté la nouvelle maîtresse. – Pendant la récréation, nous avons joué à la marelle. – Ce matin, nous avons écrit à nos correspondants. – Mustapha parle de son pays. – Il termine son exposé. – Thomas s'entretient avec Chloé. – Il a terminé ses calculs. – Ma mère se souvient bien de son vieil ami.

3 **Complète chaque phrase à l'aide d'un COI. Souligne la préposition.**

Depuis dix minutes, Brice téléphone à ... – Cette voiture rapide appartient à ... – On a beaucoup parlé de ... – Bien tristes, nous avons renoncé à ... – Bientôt, l'équipe de France jouera contre ... – L'exposé de Julien et de Manon a porté sur ... .

4 **Complète à l'aide d'un COD ou d'un COI d'après le verbe proposé.**

Avec notre canne à pêche, nous pêchons ... – Le candidat n'a pas répondu ... – Toute l'école a participé ... – Sur le mur, l'araignée tisse ... – Je ne me rappelle plus ... – Pour ma fête, j'ai acheté ... .

5 **Même exercice.**

Le boulanger mélange ... – Sur le stade, nous avons assisté ... – Sarah a répondu ... – Avec un marteau, le bricoleur enfonce ... – Stéphane a téléphoné ... – Ne copiez pas ... .

6 **Écris la préposition manquante.**

Le pilote prend contact ... la tour de contrôle. – Il parle sans arrêt ... film qu'il a vu. – Lucile écrit ... son grand-père. – Sophie rêve ... voyages lointains. – Beaucoup d'athlètes participent ... Jeux olympiques. On ne peut pas compter ... lui, il n'est pas sérieux.

7 **Ne recopie que les phrases contenant des compléments d'objet. Indique leur nature : COD ou COI.**

Tous les dieux devaient obéir à Zeus. – Manuella connaît toutes les légendes grecques. – Nous campons en Grèce depuis un mois. – Nous avons gravi le mont Olympe. – Nous irons en Crète aux prochaines vacances. – Nous visiterons le palais de Cnossos. – Nous écrirons aux amis de Mathieu.

8 **Complète ces phrases par un verbe à l'infinitif qui est un COI.**

Nous nous apprêtons à ... – Nicolas se vante d'... – Ce cheval ne cesse de ... – Aujourd'hui elle n'a pas envie de ... – Sa voiture est ancienne, il n'arrive pas à la ... – Il cherche à ... – Nous ne parviendrons pas à ... .

9 **Complète ces phrases par un pronom qui est un COI. Attention ! N'écris pas deux fois le même !**

Dans cette équipe, on ne veut pas de ... – La maîtresse ... a demandé de se taire. – Pour ..., il ferait n'importe quoi. – On ne peut pas compter sur ..., car elle change souvent d'idées. – Tu peux t'adresser à ..., ils sont très aimables. – Tu peux ... confier ce travail sans crainte.

J'écris

1 **Écris trois phrases comportant un COI. Tu peux utiliser les verbes suivants : *penser à*, *jouer avec*, *téléphoner à*, *se souvenir de*, *donner aux*, *se plaindre de*, *s'étonner de*, *compter sur*, *jouer contre*.**

2 **Imagine en quelques lignes la suite de l'histoire du texte de la page 98 *Prométhée vole le feu du ciel*.**
Ton texte devra comporter au moins deux COD et deux COI.

La suite essentielle d'un verbe d'état : l'attribut du sujet

■ Observe :
*Mario était **le plus rapide**.*
*Sa supériorité devint **chose banale**.*
*Tout devenait **ligne de départ**.*

■ Pourrait-on supprimer les groupes de mots en gras ? Pourquoi ?

■ Par quels verbes ces mots sont-ils introduits dans les phrases ? Quels autres verbes pourraient convenir ?

■ Pourrait-on remplacer chacun des groupes de mots par un adjectif ?

Le champion

Mario était le plus rapide à la course mais c'était là sa seule qualité. Tout le temps où il eut besoin d'affirmer sa supériorité, son prestige fut grand, mais lorsqu'il fut bien entendu, une fois pour toutes, qu'il était le plus véloce d'entre nous, cette supériorité ne se discuta plus et ce qui avait été prestige devint chose banale et établie. Alors Mario s'ennuya et la mélancolie mit des couleurs grises dans ses yeux.

« Je te prends à la course, disait-il à l'un ou à l'autre.

Non, on le sait que tu cours plus vite… »

Tout lui devenait ligne de départ et tout, là-bas, lui apparaissait comme un but.

« Je te prends à la course, de cette borne jusqu'au platane…

Je te dis qu'on le sait que tu cours plus vite… » Il implorait.

Jean Cau, *Les Enfants* © Gallimard.

JE RETIENS

1. *Mario est **le plus rapide**.*
2. *Mario devient **un champion**.*
3. *Mario semble **imbattable**.*

■ Les groupes de mots en gras sont **des suites essentielles** du verbe et ne peuvent être **ni déplacés ni supprimés**.
Ils sont introduits par **un verbe d'état** : *être*, *sembler*, *devenir*, *paraître*, *rester*, *demeurer*, *avoir l'air*,…

■ Attention ! Il ne faut pas confondre :
– **le groupe nominal complément d'objet direct** : *Mario gagne **la course**.*
avec
– **le groupe nominal suite essentielle d'un verbe d'état** : *Mario est **le vainqueur**.* **Ce dernier peut être remplacé par un adjectif qualificatif**, ce qui n'est pas le cas du COD : *Mario est **content**.*

■ Le groupe nominal suite essentielle introduit par un verbe d'état est appelé **groupe nominal attribut du sujet.**

1 Souligne les attributs du sujet et encadre les verbes d'état.

Mario est un petit lièvre. – Loïc devient un champion en orthographe. – Le maître est un homme instruit.

2 Complète la phrase avec un attribut du sujet.

Lyon est … – Le Rhône est … – Le Mistral est … – Le Tour de France est … – L'Airbus est … – Le TGV est … – Toulon est … .

3 Même exercice.

Pasteur était … – Victor Hugo fut … – Pinocchio est … – Le vent devient … – Cette escalade semble … – Ce château paraît … .

4 Dans les phrases suivantes, remplace chaque groupe de mots en italique par un adjectif qualificatif.

Le champion français paraît *le coureur le plus rapide*. – Cette forêt est *une zone préservée*. – L'Etna demeure *un volcan en activité*. – L'Everest est *une très haute montagne*.

5 Complète à l'aide d'un verbe introduisant un COD ou une autre suite essentielle à la phrase. N'emploie pas plusieurs fois le même verbe. Indique entre parenthèses quand il s'agit d'un COD.

Ce chien … redoutable. – Chaque jour, Irène … l'autocar. – Le film … intéressant. – Un jour, Mohamed … journaliste. – Tous les matins, le facteur … le courrier. – Chaque hiver, les petits oiseaux … malheureux.

6 Souligne en bleu les adjectifs qui sont essentiels à la construction de la phrase.

Les grands champions sont rares. – Mon petit frère devient de plus en plus bavard. – Cette grosse corde me paraissait assez solide. – Les magnifiques fleurs rouges ornaient le grand balcon. – Avec cette forte chaleur, l'eau semblait froide. – Le vent violent courbait les hauts peupliers. – Mon jeune cousin est étranger. – Tu lis ton journal favori. – L'épais brouillard cache la grande entrée du château.

7 Fais deux colonnes : 1 – les compléments d'objet direct ; 2 – les attributs du sujet.

Le ciel devient menaçant. – La pluie frappe les vitres. – Cette femme est un grand peintre. – Maman demeure inquiète. – Le champion remporte une grande victoire. – Tu as l'air content. – La vue est magnifique.

J'écris

1 Imagine en quelques phrases une suite au texte de la page 100 *Le champion*.
Ton texte devra comporter deux groupes nominaux compléments d'objet direct et deux attributs du sujet.

2 Une petite tornade vient de traverser le village (arbres abattus, toitures envolées, voitures endommagées, coulées de boue…). Écris un court paragraphe pour raconter ce que tu vois.
Ton texte devra comporter deux verbes d'état.

3 En quelques phrases et en utilisant les verbes *être*, *sembler*, *paraître*, *avoir l'air*, décris le personnage ci-dessous.

De la phrase au texte
Le rappel d'un nom (1) : le pronom personnel

■ Au début de la deuxième phrase, quel est le mot qui renvoie au mot *sœurs*, et qui permet d'en éviter la répétition ?

■ Dans la phrase suivante, quels sont les mots qui renvoient à ces mêmes *sœurs* ?

■ Trouve dans les autres phrases du texte des mots de rappel comparables.

Cendrillon

Alors ses deux sœurs la reconnurent pour la belle personne qu'elles avaient vue au bal. Elles se jetèrent à ses pieds pour lui demander pardon de tous les mauvais traitements qu'elles lui avaient fait souffrir. Cendrillon les releva, et leur dit, en les embrassant, qu'elle leur pardonnait de bon cœur, et qu'elle les priait de l'aimer bien toujours. On la mena chez le jeune prince, parée comme elle était. Il la trouva encore plus belle que jamais ; et, peu de jours après, il l'épousa. Cendrillon, qui était aussi bonne que belle, fit loger ses deux sœurs au palais, et les maria, dès le jour même, à deux grands seigneurs de la cour.

Charles Perrault, « Cendrillon » dans *Contes de ma mère l'Oye*.

JE RETIENS

■ Dans un texte, **on évite en général de répéter un même nom** pour désigner le même être ou la même chose, tout en veillant à assurer la clarté et la cohérence du texte.

■ **Pour cela, on peut utiliser à la place du nom un pronom.**

Ses deux sœurs la reconnurent. ***Elles*** *se jetèrent à ses pieds.*

■ *Pronom* signifie : *à la place du nom*. Il s'agit le plus souvent d'un pronom personnel : *il, elle, ils, elles, les, leur*… qui peut être **sujet ou complément**.

Cendrillon ***les*** *releva, et* ***leur*** *dit… On* ***la*** *mena chez le jeune prince, parée comme* ***elle*** *était.*

1 Remplace les mots en italique, dans la seconde phrase, par un pronom personnel.

- De loin, les vaches me semblaient toutes pareilles. *Les vaches* portaient toutes des cloches de cuivre.
- Un taureau s'est avancé vers nous. *Le taureau* a gratté le sol avec son sabot, nerveusement.
- Notre chien s'est jeté au-devant de l'énorme bête en aboyant. *Notre chien* a tellement harcelé *l'énorme bête* qu'elle a fini par s'enfuir.

2 **Complète le texte qui suit par les pronoms personnels qui conviennent.**

Ali Baba entra dans la grotte. Dès qu'(...) y fut entré, la porte se referma. Mais cela ne (...)inquiéta pas. (...) connaissait le secret pour qu'(...) puisse s'ouvrir.

3 **Même exercice.**

Un cyclone s'approche des États-Unis. (...) ravage tout sur son passage. Les vagues rompent les digues. (...) envahissent les rues des villes. Les habitants fuient. (...) abandonnent leurs maisons à la fureur de la mer. Que deviendront-(...) loin de leurs demeures ?

4 **Écris au pluriel les noms en italique et accorde les verbes comme il convient. Puis corrige la forme du pronom personnel entouré qui suit.**

La lumière s'est éteinte brusquement. Il a fallu attendre plusieurs minutes avant qu'elle ne se rallume. – Une forte vague s'est formée au loin. Puis nous l'avons vue se diriger très rapidement vers le rivage. – Un baigneur était resté sur la plage. Les moniteurs lui ont donné l'ordre de rentrer très vite.

5 **Recopie le texte puis souligne les pronoms personnels et encadre les mots auxquels ils renvoient.**

Les grands singes sont une espèce animale en péril. Ils vivent dans les forêts d'Afrique. Mais les hommes les explorent pour chercher du bois à brûler. Elles disparaissent ainsi peu à peu. Les gorilles les abandonnent. Mais ils deviennent vite la proie des chasseurs.

6 **Même exercice.**

La mer

Je courais après elle, elle courait après moi, tous deux on faisait ce qu'on voulait. C'était comme dans les contes de fée : elle changeait les gens. À peine arrivés, ils n'avaient plus la même couleur, ni la même façon de parler. Ils étaient remis tout de suite à neuf, on aurait dit des autres.

Jacques Prévert.

7 **Imagine une réponse (en une phrase complète) aux questions suivantes. Emploie un pronom personnel pour renvoyer au nom souligné.**

Où as-tu rangé ta montre ? – Quel cadeau offriras-tu à ta mère pour son anniversaire ? – Est-ce que notre classe partira en voyage cette année ? – Avez-vous cru Jérémy et Jules quand ils vous ont raconté cette histoire stupide ?

J'écris

1 **Découpe, dans un journal, une publicité ou un court article. Colle ce découpage sur ton cahier. Souligne les pronoms personnels puis encadre les mots auxquels ils renvoient.**

2 **Il s'est produit cette nuit un incident bizarre. Un bruit t'a réveillé. Tu es allé à la fenêtre. Raconte, en employant d'une phrase à l'autre, des pronoms personnels.**

Le présent de l'indicatif des verbes du 3e groupe (1)

- À quel temps le texte est-il écrit ?
- Relève tous les verbes du 3e groupe.
- Comment les reconnaît-on ?
- À quelles personnes sont-ils écrits ici ?
- Quelles remarques peux-tu faire sur leurs terminaisons ?
- Choisis un de ces verbes et conjugue-le entièrement au présent.

Dans la cage aux fauves

Tous les tigres, déjà descendus de leurs tabourets, tournent autour de moi. Je sens venir l'ouragan... Brahma, effrayé, fait un bond en haut de la cage... Je cours après elle, m'agrippe par une main à sa queue et l'oblige à retomber lourdement dans l'arène. Elle se met à galoper en rond, furieuse, affolée. Les deux tigres profitent du répit pour s'accrocher de nouveau. J'interviens pour les séparer. Au moment où, pour la troisième fois, je viens d'y parvenir, je me sens soudain saisi en arrière par la cuisse.

D'après Alfred Court, *La Cage aux fauves* © D.R.

JE RETIENS

- Au présent de l'indicatif, la plupart des verbes du 3e groupe se terminent à l'écrit par **-s**, **-s**, **-t**, **-ons**, **-ez**, **-ent**.

sentir		***courir***	
*je sen**s***	*nous sent**ons***	*je cour**s***	*nous cour**ons***
*tu sen**s***	*vous sent**ez***	*tu cour**s***	*vous cour**ez***
*il/elle sen**t***	*ils/elles sent**ent***	*il/elle cour**t***	*ils/elles cour**ent***

- Les verbes en **-tre** : ***battre***, ***mettre***... se terminent au singulier par **-ts**, **-ts**, **-t**.

mettre	
*je me**ts***	*nous mett**ons***
*tu me**ts***	*vous mett**ez***
*il/elle me**t***	*ils/elles mett**ent***

1 Indique l'infinitif et le groupe de chacun des verbes suivants.

je sais – il tient – nous sortons – je saisis – tu conduis – je vois – il dort – il finit – vous connaissez – ils combattent.

2 Écris les trois personnes du singulier des verbes suivants.

sortir – lire – partir – dire – savoir – paraître – permettre – battre – boire – taire.

3 Écris la terminaison qui convient au présent de l'indicatif.

Il oubli... son livre. – Il rempli... son verre. – Il poursui... le voleur. – Il aboi... souvent. – Il revoi... son ami. – Il nettoi... sa maison.

4 Écris les phrases suivantes au présent de l'indicatif.

Amina dormait tous les dimanches jusqu'à dix heures. – Auriane vivait à la campagne. – Nous suivions ses conseils. – Nous avons parcouru cette longue distance.

Le présent de l'indicatif des verbes du 3e groupe (2)

- Relève tous les verbes du 3e groupe.
- Quelles remarques peux-tu faire sur leur terminaison à l'infinitif ?
- À quel temps, à quelles personnes sont-ils écrits ?
- *L'orage me surprend. La barque perd de la vitesse.* Quelle remarque peux-tu faire sur la terminaison des verbes de ces deux phrases ?

L'orage

Je suis au milieu du lac lorsque l'orage me surprend. Le ciel se déchire. À la pointe de l'île, les arbres se tordent sous les rafales de vent. La surface de l'eau se gonfle et la barque perd rapidement de la vitesse. La pluie cingle mon visage. Je crains de ne pouvoir rejoindre le rivage avant la nuit.

JE RETIENS

- Au présent de l'indicatif, **les verbes du 3e groupe en -dre** se terminent généralement à l'écrit par **-ds, -ds, -d, -ons, -ez, -ent.**

prendre		***coudre***	
*je pren**ds***	*nous pren**ons***	*je cou**ds***	*nous cous**ons***
*tu pren**ds***	*vous pren**ez***	*tu cou**ds***	*vous cous**ez***
*il/elle pren**d***	*ils/elles prenn**ent***	*il/elle cou**d***	*ils/elles cous**ent***

- Exception : **Les verbes en -aindre ou en -eindre et les verbes en -oindre** perdent leur **d** au singulier et suivent la règle de ***courir*** : **-s, -s, -t.**

Je crains, tu peins, il rejoint.

1 Écris ces verbes au présent de l'indicatif.

Tu *(attendre)* le train. – Le bûcheron *(fendre)* les bûches. – Samia *(vendre)* sa voiture. – Je *(coudre)* un bouton. – Il *(tondre)* le gazon. – On *(suspendre)* la partie. – Vous *(rendre)* la monnaie. – Elles *(tordre)* le linge.

2 Écris les trois personnes du singulier des verbes suivants.

teindre – joindre – craindre – peindre.

3 Pour chaque verbe, écris s'il se conjugue comme *prendre* ou comme *peindre*.

confondre – déteindre – comprendre – disjoindre – enfreindre – défendre.

Écris ces verbes aux trois personnes du pluriel du présent de l'indicatif.

Le présent de l'indicatif des verbes du 3e groupe (3)

■ Relève les huit verbes du 3e groupe du texte.

■ *Tu veux nous faire découvrir ?* Quelle remarque peux-tu faire sur la terminaison de ce verbe *(veux)* ? Écris ce verbe à la 1re personne du pluriel. Que remarques-tu ? Fais la même chose avec *pouvoir*.

Un curieux animal

– On dirait un chien qui ronge son os, continue Bouboule.
– Tu veux nous faire découvrir ? Vas-tu te taire à la fin ?
L'animal-chose n'a pas bougé.
– Tu vois bien qu'il n'entend rien.
– Il est peut-être sourd.

Dans son excitation, Bouboule a monté le ton. Je le pince un bon coup. Pourtant l'animal-chose ne réagit pas. Toujours penché sur l'objet sombre, il mange, mange avec application et sans répit, comme si rien d'autre autour de lui n'existait.

Jacqueline et Claude Held, *L'Inconnu des herbes rouges* © Bordas.

JE RETIENS

■ Au présent de l'indicatif, les verbes ***pouvoir*** et ***vouloir*** se terminent à l'écrit par **-x**, **-x**, **-t**, **-ons**, **-ez**, **-ent**.

pouvoir		***vouloir***	
*je peu**x***	*nous pouv**ons***	*je veu**x***	*nous voul**ons***
*tu peu**x***	*vous pouv**ez***	*tu veu**x***	*vous voul**ez***
*il/elle peu**t***	*ils/elles peuv**ent***	*il/elle veu**t***	*ils/elles veul**ent***

■ Un verbe est **irrégulier** lorsque **son radical varie en cours de conjugaison.**
Pouvoir, vouloir, aller, venir, faire, dire, voir… sont des verbes irréguliers.
***Aller** : je vais, nous allons, ils vont* – ***Venir** : je viens, nous venons* – ***Faire** : je fais, vous faites, elles font.*

1 **Indique l'infinitif de chacun des verbes suivants.**
nous sommes – vous dites – ils peuvent – vous êtes – elles veulent – vous faites – elles vont – nous voyons – ils disent – tu viens.

2 **Écris les trois personnes du singulier du présent de l'indicatif de ces verbes.**
aller – venir – vouloir – dire – faire.

3 **Écris les trois personnes du pluriel du présent de l'indicatif de ces verbes.**
faire – dire – voir – écrire – coudre.

4 **Complète les phrases comme il convient. Conjugue les verbes au présent de l'indicatif.**
Moi, … *(faire du sport)*. – Eux, … *(ne pas vouloir courir)*. – Toi, … *(aller à la piscine)*. – Julien et moi, … *(faire du vélo)*. – Lui, … *(dire qu'il n'a pas le temps)*. – Toi, Sandra et Solal, … *(faire du tennis)*.

5 **Écris les phrases suivantes aux personnes du singulier correspondantes.**
Ex. : Nous allons partir en vacances. → *Je vais partir en vacances.*
Où allez-vous ? – Que disent-ils ? – Vous ne faites pas de sport. – Pouvons-nous venir ? – Ils ne veulent pas les accompagner.

Le présent de l'indicatif des verbes du 3e groupe (4)

■ À quel temps, à quelle personne sont écrits les verbes du texte ?

■ Quel est le seul verbe qui n'appartient pas au 1er groupe ?

■ Quelle remarque peux-tu faire sur sa terminaison ?

■ Écris à la 3e personne du singulier : *cueillir une fleur et l'offrir.*

Le chat

D'abord il renifle, gronde sourdement, écarte ses griffes, étire ses pattes ; puis il se lève, dresse la tête, secoue sa crinière, ouvre une gueule immense et pousse un formidable rugissement.

JE RETIENS

■ Au présent de l'indicatif, les verbes ***ouvrir***, ***offrir***, ***cueillir***, ***souffrir***, qui appartiennent au 3e groupe, se conjuguent comme les verbes du 1er groupe. Ils se terminent à l'écrit par **-e**, **-es**, **-e**, **-ons**, **-ez**, **-ent**.

ouvrir → *j'ouvr**e**, tu ouvr**es**, il ouvr**e**, nous ouvr**ons**, vous ouvr**ez**, ils ouvr**ent**.*

1 Écris le pronom qui convient.

… accueille … allez … veulent
… venons … peut … cousent
… souffrent … offres … cueillez

2 Écris la terminaison qui convient.

Tu sor… Nous fais… Tu cri…
Je vien… Tu envoi… Tu souffr…
Il cueill… Je compren… Il surg…
Il veu… Tu peu… Vous di…

3 Écris les phrases au présent de l'indicatif.

Je *(ouvrir)* la porte. – Le chat *(bondir)* sur la souris. – Nous *(offrir)* à Léa un cadeau pour la remercier. – Les malades *(souffrir)* sur leur lit d'hôpital. – Il *(accueillir)* un invité.

4 Écris les phrases suivantes aux personnes du pluriel correspondantes.

Je cueille des tulipes. – Tu offres cette gerbe. – Tu découvres ton cadeau. – Je la couvre de baisers. – Cette personne souffre de la chaleur. – Il ouvre la fenêtre. – Il recouvre la mémoire.

5 Recopie cette liste de verbes. Souligne ceux qui se conjuguent comme les verbes du 1er groupe.

mettre – offrir – coudre – pouvoir – prendre – souffrir – mordre – ouvrir – sortir – plaindre.

Fais une phrase avec chaque verbe souligné.

L'imparfait de l'indicatif et son emploi

■ À quelle époque se passent les actions exprimées par ces verbes : passé, présent futur ?

■ À quels groupes, à quels temps, à quelles personnes appartiennent les verbes conjugués du texte ?

■ Quelles remarques peux-tu faire sur les terminaisons des verbes conjugués des cinq premières lignes du texte ? À l'oral ? À l'écrit ?

Avant tout, lire, lire...

Je lisais partout où je me trouvais, en me levant, dans la cuisine et pendant les récréations. J'avais un instituteur, ça le rendait malade de me voir lire pendant que les autres enfants jouaient, ça le mettait dans tous ses états. Il s'approchait de moi, il venait par-derrière et il m'arrachait le livre des mains, disant : « Allez, va jouer avec les autres, t'as bien le temps de lire plus tard. »

Moi je pleurais, je trépignais, je réclamais mon livre...

Émilie Carles, *Une soupe aux herbes sauvages* © Robert Laffont.

JE RETIENS

■ **L'imparfait de l'indicatif** est **un temps passé** que l'on **utilise souvent dans un récit.**

*Autrefois, on **organisait** des veillées.*

■ Il indique généralement **une action qui a duré ou qui s'est répétée dans le passé**, sans limites définies.

*Je **lisais** partout où je me **trouvais**.*

■ À l'imparfait de l'indicatif, tous les verbes ont la même terminaison : **-ais**, **-ais**, **-ait**, **-ions**, **-iez**, **-aient**.

être	**avoir**	**aller**
*j'ét**ais***	*j'av**ais***	*j'all**ais***
*tu ét**ais***	*tu av**ais***	*tu all**ais***
*il/elle ét**ait***	*il/elle av**ait***	*il/elle all**ait***
*nous ét**ions***	*nous av**ions***	*nous all**ions***
*vous ét**iez***	*vous av**iez***	*vous all**iez***
*ils/elles ét**aient***	*ils/elles av**aient***	*ils/elles all**aient***

***Saluer** : je salu**ais**, nous salu**ions** – **Finir** : je finiss**ais**, nous finiss**ions** – **Savoir** : je sav**ais**, nous sav**ions**.*
***Plier** : je pli**ais**, nous pli**ions** – **Nettoyer** : je nettoy**ais**, nous nettoy**ions**.*

1 **Complète avec un pronom qui convient. N'emploie pas deux fois le même !**

... écrivais. – ... lisions. – ... allais. – ... allaient. – ... franchissait. – ... veniez. – ... offraient. – ... faisait.

2 **Complète avec les pronoms qui conviennent.**

... écrivions chaque soir et ... croyaient que ... dormions. – ... croyait à l'histoire que ... lisions. – ... croyions que ... écriviez pour que ... vous lisions.

3 Complète avec le verbe *avoir* ou *être* à l'imparfait.

Il … des traits comiques. – Ses yeux … rieurs. – Vous … impatients de le connaître. – Tu … une belle robe. – Elle … de couleur claire. – Nous … en retard. – Ils … un train à prendre. – Ses valises … prêtes. – On … heureux de vous voir. – Nous … envie de venir. – Vous … bonne mine. – Tu n'… pas terminé ta lettre. – Elle … dans la file d'attente.

4 Complète les verbes à l'imparfait.

Tu les écout… – Elles le reten… – Nous l'appren… – Vous le lui apport… – On les leur donn… – Il la lui expliqu… – Tu le sav… – Ils la finiss… – Nous les attend… – Je les craign… .

5 Complète les verbes à l'imparfait.

Chaque soir, il aid…. son père à faire la cuisine. – Nous écout… les informations du jour. – À neuf heures, tu couch… ta petite sœur. – Vous, les plus grands, vous en profit… pour lire un peu. – Je souhait… que la soirée dure longtemps.

6 Même exercice.

Les crocus fleur… toujours en mars. – Le jardinier garn… les plates-bandes de fleurs multicolores. – Nous empl… nos paniers de fruits mûrs. – Je fir… d'arracher les mauvaises herbes. – Dans l'allée boueuse vous sal… vos chaussures.

7 Complète à l'imparfait avec un verbe qui convient.

Cette voiture … beaucoup d'essence. – De nombreux touristes … la tour Eiffel. – Chaque jour, le boulanger … du pain. – Tous les matins, vous … le train de huit heures. – Les enfants … une cabane dans le jardin. – Elle … des fleurs à son père pour son anniversaire.

8 Écris les phrases suivantes à l'imparfait.

Il franchit rapidement la distance. – A-t-il peur ? – Est-il toujours anxieux ? – Ce qu'ils disent est la vérité. – Il veut savoir ce qui se passe là-bas.

9 Complète les verbes à l'imparfait.

Vous envoy… – Vous peign… – Nous bâill… – Vous pli… – Nous copi… – Nous appuy… – Nous étudi… – Vous vous baign… .

10 Indique le temps, présent ou imparfait, de chaque phrase.

Nous expédions un colis. (…) – Vous saigniez du nez. (…) – Vous essuyiez la vaisselle. (…) – Nous cueillions des fruits. (…) – Vous voyez bien avec ces lunettes. (…). – Vous riiez aux éclats. (…)

11 Écris les phrases au présent de l'indicatif.

Nous revoyions ces amis. – Appréciiez-vous les plats épicés ? – Nous n'essayions pas de lui expliquer. – Nous prononcions bien. – Nous fuyions à toutes jambes. – Vous fouilliez partout.

12 Écris les phrases à l'imparfait.

Nous écoutons vos conseils. – Vous vous méfiez de lui. – Vous voyagez en avion. – Nous essayons de comprendre. – Nous apprécions votre gentillesse. – Vous feuilletez le journal.

ASPIRATEUR

Le médecin me fait entrer dans son cabinet, m'invite à m'asseoir.

– Alors ? demande-t-il en me regardant par-dessus ses lunettes cerclées.

– Voilà, docteur, depuis une semaine Léopold n'avale plus rien.

Je désigne l'aspirateur que je tiens sur mes genoux. (J'ai appelé mon aspirateur Léopold, en souvenir d'un grand-oncle.)

– Même pas une miette ?

– Non, docteur. Pas une miette.

Il se prend la tête dans les mains, réfléchit un moment. Le cas paraît lui poser un problème et son hésitation renforce mon inquiétude. Je crains que Léopold ne couve quelque chose de grave.

– Eh bien, je vais l'ausculter, finit-il par dire.

Il prend l'aspirateur, le dépose sur le bureau et colle son stéthoscope près du moteur. Ensuite il lui demande de tousser et termine par un examen de l'orifice. L'attente du diagnostic me semble interminable.

Enfin il va se rasseoir. Je prends Léopold dans mes bras.

– Je pense qu'il va falloir ouvrir, dit le médecin avec gravité.

Je pâlis. Ouvrir ? Il y va fort ! Conscient de mon trouble, il s'efforce de me rassurer.

– Bien sûr, nous ferons une anesthésie. Il ne sentira rien.

Je balbutie :

– Est-ce bien nécessaire ?

– Il le faut.

– Alors vous allez ouvrir ?

Il me regarde, étonné, et demande :

– Pourquoi irais-je ouvrir ? Quelqu'un a sonné ? C'est étrange, je n'ai rien entendu.

Et il rit de sa plaisanterie.

Son humour me rassure. Un médecin aussi drôle ne peut pas être totalement mauvais. Je me détends un peu.

– Pour en revenir à l'aspirateur, reprend-il, c'est, à n'en pas douter, une affaire de filtre. Un encrassement, sans doute. Peut-être une obstruction. [...] Je vais l'hospitaliser pour des examens.

Je me rends à ses raisons.

Léopold a été admis hier à l'hôpital. Demain je saurai si on ouvre ou si on n'ouvre pas. En attendant, je vis dans l'angoisse.

J'envie les gens qui n'ont qu'un balai. Ils se plaignent, mais ils ne connaissent pas leur bonheur.

Claude Bourgeyx, *Le Fil à retordre* © Nathan.

As-tu bien compris ?

- Où se passe cette histoire ? Qui la raconte ? Qui est malade ?
- À ton avis, s'agit-il d'une histoire vraie ? Explique pourquoi.

J'observe

J'AI DÉJÀ APPRIS...

1 **Dans un groupe nominal, les déterminants et les adjectifs s'accordent avec le nom.**

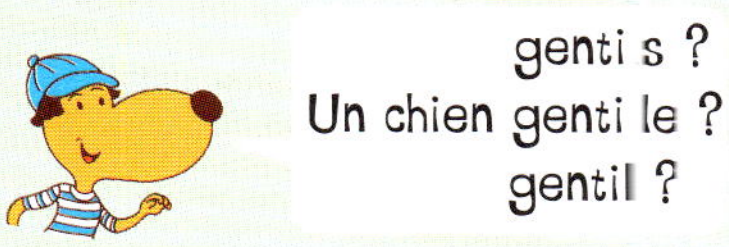

Unité 1, p. 112
Unité 2, p. 114
Unité 3, p. 116

1 **Quand un mot a plusieurs sens, on peut s'aider des autres mots de la phrase ou des autres phrases du texte pour le comprendre.**

Unité 1, p. 118

2 **Les synonymes sont des mots qui ont le même sens ou un sens proche.**

Unité 4, p. 121

4 **Certains contraires se forment avec des préfixes.**

Unité 5, p. 122

ORTHOGRAPHE

1 **Observe ces deux groupes nominaux :**

1. un cabinet médical 2. une trousse médicale

Pourquoi l'orthographe de l'adjectif *médical* a-t-elle changé dans le second groupe nominal ?
Que se passe-t-il si l'on remplace dans chaque groupe nominal les déterminants *une* et *un* par *des* ?
Dans le second groupe nominal, entends-tu les marques du pluriel à l'oral ?

2 **Cherche les deux verbes de cette phrase. Quel est leur sujet ?**

Le docteur prend l'aspirateur malade, le dépose sur le bureau.

Recopie cette seconde phrase en la complétant avec l'adjectif *malade* et le verbe *déposer* écrits correctement.

Le docteur prend les aspirateurs ..., les ... sur le bureau.

Explique l'orthographe que tu as choisie pour écrire l'adjectif et le verbe.

VOCABULAIRE

1 **Relis le texte de la ligne 16 à la ligne 27.**

Lorsque le médecin dit : *Je pense qu'il va falloir ouvrir*, que signifie le verbe *ouvrir* ? Par quel autre verbe peut-on le remplacer ?

Qu'est-ce qui t'a permis de comprendre le sens de ce verbe : les autres mots de la phrase ou le début du texte ?

À la ligne 25, que signifie cette fois le verbe *ouvrir* ? À ton avis, est-ce que le propriétaire de l'aspirateur voulait que le médecin ouvre la porte quand il lui a dit : *Alors vous allez ouvrir ?* (ligne 23) ?

2 **Retrouve les synonymes de ces adjectifs dans le texte (lignes 20 à 29).**

amusant – méchant – utile – bizarre – surpris.

3 **Quel est le synonyme du verbe *avaler* dans cette phrase du texte : *manger* ou *aspirer* ?**

Voilà, docteur, depuis une semaine Léopold n'avale plus rien.

Si Léopold était une personne, lequel des deux mots serait le synonyme d'*avaler* ?

4 **Voici deux mots du texte et leur contraire :**

colle – décolle possible – impossible

Comment a-t-on formé le contraire de chacun de ces mots ?
Cherche d'autres mots dont le contraire se forme de la même façon.

L'accord en genre au sein du groupe nominal

■ De quoi sont constitués les groupes nominaux suivants ?
La taille moyenne.
Le nez fort.
Dans chaque cas, quel est le genre du déterminant, du nom et de l'adjectif ?

■ Échange les noms de chaque groupe. Que remarques-tu ? Les déterminants et les adjectifs ont-ils changé ? Écris ces nouveaux groupes nominaux.

■ Explique les accords :
La bouche arquée.
Le cheveu court.

Signalement

Paraît trente-cinq ans. Taille moyenne. Les épaules fortes. Visage presque rectangulaire. Les yeux sombres et droits, mais les mâchoires saillantes. Le nez fort est régulier. Cheveux noirs coupés très courts. La bouche arquée avec des lèvres pleines et presque toujours serrées. Il a un peu l'air d'un paysan sicilien avec sa peau cuite, son poil noir et ses vêtements de teintes toujours foncées, mais qui lui vont bien.

Il marche vite. Il descend les trottoirs sans changer d'allure, mais deux fois sur trois remonte sur le trottoir opposé en faisant un léger saut. Il est distrait au volant de son auto et laisse souvent ses flèches de direction levées, même après qu'il a effectué son tournant. Toujours nu-tête. L'air renseigné.

Albert Camus, *La Peste* © Gallimard.

JE RETIENS

■ Au sein du groupe nominal, **tous les éléments (déterminant, nom, adjectif) ont le même genre**, masculin ou féminin.

■ C'est **le nom** qui donne son genre au GN : *une petite fille – un grand garçon*.

■ Le plus souvent **les adjectifs qualificatifs forment leur féminin en ajoutant un *e* au masculin.**
grand – grande ; patient – patiente.

■ Le tableau de la page 218 rappelle les différentes marques du féminin.

1 Écris un déterminant qui convient devant chaque GN. Essaie de varier.

… petite chaise – … beaux pantalons – … cliente indécise – … gros effort – … invité agréable – … enfant polie – … personne sévère – … nouvelle montre.

2 Écris au masculin.

ma gentille maîtresse – une belle chatte – la bonne gardienne – une infirmière courageuse – une spectatrice captivée – l'excellente nageuse – une vieille tante – une vieille jument.

3 Écris au féminin.

l'acteur débutant – le frère de Louis – mon ami préféré – un petit chien – le serveur attentionné – un passager inquiet – ce vacancier bronzé – mon ancien ami.

4 Même exercice.

un instituteur âgé – un artiste célèbre – un touriste aimable – un boulanger serviable – un homme étranger – un camarade généreux – un homme brutal – un enfant fragile.

5 Relève les groupes nominaux qui ne peuvent pas changer de genre.

ce duc – un nageur – la clé – le lion – ma gomme – une feuille – un poète.

6 Accorde les adjectifs qualificatifs.

Cette *(vieil…)* maison tombe en ruine. – La rue *(principal…)* s'anime chaque soir. – L'*(épais…)* moquette couvre les bruits. – La flèche *(pointu…)* de l'église domine le village. – Cette revue *(mensuel…)* m'intéresse.

7 Écris chaque adjectif à sa place et accorde-le.

haute – multicolore – grande – perçant – recourbé – rapide

Cet oiseau possède une … envergure, des yeux … , un bec … et des plumes … . De … pattes lui permettent une course … sur le sol.

8 Récris chaque phrase en changeant le genre.

Ce chat querelleur et voleur.
→ … chienne… et …
La fine glace délicieuse.
→ … … dessert …
Un perroquet bruyant et coloré.
→ … perruche … et …
Ma chemise blanche et ma cravate bleue.
→ … pantalon … et … pull …

9 Récris ce texte en changeant le genre des noms et des prénoms soulignés.

<u>La mère</u> de Marie est boulangère et <u>son père</u> caissier. <u>Le père</u> de Thibaud est vendeur et <u>sa mère</u> directrice commerciale. Plus tard, <u>Louis</u> voudrait être acteur comme <u>son père</u> et <u>Juliette</u> danseuse comme <u>sa cousine</u>.

10 Retrouve les quatre fautes d'accord du texte.

Margaret

Elle avait seize ans. Elle était très joli : des joues ronde au teint clair, de grands yeux, de beaux cheveux brun, une bouche douce et de belles mains blanches dont elle était assez fier.

Louisa May Alcott,
Les Quatre Filles du docteur March © Hachette.

DICTÉE

Lili

Lili pousse comme un champignon. Elle est rousse et, quand elle sourit, de délicieuses fossettes se creusent dans ses joues roses.

Elle habite au milieu d'une grande forêt, dans une petite maison de bois entourée d'un jardin rempli de fleurs.

Michèle Cornec-Utudji, *Lili et le loup* © Nathan.

Invente une suite en quelques lignes. Ton texte devra comporter deux adjectifs qualificatifs au féminin et deux adjectifs qualificatifs au masculin.

L'accord en nombre au sein du groupe nominal

■ Observe le groupe nominal (GN) suivant : *ses petits yeux ensanglantés*.
Écris son singulier.
Quels mots ont changé : à l'oral ? à l'écrit ?

■ Quel mot donne son nombre au GN ?

■ Change le nombre de chaque GN dans les deux premières phrases du texte.

Alerte

Brusquement, toutes les oreilles se dressaient, les têtes scrutaient l'inconnu. C'était rapide, sûr, avec un air de désordre : chevaux, onagres, mouflons, chevreuils, élans fuyaient par la passe du couchant, sous l'averse des rayons écarlates. Seul, le sanglier demeurait, ses petits yeux ensanglantés virant entre les soies des paupières. Et les loups parurent, de grande race, hauts sur pattes, la gueule solide, les yeux proches, et dont les regards jaunes, au lieu de s'éparpiller comme ceux des herbivores, fixaient la proie.

D'après J.-H. Rosny Aîné, *La Guerre du feu* © Hachette-Livre Jeunesse, 2002.

JE RETIENS

■ Dans le groupe nominal, **le déterminant, le nom et l'adjectif ont le même nombre : singulier ou pluriel.**

■ C'est **le nom** qui **donne son nombre** au groupe nominal : *un loup puissant – des loups puissants.*

■ À l'oral, les marques du nombre ne s'entendent pas toujours.

Reporte-toi au tableau qui résume le pluriel des noms et des adjectifs, page 218.

1 Écris un déterminant différent devant chaque GN.

… horde de loups – … chevaux effrayés – … gros nuage – … gros nuages – … gaz dangereux – … beau vitrail – … cailloux pointus – … solides verrous – … autoroute éclairée.

2 Écris les GN au singulier.

des sangliers brutaux – ces fauves redoutables – plusieurs ours gris – les chevaux trapus – ses travaux pénibles – d'énormes éboulis – deux rhinocéros furieux – leurs oiseaux bleus – des huttes abandonnées – ces expéditions lointaines – ces bois touffus – ces souvenirs merveilleux.

3 Même exercice.

ses petits yeux ensanglantés – les soies des paupières – les rayons écarlates – de vastes espaces herbus – des lions patients avec les jeunes lionceaux – des animaux sauvages peu agressifs.

4 Écris les groupes nominaux au pluriel.

un mouvement brutal – ce nouveau travail – un villageois heureux – l'ordre du président – un vieux canal – un journal illustré.

5 Même exercice.

mon meilleur ami – ce chemin sinueux – une barque étroite – la sorcière hideuse – cette extraordinaire cuisine – quelle belle région ! – quel bel oiseau ! – notre étrange rêve.

6 Récris chaque groupe nominal en changeant le nombre.

des objets originaux – une voix fraîche et pure – ce jeu brutal et dangereux – de magnifiques petites plumes rouges – un corps fin et musclé – mon émission télévisée préférée.

7 Écris les phrases en accordant les mots entre parenthèses.

– J'aime les (dessin) (animé) et les (film) (policier).
– Ces (voyage) étaient (fatigant) car ils étaient (long) et (pénible).
– Des puits (profond) alimentaient les (habitation) (environnant).
– À l'automne, (mouton et brebis) regagnaient les (village) des (vallée).
– (Pic, aiguille) formaient des (verrou) montagneux empêchant le passage.

8 Écris au singulier.

– Des cailloux pointus sont dans mes chaussures.
– Des souris se cachent sous les tapis.
– Les tribunaux jugent les malfaiteurs.
– Les coraux sont des êtres vivants très fragiles.

9 Écris les phrases en accordant les mots entre parenthèses.

– Dans les vieux (mur) des (château) nichent souvent des (hibou) (solitaire).
– Au soleil, les (vitrail) des (cathédrale) brillent de mille (feu).
– Pour faire de (bon) (potage), il faut de nombreux (légume), comme des (pomme de terre), des (chou), des (poireau), des (carotte) et des pois.
– Les (plat) (régional) sont souvent des (régal) (gastronomique).
– Les (bijou) (royal) (ancien) sont exposés dans les (musée) (national).
– Chaque été, des (récital) de piano se déroulent dans ces (lieu) (historique) merveilleux.

10 Trouve et écris l'intrus de chaque ligne. Explique ton choix.

a. des souris, des pays, des fourmis, des brebis, des colis.
b. des tas, des bas, des cas, des lamas, des pas.
c. un bal, un régal, un chacal, un bocal, un carnaval.
d. le verrou, le clou, le trou, le fou, le chou, le sou.
e. le travail, le vitrail, l'émail, l'éventail, le corail.

DICTÉE

Le gouffre

Au fond du gouffre de la « pierre », l'eau coulait dans l'ombre et la pénombre éternelles ; des arbres, terrassés par l'éboulis ou arrachés par leur propre poids, s'étalaient horizontalement sur l'abîme ; d'autres s'élevaient de la profondeur, minces, et d'une longueur excessive.

J.-H. Rosny Aîné, *La Guerre du feu*

L'accord en genre et en nombre au sein du groupe nominal

■ *Mon oiseau bleu.*
Ses ailes bleues.
À partir de ces deux exemples, rappelle l'accord en genre et en nombre au sein du GN.

■ Observe :
Des plumes jaune doré.
Des plumes et un ventre bleus.
Quelles remarques peux-tu faire ?

L'oiseau bleu

Mon oiseau bleu a le ventre tout bleu
Sa tête est d'un vert mordoré
Il a une tache noire sous la gorge
Ses ailes sont bleues avec des touffes de petites plumes jaune doré
Au bout de la queue il y a des traces de vermillon
Son dos est zébré de noir et de vert
Il a le bec noir, les pattes incarnates et deux petits yeux de jais
Il adore faire trempette, se nourrit de bananes et pousse un cri
Qui ressemble au sifflement d'un tout petit jet de vapeur
On le nomme le septicolore.

Blaise Cendrars, « L'oiseau bleu » in *Feuilles de route*

JE RETIENS

■ **Le déterminant et l'adjectif qualificatif s'accordent en genre et en nombre avec le nom** au sein du GN.

De magnifiques petites plumes bleues.

■ Lorsqu'un adjectif s'accorde avec **des noms de genres différents**, il s'écrit au **masculin pluriel**.

Un ventre et une plume bleus. – Un bec et des pattes noirs.

■ Les adjectifs exprimant la couleur restent invariables :
1. s'ils ont pour **origine des noms** → *des plumes orange, marron…*
sauf *rose, mauve* et *fauve*.
2. s'ils sont **composés** → *des plumes jaune doré, bleu clair.*

1 Indique le genre et le nombre (masc. sing., masc. plur., fém. sing., fém. plur.) de chaque GN.

du tissu jaune clair – ces perroquets bavards – des habits bleu foncé – des noix fraîches – l'ensemble coloré – un cours perfectionné – une robe rose – des écharpes mauves.

2 Accorde l'adjectif qualificatif comme il convient.

un paysage et un décor (changeant) – une place et une rue (animé) – un sanglier et un chevreuil (apeuré) – un blouson et un pull (léger) – une veste et une chemise (blanc) – une chienne et une chatte (craintif).

3 **Même exercice.**

un cerf et une biche (craintif) – une route et un sentier (ombragé) – un perroquet et une pie (bavard) – des pantalons et des jupes (sali) – une enquête et un journal (sérieux) – deux enfants (obéissant) – un air et un climat (frais) – une revue et un journal (régional).

4 **Récris les GN en tenant compte des indications données dans les parenthèses.**

de belles étoffes multicolores *(fém. sing.)* – un skieur débutant *(fém. plur.)* – un directeur ambitieux *(fém. plur.)* – un chat querelleur et voleur *(fém. plur.)* – un corail précieux *(masc. plur.)* – un danseur vif et léger *(fém. plur.)*

5 **Récris le texte en faisant les accords nécessaires.**

Les (éléphant)

(Massif), (puissant), ils se (déplace) sans dévier de leur route. Ces (géant) de la terre sont des (animal paisible). Leurs (rare colère) peuvent être (dangereux) parce qu'ils sont dotés d'une force (prodigieux). Leurs (long) (incisive) (supérieur), les défenses, leur (serve) d'armes.

6 **Accorde les adjectifs exprimant la couleur.**

des étoffes (bleu) – un pantalon et un tablier (bleu) – une robe et des chaussettes (bleu) – des feuilles (vert) – une fleur et une robe (rose) – des rideaux (orange) – un canapé et des fauteuils (marron) – de lourds tapis (rouge) – des décors (rouge foncé) – des eaux (bleu argent) – des volets (jaune paille).

7 **Récris le texte en faisant les accords nécessaires.**

Déguisements

Le costume de (fermier) de Claudine était (ravissant). Elle portait un tablier à (petit carreau rouge et bleu) et un foulard (noué) sur ses épaules. Ses (pied) étaient (chaussé) de (sabot) de bois (verni). Moi, le poussin, j'avais un pull-over (jaune) et, sur la tête, une sorte de coiffe en (papier rouge) qui représentait ma crête.

G. Pussey, *Fiston et Gros-Papa* © Nathan.

8 **Même exercice.**

Une cuisine de sorcière

L'enfant promena ses (regard) sur la salle (gigantesque). On eût dit une cuisine de sorcière ! Dans tous les (coin), il y avait des (marmite) en métal noir, fumant et bouillonnant sur de (grand) (fourneau), des (bouilloire) (sifflant) et des (poêle) à frire (ronronnant), d'(étrange) (machine) de fer qui crachotaient et claquetaient, et des (tuyau) qui couraient le long du plafond et des (mur), le tout enveloppé de fumée, de vapeurs, de (riche) et (délicieux) (parfum).

Roald Dahl, *Charlie et la chocolaterie* © Gallimard.

DICTÉE

Paysage

C'était une route blanche, bien tracée, pleine de virages, d'où l'on découvrait, à mesure que l'on s'élevait, la campagne silencieuse, avec ses terres brunes et fumantes d'hiver et, l'été, ses damiers verts et jaunes, quelquefois rouges, à cause des coquelicots, ou azurés par les innombrables petites étoiles des bleuets. L'automne habille ses forêts de couleurs jaune doré et marron clair.

Un mot peut avoir plusieurs sens

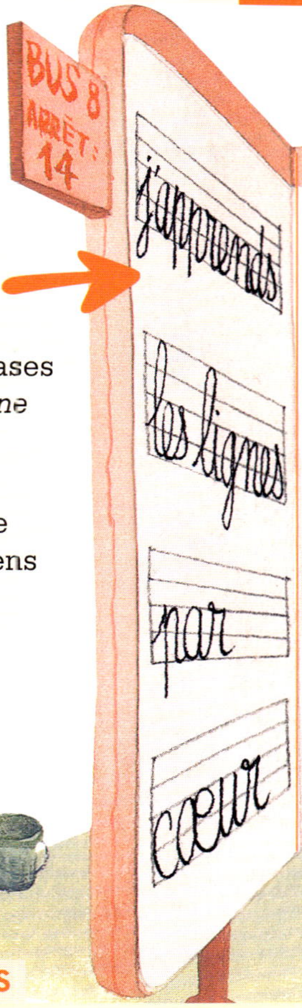

■ Lis cet extrait d'un dictionnaire.

■ Construis des phrases contenant le mot *ligne* employé dans ses différents sens.

■ Cherche un groupe de mots de même sens que l'expression : *garder la ligne*.

ligne nom fém.

1. *Marielle trace des lignes droites avec sa règle.* → des traits.
2. *Philippe doit apprendre par cœur les cinq premières lignes du texte.*
3. *La ligne d'autobus a quatorze arrêts.* → le trajet, le parcours que suit habituellement cet autobus.
4. *Le pêcheur ramène sa ligne en l'enroulant.* → le fil de sa canne à pêche.
5. *Le courant est conduit par des lignes électriques.* → des fils de liaison.

EXPRESSIONS

- **Lire dans les lignes de la main.** → prédire l'avenir d'une personne d'après les lignes de ses paumes.
- **La pêche à la ligne.** (Voir sens 4.)
- **Une ligne de conduite.** → une règle de vie ou d'action qu'on se fixe.

Frank Marchand, *Dictionnaire actif de l'École* © Nathan.

JE RETIENS

■ Un mot peut avoir **un seul sens**, comme *autobus*, ou **plusieurs sens**, comme *ligne*.

■ **Le dictionnaire** indique **le sens** ou **les sens** d'un mot.

1 **Choisis le sens qui convient au mot *ligne* dans chacune des phrases. Indique le numéro du sens d'après l'article de dictionnaire ci-dessus.**

Pour aller chez toi, quelle ligne de métro faut-il prendre ? (sens …) – Une équipe d'électriciens répare la ligne à haute tension. (sens …) – Aude n'a pas de règle, mais elle trace la ligne avec son crayon. (sens …) – Le poisson était trop lourd et la ligne a cassé. (sens …) – Lisez la première ligne du texte. (sens …) – Le vent a endommagé la ligne et les usagers n'ont plus de courant. (sens …)

2 **Classe ces noms en deux groupes : ceux qui n'ont qu'un seul sens et ceux qui ont plusieurs sens.**

mine – prairie – tableau – potier – lentille – stylo – perche – abeille – poste – marque.

3 **Écris le mot qui a ces quatre sens.**

1. Roméo scie la … pour en faire une étagère.
2. Le dictionnaire présente une magnifique … en couleurs sur les papillons.
3. Anne se maintient à la surface de l'eau, elle fait la … .
4. Le jardinier prépare cette … pour y semer des radis.

4 **Voici les trois sens d'un mot. Trouve et écris ce mot.**

Sens 1 : Partie d'une plante parcourue par des nervures.

Sens 2 : Morceau de papier sur lequel on écrit quelquefois.

Sens 3 : Mince plaque de métal, de bois ou de carton.

Le sens d'un mot d'après le contexte

échapper verbe	GRAMMAIRE
1. *Attention ! Le chien nous a échappé !* → il s'est sauvé. = s'enfuir. **2.** *Le vase m'a échappé des mains et s'est brisé sur le sol.* → il m'a glissé des mains. **3.** *Jean a échappé à de graves dangers.* → il a évité. **4.** *Encore un détail qui t'a échappé !* → que tu n'as pas remarqué. **5.** *Il a laissé échapper un cri de douleur.* → il n'a pas pu s'empêcher de crier. • **s'échapper**, v. *Le prisonnier s'est échappé de la tour.* → il s'est enfui.	Attention ! Il faut dire : *il **a échappé à** son maître.* EXPRESSIONS • **Tu l'as échappé belle !** → tu as échappé de justesse à un danger. (Le participe est invariable : *Elles l'ont échappé belle !*) • **Son nom m'échappe.** → je n'arrive pas à m'en souvenir.

Frank Marchand, *Dictionnaire actif de l'École* © Nathan.

JE RETIENS

■ **Lorsqu'un mot a plusieurs sens**, pour trouver de quel sens il s'agit, il faut bien comprendre **le contexte**, c'est-à-dire l'ensemble des mots qui l'accompagnent.

échapper → *s'enfuir* ou *glisser* ou *éviter*, etc.

1 **Choisis le sens qui convient au verbe *échapper* dans chacune des phrases. Indique le numéro du sens, d'après l'article de dictionnaire ci-dessus.**

Les verres ont échappé des mains du garçon de café. (sens …) – Le pilote a échappé à la mort en sautant de sa voiture en flammes. (sens …) – Je n'ai pas remarqué l'inscription sur la façade et ce détail m'a complètement échappé. (sens …) – Le buffet était si lourd qu'il leur a échappé. (sens …)

2 **Complète en t'aidant d'un dictionnaire.**

Les sens du verbe *frapper*.
– Frapper un camarade, c'est …
– Frapper à la porte, c'est …
– Frapper une lettre à l'ordinateur, c'est …

Le sens du mot *grain*.
– Dans l'épi : un grain de …
– Sur la plage : un grain de …
– Sur la grappe : un grain de …

3 **Pour chaque liste, complète avec le verbe qui convient.**

• Le chauffeur … le car devant l'école. – Ce matin, la police a … le coupable.
• Leslie sait … jusqu'à cent. – Ce village … plus de cinq cents habitants.

4 **Écris le sens du mot *fauve* dans chacune de ces phrases. Aide-toi d'un dictionnaire.**

a. L'écureuil est un petit animal à la queue en panache et au pelage roux ou fauve.
b. Le lion est un grand fauve qui vit dans la savane d'Afrique.

5 **Essaie de trouver dans quel sens est employé *suis* à chaque fois.**

Suivez le guide !

Le guide : Suivez le guide !
Un touriste : Je suis le guide.
Son chien : Je suis mon maître […]
Le guide : Suivez le guide. Moi, je ne suis pas le guide, puisque je suis le guide.

Jacques Prévert, « Suivez le guide ! » dans *Fatras* © Gallimard.

Sens propre et sens figuré

■ Dans les images 2 et 3, à quoi vois-tu qu'*il y a de l'orage dans l'air* ?

Les 7 boules de cristal © Hergé/Moulinsart, 2005.

JE RETIENS

■ Dans l'image 2, les nuages, le vent, la pluie arrivent.
L'expression *Il y a de l'orage dans l'air* est employée **au sens propre**.
■ Dans l'image 3, il va y avoir une dispute entre le chat et Milou le chien.
L'expression *Il y a de l'orage dans l'air* est employée **au sens figuré**.

1 Dans les phrases suivantes, indique si le mot en italique est employé au sens propre ou au sens figuré.

- La poule *couve* ses œufs dans la paille de la grange. (sens ...) – Cet enfant *couve* une grippe. (sens ...) – Le feu *couve* sous la cendre. (sens ...)
- Nous aurons des nouvelles *fraîches* de nos amis partis en vacances. (sens ...) – L'été, je préfère boire un verre d'eau *fraîche*. (sens ...) – En montagne les nuits sont *fraîches*. (sens ...)

2 Les noms d'animaux sont souvent utilisés dans des expressions de sens figuré. Complète avec les noms d'animaux suivants.

chat – chien – mule – crocodile – vipère – poule.

Elle est entêtée : c'est une tête de ... . – Il a peur, il est craintif : c'est une ... mouillée. – Elle fait semblant de pleurer : elle verse des larmes de ... . – Il est enroué : il a un ... dans la gorge. – Elle dit beaucoup de mal des autres : elle a une langue de ... . – Le temps est détestable : il fait un temps de ... .

3 Voici des expressions de sens figuré. Retrouve l'explication correspondant à chacune d'elles.

Expressions :

1. *Se creuser la tête.*
2. *Avoir les yeux plus gros que le ventre.*
3. *Il n'y a pas de fumée sans feu.*
4. *Mettre le feu aux poudres.*

Explications :

a. Prendre plus que l'on ne peut manger.
b. Faire éclater une affaire.
c. Réfléchir profondément.
d. Il y a une cause à tout événement.

Les mots synonymes

■ Cherche dans le texte deux mots qui ont le même sens que le mot *vieux*.

■ On parle d'un plongeur ou d'un … – d'un sous-marin ou d'un …

■ Le scaphandrier est pesant, ou …
Quel est le sens de *lourd* dans *un repas lourd*, *un sommeil lourd* ?

Le fond des mers

Les chercheurs de trésor commencent par se plonger dans les livres. Ils lisent de vieux manuscrits, d'anciens récits de bataille et consultent d'antiques cartes du fond des mers.

Après le scaphandrier lourd et maladroit, voici le plongeur, véritable homme-grenouille emportant sur son dos ses bouteilles de réserve d'air.

Des sous-marins d'exploration descendent au cœur des océans. Ces submersibles armés de projecteurs et de robots filment et arrachent des échantillons.

Bientôt des hommes vont habiter sous les vagues et loger dans des maisons d'un grand confort avec aquarium à l'extérieur.

D'après Pierre Avérous, *À la découverte du fond des mers* © Nathan.

JE RETIENS

■ **Plusieurs mots différents** peuvent avoir **le même sens** ou **des sens voisins** : ce sont **des synonymes.**
vieux → *ancien, antique* *habiter* → *loger*

■ Lorsque le mot a plusieurs sens (comme le mot *lourd*), il a plusieurs synonymes.

1 Remplace le mot *fort* par le synonyme qui convient.

robuste – aiguë – violent – sonore

Un homme fort. … – Une voix forte. … – Un vent fort. … – Une douleur forte. …

2 Réunis deux à deux les mots synonymes.

luire – beau – fouiller – enlever – joli – ridicule – extraire – chercher – briller – demander – réclamer – grotesque.

3 Retrouve l'intrus de chacune des listes suivantes.

- voguer – naviguer – se déplacer – couler.
- justesse – tristesse – précision – exactitude.
- irritation – colère – rage – sérénité.

4 Remplace le mot en italique par un synonyme.

Un masque lui protégeait la *figure* (le …). – Plus tard, Antonin voudrait être *matelot* (…). – Pour nous reposer, nous ferons une *halte* (un …, une …). – Notre chat regardait des *gamins* (…) s'amuser dans la rue. – En hiver nous mettons un *cache-nez* (une …).

J'écris

Les synonymes de *battre*

Écris trois phrases en utilisant des synonymes du verbe *battre* à partir des expressions suivantes.

battre des mains – battre une équipe – battre des œufs.

Les contraires ou antonymes

- Comment sont les doigts palmés de la loutre ? Comment sont ses membres ?
- Comment est son corps *(ce cylindre)* ? Comment est sa tête ?
- Comment la bête se comporte-t-elle, à terre ? Et quand elle nage ?
- Que peut-on dire de ces trois couples de mots ?
- Trouve dans le texte un couple de mots employés avec *soleil*.
- Trouve un couple de verbes indiquant ce que fait la loutre dans le courant.

La loutre

Il est difficile de surprendre une loutre au repos... Et ce gros cylindre, emmitouflé de brun, s'écrase sur des membres courts et tordus, terminés par des pattes aux longs doigts palmés, d'où s'échappent des ongles tranchants... Une petite tête osseuse, aplatie, percée, très à l'arrière, de deux yeux ronds et brillants, une queue pointue qui lui sert de gouvernail dans l'eau, complètent l'aspect de la bête, pataude à terre, merveilleusement agile quand elle nage, onduleuse et sans bruit...

Antonin, qui est un fin pêcheur et connaît tous les cours d'eau du pays, m'a certifié que du coucher au lever du soleil une loutre peut détruire une bonne centaine de kilos de poissons... Elle descend et remonte le courant d'une rivière sans se lasser.

Jean Taillemagre, *La Vie aux champs* © Stock.

JE RETIENS

- Pour dire **le contraire**, on peut employer **un mot de sens contraire**.

*La loutre est **agile**.*	→ *La loutre est **pataude**.*
descendre	→ ***monter***
*le **lever** du soleil*	→ *le **coucher** du soleil*

- Pour dire **le contraire**, on peut aussi :

– utiliser certains préfixes ;

*Marine est **prudente**.*	→ *Marine est **imprudente**.*
*Il est **honnête**.*	→ *Il est **malhonnête**.*

– changer la forme de la phrase.

*Le train **attend** le voyageur.*	→ *Le train **n'attend pas** le voyageur.*
*Le cycliste **est** prudent.*	→ *Le cycliste **n'est pas** prudent.*

1 Réunis les couples de mots contraires.

nouveau – perdre – mou – flâner – ancien – dynamique – intelligent – trouble – clair – gagner – stupide – se dépêcher – menaçant – minorité – rassurant – majorité.

2 Écris le contraire en utilisant les adjectifs.

foncé – trouble – obscure – confuse.

une pièce claire → ... – un costume clair → ... – une eau claire → ... – une réponse claire → ... .

3 Écris un mot contraire à chaque fois.

riche — Entrez ! — une arrivée
propre — Avancez ! — une descente
bon — Montez ! — la nuit
faux — Levez-vous ! — le début

4 Complète à l'aide d'un mot de sens contraire.

Le guide a appelé le groupe à voix haute, puis il a parlé au groupe à voix … – Hier, les températures étaient en hausse, aujourd'hui elles sont … – Tout le monde peut se promener dans un jardin public, mais il est défendu d'entrer dans un jardin … – Le médecin me permet de me lever mais il m'… de faire du sport. – Ne prenez pas cette menace à la légère, il faut la prendre … – L'aube est le moment où le soleil se …, le … est le moment où il se … .

5 Ces phrases donnent des renseignements faux. Récris-les correctement.

Le dauphin est un poisson. – Les élèves de CM1 vont à l'école le dimanche. – On peut fumer dans une salle de cinéma. – Traversez la voie ferrée. – Roulez à vive allure.

6 Écris le contraire.

Ex. : Émile est poli. Il n'est pas poli, il est impoli.

– Le programme est complet. Il …, il est …
– Le château est habité. Il …, il est …
– Il est juste ! Il …, il …
– Cette fleur a une odeur. Elle …, elle est …

7 Complète à l'aide de mots en *-able* formés à partir du verbe donné et d'un préfixe.

J'ai perdu ma clef, elle est … (trouver). – La machine est cassée, maintenant elle est … (utiliser). – C'est du solide, mon couteau est … (user). – Impossible d'aller plus loin : le torrent est … (franchir). – On n'arrive pas à chanter comme lui, il est … (imiter).

8 Complète à l'aide de mots en *-able*.

On ne peut casser ce carreau car il est … – Je ne puis expliquer l'accident, il est … – Paul ne craint pas la fatigue, c'est un marcheur … – On ne peut se passer d'une voiture : c'est un outil … – Depuis une semaine, la température ne varie pas : elle est … .

J'écris

J'écris le contraire.
Pour dire le contraire, change la forme des phrases : utilise la phrase négative, les préfixes *dé-*, *in-*, *im-*, *mal-*, *mé-* et les mots de sens contraire comme dans l'exemple.

	Dire le contraire…		
	avec la phrase négative	avec des préfixes	avec des mots contraires
Ton calcul est exact.	*Il n'est pas exact.*	*Il est inexact.*	*Il est faux.*
Son geste est adroit.	Il …	Il est …	Il est …
Le plan est précis.	Il …	Il est …	Il est …
Il est heureux.	Il …	Il est …	Il est …
Les étagères sont garnies.	Elles …	Elles sont …	Elles sont …
Elle est contente de partir.	Elle …	Elle est …	Elle est …

L'affiche publicitaire

■ Observe l'affiche publicitaire ci-contre. Quel produit présente-t-elle ?

■ Cette affiche te donne-t-elle envie d'acheter le CD ? Si oui, peux-tu expliquer pourquoi en t'appuyant sur l'image et le texte ?

JE RETIENS

■ Les affiches publicitaires ont pour **but de faire connaître et acheter des produits** (objets, vêtements, meubles…) au plus grand nombre de gens.

■ Pour atteindre son but, l'affiche publicitaire doit :
– **marquer la mémoire du lecteur** par sa formule courte, facile à retenir : **son slogan** ;
– **donner des arguments** pour que le lecteur ait envie et achète ce produit ;
– **attirer l'attention du public** sur le produit par le choix des images, des couleurs, des caractères d'imprimerie…

Pour réaliser une affiche publicitaire

↘ Grammaire pp. 10 et 12

UN SLOGAN

- Je dois tenir compte de la catégorie des personnes qui pourraient acheter mon produit. Selon leur âge, leur sexe ou leur métier, le message publicitaire ne sera pas le même.
- Je cherche à étonner ou à amuser le lecteur par une formule courte, facile à lire et à retenir.
- Je peux jouer avec les mots, faire des phrases avec ou sans verbe. Souvent, j'utilise une phrase exclamative.

DES ARGUMENTS

Je mets en avant, dans un court texte, les avantages du produit. Je vante sa qualité, son prix intéressant, son côté pratique, son bel aspect…

DES ILLUSTRATIONS

Je choisis une illustration ou une photo du produit qui le mette en valeur et qui attire le regard.

J'observe d'autres modèles

▸ **Avant de réaliser une affiche publicitaire, observe bien les deux affiches suivantes. Tu pourras ainsi t'en inspirer.**

1.

2.

À mon tour !

↘ Grammaire p. 18

↘ Vocabulaire pp. 34 et 36

1 Observe l'affiche publicitaire 2. Inspire-toi de son slogan pour écrire celui d'une affiche publicitaire vantant les qualités d'une paire de chaussures de sport.

2 Invente un slogan qui pourrait convenir pour une machine à faire les devoirs.

3 Une voiture révolutionnaire a été inventée. Elle roule grâce à l'eau de mer. Imagine l'affiche qui comportera un dessin et un slogan.

4 Observe l'affiche publicitaire ci-contre. Écris le slogan et les arguments qui manquent.

La fiche technique de fabrication

- Le titre de cette fiche est-il facilement repérable ? Pourquoi ?
- Le titre te permet-il de connaître le contenu de cette fiche ?
- Quelles informations la rubrique *Matériel* t'apporte-t-elle ? Et les trois paragraphes qui suivent ? Pourquoi chaque paragraphe est-il numéroté ?
- À ton avis, à quoi servent les illustrations ?

Stylos en fête

Matériel
- crayons et stylos
- protège-cahiers ou intercalaires transparents
- colle
- ruban adhésif

❶ **Découpe** des pétales de différentes longueurs dans le plastique transparent.

❷ **Fixe-les** au bout de tes crayons avec du ruban adhésif.

❸ **Recouvre** le crayon de papier coloré encollé.

Le livre des filles créatives © Castor Poche Flammarion, 2005.

JE RETIENS

- **Une fiche technique de fabrication est un texte prescriptif :** il **explique ce qu'il faut faire.**
Il existe de nombreux autres textes prescriptifs : les recettes, les notices explicatives, les modes d'emploi, les règles du jeu…
- Un texte prescriptif est souvent composé :
– **d'une liste du matériel** (ou des ingrédients) ;
– **d'une liste de consignes** à suivre dans l'ordre chronologique donné.

Pour écrire une fiche technique de fabrication

LE TITRE
- Je trouve un titre qui indique clairement l'objet à réaliser.

LA LISTE DU MATÉRIEL
- J'énumère tout le matériel nécessaire en utilisant des mots précis.
- Je la place bien en évidence en début de texte ou dans un cadre à part.

↘ Grammaire p. 12

LA LISTE DES CONSIGNES
- Je dresse d'abord sur mon cahier de brouillon la liste des actions à réaliser dans l'ordre chronologique. Je numérote chaque action.
- Je fais réaliser ces actions par un camarade pour vérifier l'ordre.
- Je rédige les consignes sur mon cahier. J'emploie l'impératif ou l'infinitif. J'utilise des illustrations, des schémas ou des photos pour rendre mes consignes plus claires.

↘ Vocabulaire pp. 34 et 36

J'observe un autre modèle

Avant de rédiger une fiche technique de fabrication, lis la fiche suivante. Tu pourras ainsi t'en inspirer.

FABRIQUER UN CERF-VOLANT

Matériel
- du papier fin (1 m sur 0,75 m)
- des baguettes légères
- de la ficelle
- du ruban adhésif
- de la colle
- des ciseaux

1. **Faire un cadre** avec deux baguettes (une baguette sera deux fois plus courte que l'autre). **Lier les deux baguettes** en croix avec de la ficelle. **Joindre les quatre extrémités** avec de la ficelle tendue.
2. **Déposer ce cadre** sur votre papier. **Découper ce papier** à une dimension un peu plus grande (4 cm de plus). **Plier les bords** sur le cadre puis fixer avec de la colle.
3. **Faire une queue** au cerf-volant avec une bonne longueur de ficelle. La fixer avec de la colle. Sur la baguette la plus longue, attacher deux morceaux de ficelle comme indiqué sur le dessin. Les lier entre eux ainsi qu'au rouleau de ficelle restant. **Faire voler votre cerf-volant** en retenant la ficelle et en ne la déroulant que progressivement.

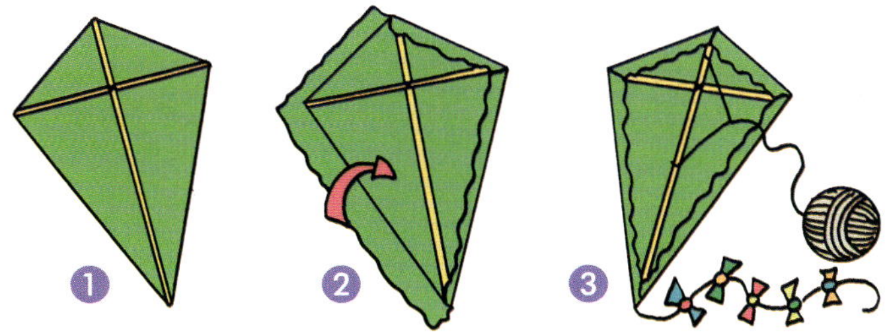

À mon tour !

1 Observe le schéma de fabrication d'une montgolfière. Rédige les consignes qui ont permis de la réaliser, ainsi que la liste du matériel nécessaire.

↘ Conjugaison p. 22

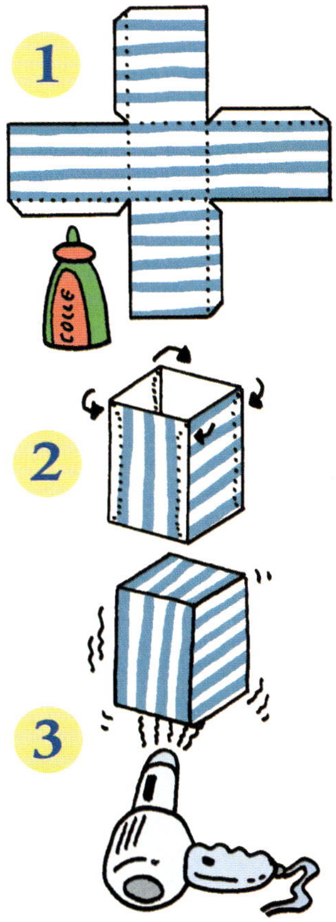

2 Lis les consignes de réalisation de ce tour de magie.
– Dresse la liste du matériel nécessaire.
– Dessine sur ton cahier de brouillon les schémas pour chaque étape de la réalisation.

Les allumettes magiques

1. Remplir d'eau une cuvette. Déposer doucement une dizaine d'allumettes à la surface de l'eau, en forme de rayons de soleil.
2. Placer le sucre sur l'eau, au centre de la cuvette. Toutes les allumettes vont se diriger vers lui.
3. Remplacer le sucre par un morceau de savon. Les allumettes vont s'en écarter.

Bilan de la période 3

L'alphagore

Tout a commencé un matin, au petit déjeuner. Mon père revenait tout juste d'un séminaire au Togo. Et, apparemment, ça lui avait donné des idées. Il s'est assis en face de moi et m'a annoncé brutalement :

« Lucas, dorénavant, nous ne t'offrirons plus de jouets. Tu devras apprendre à les fabriquer toi-même ! »

J'ai regardé ma mère, j'ai regardé mon frère, j'ai regardé mon chien. Ils n'avaient pas l'air inquiets, mais moi je l'étais.

Mon père a repris sa théorie là où il l'avait laissée.

« Là-bas, en Afrique, les enfants fabriquent eux-mêmes leurs petites voitures. Ils utilisent des boîtes de sardines, du fil de fer... enfin, tout ce qui leur passe sous la main. Créer ses propres jouets, c'est fascinant, tu ne trouves pas ?

– Bof ! » ai-je fait en haussant les épaules.

Mais mon père continuait :

« Acheter, toujours acheter... À trop gâter les enfants, on finit par les rendre blasés. C'est important de désirer longtemps quelque chose avant de l'obtenir, a-t-il dit en regardant maman. Et puis, il me semble que c'est le meilleur moyen de développer son imagination. »

J'ai soupiré...

« Enfin, papa, j'en ai de l'imagination !

– Peut-être, Lucas, a-t-il répliqué sèchement, mais tu pourrais le montrer un peu plus ! »

Quand mon père me parle sur ce ton, je sais qu'il ne faut pas discuter. Je le connais comme si je l'avais fait. Quand il a une lubie, pas moyen de le faire changer d'avis. Et comme me dit ma grand-mère : « Face à l'ouragan, le roseau plie pour ne pas rompre. »

J'ai plié...

Depuis deux mois, je fabrique mes propres jouets. Mais comme on ne les achète pas dans les magasins, ils n'ont pas de valeur aux yeux des copains. Je suis la risée du quartier.

Le plus drôle, c'est que mon meilleur ami, Maxime, est submergé de jouets. Et les siens sortent tout droit des catalogues. [...] Il a un maximum de chance ; alors, pour cette raison, je l'ai surnommé « Maxi ».

Moi, je me console en « développant mon imagination ». Dernièrement, je me suis installé sur la table de la salle à manger avec des boîtes de maquereaux, du fil de nylon, des pinces, un ouvre-boîtes et tout le tralala. Pendant un après-midi entier, j'ai percé, tendu, collé, arraché, tiré la langue et mis ma patience à rude épreuve... Pour tout dire, je me suis bien amusé. À la neuvième boîte, je tenais l'« Alphagore », mon premier instrument de musique. J'en suis plutôt fier, même s'il a fallu manger du maquereau pendant une semaine.

J'en tire des notes aigrelettes qui agacent ma mère et plaisent beaucoup à mon chien.

As-tu bien compris ?

- Pourquoi Lucas est-il *la risée du quartier* ? À ton avis, les autres enfants ont-ils raison de se moquer de lui ?
- Au début de l'histoire, Lucas pense-t-il que son père a eu une bonne idée ? Et à la fin ?

GRAMMAIRE

1 Recopie cette phrase puis souligne son complément d'objet direct.

Je fabrique mes propres jouets.

– Transforme-la en remplaçant le verbe *fabriquer* par le verbe *parler*.

– Quel autre mot as-tu été obligé d'ajouter ?

– Le groupe nominal *mes propres jouets* est-il toujours complément d'objet direct ? Explique pourquoi.

2 Cherche la suite essentielle de chaque verbe puis dis s'il s'agit d'un complément d'objet direct ou indirect ou d'un attribut du sujet d'un verbe d'état.

Lucas est inquiet.

Les enfants africains fabriquent leurs petites voitures.

Les enfants du quartier se moquent de Lucas.

Maxime est un enfant gâté.

À la fin de l'histoire, Lucas a l'air content !

CONJUGAISON

1 Recopie tous les verbes du texte qui sont à l'imparfait avec leur sujet (sauf *avoir* et *être*).

– Mets-les à l'infinitif puis classe-les par groupe.

– Ensuite, conjugue au présent ceux qui appartiennent au 3e groupe.

2 Voici trois autres verbes du texte : *connaître*, *sortir*, *savoir*.

– À quel groupe appartiennent-ils ?

– Cherche à quel temps ils sont conjugués dans le texte.

– Conjugue-les à l'imparfait en utilisant ces groupes sujets :

papa – nous – mes parents – ma mère et moi – tu.

ORTHOGRAPHE

1 Cherche le verbe et le sujet de cette phrase du texte.

On ne les achète pas dans les magasins.

– Remplace le sujet par *tu*. Quelle lettre as-tu ajoutée à la fin du verbe ? Explique pourquoi.

– Transforme la phrase en remplaçant *les* par *les jouets*.

– Est-ce que cette transformation change la terminaison du verbe ? Explique pourquoi.

2 Voici deux groupes nominaux du texte.

leurs petites voitures

mon meilleur ami

– À quel genre et à quel nombre chacun d'eux est-il accordé ?

– Remplace le mot *voitures* par un nom masculin singulier, et le mot *ami* par un nom féminin pluriel et accorde les autres mots du groupe nominal comme il convient.

VOCABULAIRE

1 Voici trois définitions de l'adjectif *propre*.

1. Qui n'a aucune trace de saleté.
2. Qui appartient à une seule personne.
3. Se dit d'un nom, commençant par une majuscule et qui désigne une personne, un lieu.

– À laquelle de ces trois définitions correspond l'utilisation de l'adjectif *propre* dans le texte, ligne 11 ?

– Écris deux phrases avec l'adjectif *propre* dans lesquelles son sens correspond aux deux autres définitions.

2 Le verbe *plier* est utilisé deux fois, lignes 25 et 26 du texte. Dans laquelle de ces deux phrases est-il utilisé au sens figuré ?

– Quel verbe pourrait le remplacer, sans changer le sens de la phrase ?

3 Écris trois phrases disant le contraire de celle-ci.

Lucas est content de fabriquer ses jouets.

– Utilise un préfixe puis un mot de sens contraire, puis change la forme de la phrase en utilisant la forme négative.

À toi de jouer !

1 **Grâce à son *Alphagore*, Lucas va vivre une étonnante aventure dans la suite de l'histoire. Pour savoir ce qui va lui arriver, complète cette phrase en t'aidant des définitions.**

a. Prénom du héros de cette histoire.

b. Verbe *aller* à la troisième personne du singulier du présent.

c. Verbe du 3e groupe, contraire de *revenir*.

d. Contraire de *sous*.

e. Nom féminin qui désigne tous les corps célestes qui tournent autour du Soleil, comme la Terre, Mars ou Vénus.

f. Nom masculin pluriel qui désigne les objets avec lesquels les enfants jouent. Synonyme : joujou.

_____ __ _____ ___ Konditor,

la _______ des ______ d'occasion.

2 **Voici quatre mots du texte. Aide-toi des dessins pour retrouver les expressions dans lesquelles ils sont employés au sens figuré.**

langue – boîte – cœur – yeux.

3 **À ton tour d'illustrer une ou plusieurs de ces expressions de sens figuré.**

– Avoir un chat dans la gorge.

– Avoir des fourmis dans les jambes.

– Un froid de canard.

– Être cloué au lit.

4 **Recopie sous chacun de ces trois mots en gras le numéro de son synonyme puis celui de son contraire. Utilise les mots de la liste ci-dessous.**

⑨ : casser – ⑥ : peu – ④ : confiant – ⑦ : préoccupé – ⑤ : résister – ⑧ : très.

beaucoup	**rompre**	**inquiet**
…	…	…
…	…	…

Les mots en fête

Duo

Dans le taillis
Oyez, oyons,
Le gazouillis
De l'oisillon
Sous la charmille
Que l'aube mouille
Perle son trille
Comme il gazouille

Dans le taillis
Oyez, oyons,
Le gazillon
De l'oisouillis
Sous la charmille
Que l'aube mouille
Perle son trouille
Comme il gazille.

Elle est charmouille
Non, je bafouille...

Alfred Jarry, « L'objet aimé », *Les Quatre Vents* © D.R.

- Que penses-tu des deux vers suivants ?
Le gazillon
De l'oisouillis
- Quels sont les deux mots qui ont été mélangés ?
Le gazillon et *l'oisouillis* sont **des mots inventés appelés mots-valises**.
- Trouve deux autres mots-valises dans le poème.

On appelle *mot-valise* un mot composé de deux mots déjà existants. La signification de ce mot-valise se fonde sur la signification des deux mots de départ.

***Ex. : désordre* et *ordinateur* → *désordinateur* = *machine à mettre le bazar*.**

1 À ton tour, invente des mots-valises avec les mots suivants, puis donne leur signification.
girafe et gazelle – chameau et hérisson – biscotte et bibliothèque – chocolat et chenille – balançoire et bavardage – étoile et poussette.

2 Et maintenant, à l'envers !
Retrouve les deux mots à partir desquels on a formé les mots-valises suivants.
serpin et lapent – coccillon et papinelle – pantasette et chemilon – carature et confimel – télézon et horiphone – carrement et croisefour.

3 Encore des mots pour rire !
Ici, on mélange les syllabes pour inventer des mots curieux. Ainsi : *Récapitulons* peut devenir *Picarélonstu*. Que peuvent alors devenir les mots : *camarade – catalogue – carnaval – récitation – locomotive – ordinateur – conversation – capucine – kangourou* ?

4 Joue au Boustrophédon !
Ce jeu consiste à transcrire les mots de droite à gauche et non de gauche à droite comme habituellement.

***Ex. :* Camille va s'écrire : ellimaC**

Déchiffre ces mots et récris-les correctement.
n e i l u J – e i c u L – e p i l u t a l – l a v e h c e l – n o s s i o p e l – s t n a f n e s e l

5 De la même façon, écris les mots : *Thomas* – *Manon* – *la rose* – *la girafe* – *des filles*.

Période 4

Le petit moineau d'Edo

L'histoire se passe en 1840, à Edo, la capitale du Japon nommée aujourd'hui Tokyo. On y découvre Tojiro, un jeune garçon qui vend des gâteaux de riz dans la rue.

Tous les matins, Tojiro prend son panier de gâteaux de riz et part faire ses livraisons. Il fait à peine jour, quelques lampions éclairent faiblement les rues. Des barques chargées glissent sur les canaux, quelques coqs s'égosillent au fond des jardins, les boutiques peintes des artisans résonnent déjà du tintement clair des outils : la grande ville d'Edo s'éveille.

Tojiro vend ses gâteaux aux passants, mais aussi au marchand de chapeaux de paille, aux belles dames de la maison de thé, au menuisier, au fabricant de tonneaux, au potier, au forgeron, au barbier, au teinturier, à l'écrivain public qui lui adresse toujours un clin d'œil.

Il a parfois la chance d'en vendre à un samouraï qui déambule fièrement avec ses deux sabres passés dans la ceinture. Alors Tojiro s'incline plus gravement que de coutume pour empocher la monnaie, essayant d'imprimer sur son visage l'expression impassible d'un redoutable guerrier. Puis il se redresse et repart en criant à tue-tête sa chanson de petit vendeur des rues. Les gens du quartier le connaissent. C'est un garçon vif et joyeux, qui pépie et sautille de boutique en boutique avec la grâce hirsute d'un moineau ébouriffé.

Tojiro a perdu ses parents et vit chez son oncle et sa tante. L'oncle lui mène la vie dure. Quand il a fini sa tournée du matin, il revient chercher un second panier et ne rentre chez lui que lorsqu'il a vendu tous ses gâteaux.

Bien souvent, c'est à la tombée de la nuit. En été, c'est un travail agréable. Mais en hiver, quand il neige, quand il gèle, quand la pluie s'abat en rafales sur les toits de la ville et que le froid efface les sourires, le panier semble bien lourd au garçon qui trottine sous sa frêle cape de paille de riz.

Malgré tout, Tojiro est fier d'habiter Edo, la capitale du Japon, et d'arpenter ses rues étroites que longe une infinité de maisons de bois, d'échoppes, de temples, de palais ou de jardins. Il aime l'animation des canaux bordés de roseaux, la respiration de l'océan et la silhouette lointaine du mont Fuji. On prétend qu'un million d'habitants vivent à Edo. C'est dire si l'on peut y rencontrer toutes sortes de gens !

François Place, *Le Vieux Fou de dessin* © collection Folio Junior, Gallimard Jeunesse.

As-tu bien compris ?

- Qui est Tojiro ? Va-t-il à l'école ? Pourquoi ?
- Où habite-t-il ?
- Cherche dans un dictionnaire ce qu'est un samouraï puis explique pourquoi Tojiro *s'incline plus gravement que de coutume* quand il vend un gâteau à un samouraï.
- Qui est *le petit moineau d'Edo* dont parle le titre ? Retrouve la phrase du texte qui permet de comprendre ce titre.

J'AI DÉJÀ APPRIS...

1 **Un groupe nominal est formé d'un déterminant et d'un nom.**

Unité 1, p. 136

2 **3** **Le groupe nominal peut être complété par un ou plusieurs adjectifs.**

Unité 2, p. 138

4 **Un nom peut être complété par un complément du nom. Il est relié à lui par une préposition comme *de*.**

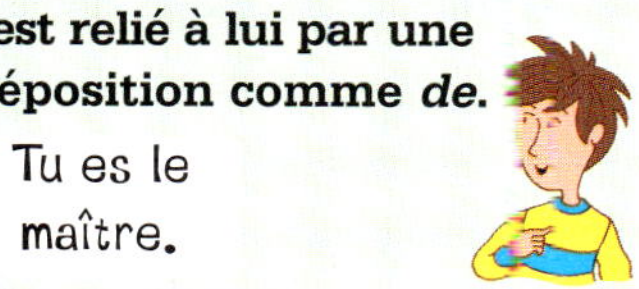

Unité 3, p. 140

1 **Les verbes des premier et deuxième groupes ont la même terminaison au futur : *ai*, *as*, *a*, *ons*, *ez*, *ont*.**

Unité 1, p. 146
Unité 2, p. 147

2 **3** **Le passé composé est formé de l'auxiliaire *être* ou *avoir* au présent et du participe passé du verbe conjugué.**

Unité 3, p. 148
Unité 4, p. 149
Unité 5, p. 150

GRAMMAIRE

1 **Observe le groupe nominal suivant. Souligne le nom et entoure le déterminant.**

son panier

Le nom est-il au singulier ou au pluriel ? Au masculin ou au féminin ? Si tu mets le mot *panier* au pluriel, que se passe-t-il avec le déterminant ? Et si tu remplaces le mot *panier* par le mot *cagette*, quel déterminant vas-tu utiliser ?

2 **Cherche le ou les adjectifs dans chacun de ces groupes nominaux.**

un garçon vif et joyeux – un moineau ébouriffé – sa frêle cage

Sont-ils placés avant ou après le nom ?

3 **Dans le groupe nominal *un garçon vif et joyeux*, si tu remplaces *un garçon* par *une fille*, que se passe-t-il avec les adjectifs ? Explique pourquoi.**

4 **Observe les groupes nominaux soulignés dans cette phrase.**

Le marchand de chapeaux et le fabricant de tonneaux achètent des gâteaux à Tojiro.

Retrouve le complément du nom dans chacun d'eux. Par quelle préposition est-il introduit ?

Si tu supprimes ces compléments du nom, la phrase donnera-t-elle plus d'informations ou moins d'informations ?

Dans le texte, le groupe nominal *le marchand de chapeaux* est complété par un second complément du nom. Retrouve-le.

CONJUGAISON

1 **Récris cette phrase du texte en remplaçant *Mais en hiver* par *L'hiver prochain*. À quel temps vas-tu écrire les verbes ?**

Mais en hiver, quand il neige, quand il gèle, quand la pluie s'abat en rafales sur les toits de la ville et que le froid efface les sourires, le panier semble bien lourd au garçon.
L'hiver prochain,...

2 **Recopie cette phrase du texte en remplaçant *Tous les matins* par *Ce matin* et en mettant les verbes au passé composé.**

Tous les matins, Tojiro prend son panier de gâteaux de riz et part faire ses livraisons.
Ce matin...

3 **Cherche les verbes au passé composé dans le texte, de la ligne 17 à la ligne 19. Avec quel auxiliaire sont-ils conjugués, *être* ou *avoir* ?**

Les constituants du groupe nominal : les déterminants du nom et les noms

■ Relève les groupes nominaux sujets des verbes : *entra – retentissaient – hâtaient*.
■ Relève les groupes nominaux compléments des verbes : *poursuivre – convoqua – pouvaient suivre*.
■ Réduis ceux qui ne sont pas minimaux.
■ De quoi sont constitués ces groupes nominaux minimaux ?
■ Cherche dans le texte d'autres groupes nominaux sur le modèle groupe nominal (GN) = déterminant (D) + nom (N).

La fureur de pharaon

Pharaon entra dans une grande fureur, et il résolut de poursuivre les Hébreux qui s'enfuyaient. Il fit atteler six cents chars de guerre, convoqua ses commandants, serra autour de son corps sa large ceinture en peau de crocodile, remplit les deux carquois et son char de flèches et de javelines, arma son poignet du bracelet d'airain qui amortit le vibrement de la corde, et se mit en route, entraînant à sa suite tout un peuple de soldats.

Furieux et terrible, il pressait ses chevaux à outrance, et derrière lui les six cents chars retentissaient avec des bruits d'airain, comme des tonnerres terrestres. Les fantassins hâtaient le pas, et ne pouvaient suivre cette course impétueuse.

Théophile Gautier, *Le Roman de la momie*.

JE RETIENS

■ *Les fantassins hâtaient le pas.* → GN + V + GN.
Le groupe nominal réduit est généralement constitué d'**un déterminant** et d'**un nom**.
On écrit GN = D + N. D = *les, le* N = *fantassins, pas*

■ *Pharaon poursuivait les Hébreux.*
Le GN est parfois constitué d'**un seul nom propre sans déterminant** : *Pharaon – Hercule – Paris*.

■ **Les articles** (*le, la, les* ; *un, une, des*) apportent des précisions sur **le genre** et **le nombre du nom**.
Les articles, et tous les autres mots qui se placent nécessairement en tête du groupe nominal, sont appelés **déterminants**. ***des*** *fantassins*, ***nos*** *fantassins*, ***quelques*** *fantassins…* ***leurs*** *pas…*

Tableau des déterminants

	articles		**adjectifs**			
	définis[1]	**indéfinis**	**possessifs**	**démonstratifs**	**indéfinis**	**numéraux**
masc. sing.	*le, l'*	*un*	*mon, ton, son notre, votre, leur*	*ce, cet*	*chaque*	*un*
fém. sing.	*la, l'*	*une*	*ma, ta, sa notre, votre, leur*	*cette*		*une*
pluriel	*les*	*des*	*mes, tes, ses nos, vos, leurs*	*ces*	*quelques, plusieurs*	*deux, cinquante, six cents*

1. Avec les prépositions *à* et *de*, les articles définis prennent la forme contractée au masculin singulier *(au, du)* et au pluriel des deux genres *(aux, des)* : *la course des chevaux*.

1 Recopie les phrases. Souligne les noms et entoure les déterminants du nom.

Ex. : Le cavalier s'élance.

Des soldats défilent chaque année à Paris. – Les vacances approchent. – Mon frère pilote un avion dans cet aéroport. – Les parachutistes ont sauté à cinq heures ce matin. – La guerre est un grand malheur pour leur pays.

2 Écris un déterminant différent devant chacun des noms suivants.

… personnes – … musée – … musique – … spectateurs – … défilé – … bruit – … applaudissements – … drapeaux – … pays – … Arc de triomphe.

3 Écris un déterminant qui convient.

Nous allons à … piscine … semaine. – Le dentiste lui a arraché … dent. – Nice se trouve … bord de … Méditerranée. – … année, l'été a été chaud. – Nous avons pris … retard dans … travail. – … parents sont venus passer … jours ici.

4 Écris un déterminant quand c'est nécessaire.

… Alpes – … Bordeaux – … Lucie – … Français – … Italie – … Mont-Blanc – … Milou – … Garonne.

5 Complète à l'aide d'un article défini contracté (*au*, *du*, *aux*, *des*).

Ce soir, j'irai … cinéma. – Chaque matin, je bois … chocolat … lait. – Il grimpe … arbres comme un singe. – C'est le jeu préféré … enfants. – Ils pique-niquent … bord … torrent.

6 Place devant chaque nom l'adjectif démonstratif qui convient *(ce*, *cet*, *cette)*.

… homme – … hirondelle – … éclair – … hibou – … hache – … hélicoptère – … héros – … image – … intrus.

7 Récris les phrases après avoir changé les deux déterminants.

- Le chemin mène à la ferme. – Mon frère aime les histoires. – Le matin, je me lève à sept heures. – Son frère m'a prêté des CD-Rom.
- Un grand voilier a gagné la course. – Son ami habite à deux cents mètres. – Quelques enfants jouent dans le square. – Une fête a été donnée dans le quartier. – Notre immeuble compte douze étages.

8 Écris les phrases suivantes à la forme négative. Que remarques-tu ?

J'ai mangé du fromage. – Nous avons reçu des nouvelles de Lucile. – Tu as encore de l'essence. – Nous avons eu de la chance. – J'ai acheté des livres.

J'écris

1 Raconte en quelques phrases une de tes colères (les raisons – la crise – le retour au calme – le souvenir qu'il t'en reste). Varie le plus possible l'emploi des déterminants.

2 Que se passe-t-il ? Écris une phrase pour chaque vignette. Varie les déterminants.

L'expansion du groupe nominal : l'adjectif qualificatif épithète

- Quels sont les GN sujets des verbes *planait*, *se produisit* ? De quoi se composent ces groupes nominaux ?
- Quels sont les mots qui dans ces GN accompagnent le nom et son déterminant ?
- Trouve d'autres exemples dans le texte.

Feu !

La lune s'avançait sur un firmament d'une pureté limpide, éteignant sur son passage les feux scintillants des étoiles… Un silence effrayant planait sur toute cette scène. Pas un souffle de vent sur la terre ! Pas un souffle dans les poitrines ! Les cœurs n'osaient plus battre. Tous les regards effarés fixaient la gueule béante de la Columbiad.

« Trente-cinq ! – trente-six ! – trente-sept ! – trente-huit ! – trente-neuf ! – quarante ! Feu ! ! ! »

Une détonation épouvantable, inouïe, surhumaine, se produisit instantanément. Une immense gerbe de feu jaillit des entrailles du sol comme d'un cratère. La terre se souleva, et c'est à peine si quelques personnes purent un instant entrevoir le projectile fendant victorieusement l'air au milieu des vapeurs flamboyantes.

D'après Jules Verne, *De la Terre à la Lune*.

JE RETIENS

- **Des adjectifs qualificatifs accompagnent souvent le nom. Ils le précisent et s'accordent avec lui.**

Le GN peut alors aussi s'écrire en abrégé : GN = D + N + Adj.

*Les voyageurs **anxieux** comptaient aussi ces **terribles** secondes.*

Les mots *anxieux*, *terribles* **peuvent être supprimés** ; ils ne sont pas indispensables au GN. Mais si on les supprime, la phrase est moins précise :

Les voyageurs comptaient aussi ces secondes.

- Dans le groupe nominal, **les adjectifs qualificatifs se placent directement à côté du nom, avant ou après lui**. On dit qu'ils sont **épithètes**.

*un voyageur **anxieux** – une **épouvantable** détonation*

- Plusieurs adjectifs peuvent accompagner le même nom :

*une **impressionnante** fusée **blanche***

1 **Repère les GN. Indique, en les entourant, les adjectifs qualificatifs qu'ils contiennent.**

Une foule inquiète assistait au périlleux lancement. – Une sourde agitation régnait dans l'immense salle. – Les intrépides voyageurs ressentaient une vive émotion. – L'impressionnante fusée s'éleva dans le ciel clair. – De gigantesques flammes rouges suivaient le puissant projectile.

2 **Récris les phrases après avoir supprimé les adjectifs qualificatifs.**

Un vacarme effrayant accompagna le prodigieux départ. – Une aveuglante lumière blanche jaillit. – Les techniciens rassurés et comblés applaudissaient le fantastique exploit. – La voix grave du cosmonaute retentit dans la salle silencieuse. – Tout se déroulait selon le programme prévu. – L'équipe satisfaite fêta l'événement.

3 **Agrandis chaque GN avec l'adjectif qualificatif qui convient.**

zoologique – infernal – amical – polaire – nucléaire – illisible

un bruit	un conseil	un parc
un froid	une écriture	une énergie

4 **Agrandis les GN suivants à l'aide d'adjectifs qualificatifs pouvant convenir.**

une fusée – des journalistes – une étoile – des montagnes – ce film.

5 **Récris les phrases en ajoutant des adjectifs qualificatifs aux GN.**

Des arbres bordent la rivière. – Ces fleurs forment un bouquet. – Le poulain gambade dans la prairie. – Les nénuphars recouvrent l'étang. – Le chat dort sur son coussin.

6 **Même exercice.**

Un papillon se pose sur une fleur. – L'abeille butine le cœur des marguerites. – Un lézard court sur le mur. – L'alouette chante haut dans le ciel. – Les blés ondulent sous la brise. – Les coquelicots apparaissent dans les champs.

7 **Réunis les paires de phrases en une seule phrase sans ajouter de mots nouveaux.**

– Un hibou niche dans le grenier. Le hibou est vieux et gris.
– Les nuages s'amoncellent. Les nuages sont gros et noirs.
– Le vent soulève des vagues. Le vent est violent. Les vagues sont énormes.

8 **Même exercice.**

– Cette route conduit au château. Cette route est étroite et sinueuse.
– J'ai fait un voyage. Ce fut un voyage long et pénible.
– Julien a acheté un caniche. Il est petit, noir et joli.
– Le tigre guette la gazelle. Le tigre est puissant et redoutable ; la gazelle est frêle et innocente.

9 **Agrandis les GN à l'aide des adjectifs qualificatifs donnés. Ne rajoute aucun mot.**

– La navette se pose sur la piste. (énorme, spatiale, longue)
– La voiture dérape dans le virage. (puissante, rouge, dangereux)
– Des spectateurs encouragent le pilote. (nombreux, jeune, malchanceux)
– Le champion a remporté une victoire. (grand, belge, magnifique)
– Des fleurs ornent le gazon. (jolies, petites, blanches, fin, vert)

10 **Devinettes. Quels adjectifs qualificatifs répondent à ces définitions ?**

Une eau bonne à boire : une eau … – Un champignon dangereux à manger : un champignon … – Un animal dangereux pour son venin : un animal … – Une pierre qui a beaucoup de valeur : une pierre … .

J'écris

1 **Fais le portrait de ton animal favori. Utilise de nombreux adjectifs qualificatifs (allure générale, taille, couleur du pelage, des yeux, forme du corps, de la tête…).**

2 **Amina a perdu sa petite chienne. Elle écrit un avis de recherche. Aide-la à le rédiger.**

Je recherche… (description de l'animal : pelage, poils, forme des oreilles, museau, pattes, le collier de couleur…).

L'expansion du groupe nominal : le complément du nom

■ Comment appelle-t-on les trois groupes soulignés ?

■ Si tu réduis ces GN, quels groupes de mots peux-tu supprimer ?

■ À quoi servent ces groupes de mots au sein du GN ?

■ Cherche dans le texte d'autres GN construits de la même manière.

La révolte des objets

La révolte des choses ne se borna point là. Les animaux et les objets étaient vraiment passés à l'action. Jacques ayant marché par inadvertance sur la queue du chat : « Vous ne pourriez pas regarder où vous mettez vos pieds ? » s'entendit-il dire très sèchement. Les lacets des souliers se nouaient d'eux-mêmes… Les branches du grand ormeau venaient la nuit frapper les carreaux de la fenêtre des enfants avec une effrayante régularité. L'encre changeait de couleur à mesure qu'on écrivait, toutes les plumes faisaient sur les devoirs de vacances de gros pâtés, le savon dans le bain fondait en un clin d'œil ou bien refusait de mousser, le sucre refusait de fondre, le perroquet Coco disait des gros mots…

Claude Roy, *La maison qui s'envole* © Gallimard.

JE RETIENS

■ Le groupe nominal peut être constitué d'un groupe nominal principal et d'**un autre groupe nominal introduit par une préposition et appelé complément du nom**.

■ Le groupe nominal *les carreaux de la fenêtre* est formé de **deux groupes nominaux** reliés par le petit mot **de**, qui est **une préposition**.
Le second groupe nominal (GN), *la fenêtre*, complète le GN *les carreaux*. Il est **complément du nom** *carreaux*.

■ **Les principales prépositions** introduisant un GN complément du nom sont : **à**, **de**, **pour**, **sur**, **dans**, **avec**…

*une armoire **à** glace ; des devoirs **de** vacances ; un pull **sans** manches*

1 **Souligne le GN complément du nom et entoure la préposition qui l'introduit.**

- un livre de contes – le héros d'un roman – une histoire à épisodes – un conte de Noël.
- une dictée sans fautes – un passeport pour les États-Unis – une chambre avec salle de bains – le journal du soir.

2 **Écris la préposition qui convient.**

- le costume … Arlequin – la pêche … mer – un moniteur … ski – un exercice … trous – une chemise … fleurs.
- une voie … issue – un château … ruine – une arme … feu – une carte … crédit – un chausson … pommes – un costume … mesure.

3 **Remplace chaque adjectif par un GN complément du nom.**

Ex. : La fête annuelle. → La fête de l'année.

- un oiseau nocturne – un temps hivernal – une fête villageoise – un mas provençal – des fleurs champêtres – une pièce métallique.
- une route départementale – un transport maritime – un village montagnard – l'équipe marseillaise – une journée pluvieuse – un monument parisien.

4 **Récris les phrases suivantes en ajoutant un GN complément du nom.**

Ex. : Ce gâteau est délicieux. → Ce gâteau au chocolat est délicieux.

- Ce manteau est très chaud. – L'agent contrôle la circulation. – La tondeuse est en panne. – Les cailloux envahissent le sable fin. – L'hélicoptère survole les montagnes.
- Cette voiture est très rapide. – Le moulin est très vieux. – Le gardien a arrêté un tir puissant. – Une morsure peut être mortelle. – Le lait n'est pas très chaud. – Sa tarte a beaucoup de succès.

5 **Pour chaque GV, trouve un groupe nominal sujet contenant un GN complément du nom.**

Ex. : Le château de Versailles a été construit sous Louis XIV.

... est élu par tous les Français.
... est le premier jour de l'année.
... donne l'autorisation au pilote d'atterrir.
... est la grande course cycliste de l'été.
... donne le signal de départ du train.

6 **Complète à l'aide d'un GN complément du nom.**

- le bateau ... – des patins ... – un cheval ... – le coucher ... – le hockey ... – une balle ... – un train ... – un gardien ... .
- une partie ... – un cahier ... – une tarte ... – une boîte ... – une prise ... – une armoire ... – un carnet ... – une carte ... .

7 **Récris le texte puis souligne tous les compléments du nom.**

Rien ne trouble la pureté de l'air et de l'eau. Le guide de la région entreprend la traversée du fleuve. Il connaît un parcours sans risque. À la fin de la matinée, notre barque aura traversé et rejoint la rive nord du fleuve.

J'écris

1 **Écris trois phrases en utilisant un GN étendu à l'aide d'un GN complément du nom.**

2 **Voici un extrait d'un poème de Jacques Prévert, *Cortège*. Chaque GN a échangé son GN complément du nom avec le GN voisin, ce qui produit un texte assez curieux.**

CORTÈGE

Un vieillard en or avec une montre en deuil.
Un serpent à café avec un moulin à lunettes.
Un chasseur de corde avec un danseur de têtes.

Jacques Prévert.

Récris chaque ligne en remettant les GN compléments du nom à leur place.
Écris trois vers à la manière de Jacques Prévert.

L'expansion du groupe nominal : la proposition relative

■ Observe :
1. Le premier gagnera la prime.
2. Le premier qui franchira la ligne blanche gagnera la prime.
■ Quel est le GN sujet de la première phrase ? (Utilise *c'est qui*.)
■ Quel est le GN sujet du verbe *gagner* dans la seconde phrase ?
■ À quoi sert l'élément ajouté dans la phrase 2 ? De quoi se compose-t-il ?
■ Cherche dans le texte une phrase identique à la phrase 2.

Au sommet du col

Je pris les devants pour voir le premier passage au col. La foule était près de la ligne blanche qui barrait la route au point culminant. Le premier qui la franchira gagnera la prime. Des familles avaient amené des pique-niques. Beaucoup de voitures étaient rangées dans les prés… Il faisait très chaud.

Le 8 passa le premier… Il portait un maillot blanc sans emblème de club. Le peloton suivit à deux minutes.

Poussard, qui était le jeune champion de Bionnas, était au milieu. Il acheva la montée assis sur la selle, tout l'effort portant sur les jambes. Il paraissait absorbé, concentré, mais pas fatigué… Les hommes qui avaient été lâchés dans la côte arrivaient par groupes de deux ou trois.

D'après Roger Vailland, *325 000 francs* © 1977, éditions Buchet Chastel.

JE RETIENS

Le coureur ***qui a gagné l'étape*** *répond aux journalistes.*

■ L'élément *qui a gagné l'étape* **complète le GN** *le coureur* et précise de quel coureur il s'agit. Il joue donc le même rôle que l'adjectif qualificatif et le complément du nom.

Le coureur { *italien* / *de l'équipe Véloni* / ***qui a gagné l'étape*** } *répond aux journalistes.*

■ Le groupe de mots ainsi introduit par **qui** est appelé **proposition relative**. Le mot **qui** est **un pronom relatif**.

■ Le groupe nominal peut être constitué d'un déterminant, d'un nom et d'**une proposition relative introduite par un pronom relatif**.
Les principaux pronoms relatifs sont : **qui**, **que**, **qu'**, **dont**, **où**, **lequel**, **auquel**, **duquel**.

1 **Souligne dans chaque phrase le groupe nominal (GN) complété par une proposition relative.**

Le sommet du col où se juge l'arrivée est encore loin ! – Les coureurs qui mènent la course augmentent leur avance. – La haie qui borde la route protège du vent. – Les écarts qui séparent les coureurs sont importants.

2 **Souligne la proposition relative et entoure le pronom relatif qui l'introduit.**

Le peloton qui passe devant nous a deux minutes de retard. – Je te montre le champion qui a gagné six étapes. – J'aperçois l'entraîneur de l'équipe qui encourage ses hommes. – Les coureurs que tu vois arriver conduisent l'échappée. – Les hommes qui portent un maillot rouge sont en tête.

3 Complète avec le pronom relatif qui convient.

Le train … entre en gare vient de Nice. – La rue … il habite est près d'ici. – Voilà le taxi … j'ai appelé. – C'est le disque … je t'ai parlé. – La lettre … il a reçue vient de Londres. – L'avion … décolle part pour les États-Unis. – Je connais un pays … il fait toujours beau.

4 Remplace l'adjectif qualificatif de chaque phrase par une proposition relative.

Ex. : Je lis un livre passionnant. → *Je lis un livre qui me passionne.*

Voilà une histoire étonnante. – Auriane est une enfant patiente. – La Grèce est mon pays préféré. – J'écris à un ami marseillais. – Les accidents arrivent souvent aux personnes imprudentes.

5 Remplace la proposition relative de chaque phrase par un adjectif qualificatif.

Ex. : C'est un champion qu'on ne peut vaincre. → *C'est un champion invincible.*

J'ai vu un film qui m'a ému. – Mathieu est un enfant qui travaille beaucoup. – Voilà un client qui n'est pas content. – Pour moi l'Espagne est un pays que je ne connais pas. – Théo a une écriture qu'on ne peut pas lire.

6 Réunis deux phrases en une à l'aide d'un pronom relatif.

Ex. : L'orage menaçait. L'orage s'abattit sur la montagne. → *L'orage qui menaçait s'abattit sur la montagne.*

- Le tonnerre accompagnait la pluie. – Le tonnerre claquait comme des coups de feu.
- Le mauvais temps gênait l'hélicoptère. – L'hélicoptère dut se poser.
- Des gros nuages masquaient le sommet. – On ne voyait plus le sommet.

7 Agrandis le GN sujet à l'aide d'une proposition relative.

La dispute … était animée. – La bicyclette … possède dix vitesses. – Le vent … ralentit le marcheur. – Les gendarmes … font reculer les spectateurs.

J'écris

1 Utilise les propositions relatives pour former des phrases.

Ex. : Les hirondelles qui arrivent dans notre pays annoncent le printemps.

- … qui tombent en tourbillonnant …
- … que les hommes préhistoriques ont décorées …
- … où mes camarades habitent …
- … que les pompiers ont éteint …

2 Écris trois phrases contenant une proposition relative.

3 Recopie le texte. Souligne les propositions relatives.

Bien plus qu'un anneau, c'était une vieille clé qui avait l'air d'avoir longuement séjourné dans la terre.

Se relevant, Mary contempla la clé qui pendait à son doigt. Elle avait sur le visage une expression qui ressemblait à de la peur. […]

C'est peut-être la clef du jardin secret.

Frances Hodges Burnett, *Le Jardin secret*
© Flammarion.

4 Imagine en quelques lignes une suite possible à cette histoire. Ton récit devra contenir deux propositions relatives.

De la phrase au texte
Le rappel d'un nom (2) : les pronoms démonstratifs, possessifs et indéfinis

■ À quels noms se rapportent les mots et les expressions soulignés ?

■ À ton avis, pourquoi Colette a-t-elle choisi d'employer ces mots ?

■ Connais-tu cette catégorie de mots ?

L'amour des livres

Une jeune femme se souvient de son enfance. Elle adorait lire. Elle parlait de ses lectures avec sa mère. Celle-ci l'appelait « Minet-Chéri »…

Je n'ai qu'à fermer les yeux pour revoir, après tant d'années, cette pièce maçonnée de livres. Autrefois, je les distinguais aussi dans le noir. Je ne prenais pas de lampe pour choisir <u>l'un d'eux</u>, le soir, il me suffisait de pianoter le long des rayons […]. Presque <u>tous</u> m'avaient vue naître […].

Des livres, des livres, des livres […] Je lisais et relisais <u>les mêmes</u>. Mais <u>tous</u> m'étaient nécessaires. Leur présence, leur odeur, les lettres de leurs titres et le grain de leur cuir…

« Tu as lu cette histoire de fantômes, Minet-Chéri ? Comme <u>c</u>'est joli, n'est-ce pas ? »

Colette, *La Maison de Claudine*.

JE RETIENS

■ D'une phrase à l'autre, **on évite en général la répétition d'un même nom**, tout en assurant **la cohérence du texte**. On peut rappeler ce nom par **un pronom personnel** (voir p. 102).

*Autrefois, je **les** distinguais aussi dans le noir.*

■ On peut aussi le rappeler par **d'autres pronoms** :

– **Les pronoms démonstratifs** : *celui-ci, celle-ci, ceux-ci, c', ce…*

*Tu as lu cette histoire de fantômes ? Comme **c**'est joli, n'est-ce pas ?*

– **Les pronoms possessifs** : *le mien, les miennes, la tienne, le sien…*

*Mon vélo a un pneu crevé. Veux-tu me prêter **le tien** ?*

– **Les pronoms indéfinis** : *l'un, tous, les mêmes, quelques-uns, plusieurs, chacun, certains, la plupart…*

*Je ne prenais pas de lampe pour choisir **l'un d'eux**. Presque **tous** m'avaient vue naître.*

*Je lisais et relisais **les mêmes**.*

1 **Complète les couples de phrases par un pronom démonstratif de la liste suivante : *celle, celui-ci, c', cela.***

– Trois fenêtres étaient éclairées sur la façade de la maison. Derrière (…) de gauche, j'ai aperçu une ombre.

– Les mauvaises herbes envahissent le jardin de notre voisin. (…) ne l'entretient guère.

– J'aimerais bien repeindre moi-même ma chambre. Mais (…) n'est pas une tâche facile.

– On entendait le pas d'un homme sur le chemin. (…) était un vagabond.

2 Même exercice avec un pronom possessif de la liste suivante : *la leur, le mien, la tienne.*

– J'ai emprunté le vélo de mon frère. (…) a un pneu crevé.
– J'ai égaré ma règle. Veux-tu me prêter (…) ?
– Mes parents aimeraient bien changer de voiture. (…) commence à leur coûter cher en réparations.

3 Complète avec un pronom indéfini qui convient : *quelques-uns, plusieurs, certains, l'un, l'autre, chacun, aucun, les mêmes, tous, la plupart…*

– Les skieurs s'engagèrent tous ensemble sur la piste. Mais (…) tombèrent dès le début.
– Les parents des élèves ont dû contribuer aux frais du voyage scolaire. (…) ont versé vingt euros.
– Regarde ces deux voitures au fond du parc. Vues de loin, on dirait que ce sont (…), mais ce sont deux modèles différents.

4 Recopie le texte puis souligne tous les pronoms indéfinis qui assurent le lien entre les phrases.

Avez-vous vu les gratte-ciel de New York à la télévision ? Les uns ressemblent à des temples. D'autres rappellent les pyramides d'Égypte. Certains sont plats comme des fers à repasser. Tous sont impressionnants.

5 Transforme chacune des phrases suivantes en deux phrases successives, en employant dans la seconde un pronom démonstratif.

– Nous n'avons pas pu trouver une place dans le parking, qui était complet.
– Nous avons traversé plus loin une petite ville, dont les rues étaient désertes.
– Du haut du col, j'apercevais un petit groupe de coureurs, détaché en avant, que le peloton s'efforçait de rattraper.

6 Transforme les couples de phrases de façon à éviter la répétition du nom. Emploie un pronom démonstratif.

– Un matin de vacances, Delphine et Marinette s'installèrent dans le pré, derrière la ferme, avec leurs boîtes de peinture. Les boîtes étaient toutes neuves.
– Les pompiers des petites villes et des villages sont des volontaires civils. Les pompiers de Paris sont des militaires.
– La chaîne des Alpes réserve aux alpinistes des épreuves redoutables. Mais la chaîne de l'Himalaya est infiniment plus terrifiante.

7 Transforme chacune des phrases suivantes en deux phrases successives, en employant dans la seconde un pronom indéfini.

– Certains des vingt camarades qui sont en classe avec moi avaient assisté au spectacle.
– Plusieurs des onze joueurs qui regagnaient les vestiaires avaient échangé leurs maillots avec leurs adversaires.
– La plupart des nombreux clients qui sortaient du supermarché étaient chargés de paquets.

J'écris

1 Sur le modèle du texte de l'exercice 4, écris un texte de cinq ou six phrases, dans lequel tu emploieras, d'une phrase à l'autre, des pronoms indéfinis. Par exemple, tu peux décrire un spectacle qui t'a plu.

2 Écris un texte de cinq ou six phrases dans lequel tu emploieras, d'une phrase à l'autre, plusieurs sortes de pronoms (personnels, démonstratifs, indéfinis…), pour relier les phrases entre elles. Par exemple, tu peux commenter un événement sportif.

Le futur simple de l'indicatif (1)

■ Observe les verbes du texte. Quel est leur infinitif ? À quel temps, à quelles personnes sont-ils écrits ?
■ Quelles remarques peux-tu faire sur leurs terminaisons ?
■ Choisis deux verbes différents et essaie de les conjuguer au futur.

La reine des abeilles

Elle vivra quatre ou cinq ans au lieu de six ou sept semaines. Son abdomen sera deux fois plus long, sa couleur dorée et plus claire, et son aiguillon recourbé. Ses yeux ne compteront que huit ou neuf mille facettes au lieu de douze ou treize mille. Son cerveau sera plus étroit. Elle n'aura aucun des outils d'une vie laborieuse. Elle n'aura aucune des habitudes, aucune des passions des abeilles. Elle n'éprouvera ni le désir du soleil, ni le besoin de l'espace et mourra sans avoir visité une fleur.

Maurice Maeterlinck, *La Vie des abeilles*.

JE RETIENS

■ Au **futur simple de l'indicatif**, tous les verbes se terminent à l'écrit par **-rai, -ras, -ra, -rons, -rez, -ront**.
Verbes du 1er et du 2e groupe : **infinitif + -ai, -as, -a, -ons, -ez, -ont** (mêmes terminaisons que celles du verbe *avoir* au présent).

être	*avoir*	*compter*	*finir*
*je ser**ai***	*j'aur**ai***	*je compter**ai***	*je finir**ai***
*tu ser**as***	*tu aur**as***	*tu compter**as***	*tu finir**as***
*il/elle ser**a***	*il/elle aur**a***	*il/elle compter**a***	*il/elle finir**a***
*nous ser**ons***	*nous aur**ons***	*nous compter**ons***	*nous finir**ons***
*vous ser**ez***	*vous aur**ez***	*vous compter**ez***	*vous finir**ez***
*ils/elles ser**ont***	*ils/elles aur**ont***	*ils/elles compter**ont***	*ils/elles finir**ont***

1 Écris au futur.

● Nous (observer) la ruche. – Les abeilles (fabriquer) le miel. – Je (réussir) à m'approcher. – Elles (butiner) dans le jardin. – Vous (avoir) une bonne récolte. – Tu (être) satisfait.

2 Écris les phrases au futur.

●● Le chat s'aplatit, puis bondit sur la souris. – Le ciel s'obscurcit et la pluie commence à tomber. – Nous écoutions un CD et nous rêvions. – Ils choisissent un livre et l'emportent.

3 Écris le verbe au temps qui convient.

●●● Dans quelques minutes, tu (arriver). – Aujourd'hui, nous (être) en vacances. – Dans cinq minutes, je (être) prêt. – Ce matin, ils (avoir) de la place. – Il (établir) le programme demain.

J'écris

Écris un court texte décrivant tes projets d'avenir.

Quand je serai plus grand… : j'irai…, je ferai…, j'aurai… .

Le futur simple de l'indicatif (2)

- Quel est l'infinitif des verbes soulignés ?
- Ces verbes suivent-ils la règle de formation du futur des verbes du 1er et du 2e groupe (infinitif + *ai*, *as*, *a*...) ?
- Si l'on connaît une seule personne du futur, peut-on facilement trouver les autres ?
- Cherche la 3e personne du singulier du futur des verbes : *aller* – *venir* – *tenir* – *savoir* – *vouloir* – *cueillir*.

La construction de la cabane

Les instincts bâtisseurs de Lebrac se révélèrent...

– Il faudra, dit-il, ramasser dès ce soir tous les morceaux de planches que l'on trouvera, les vieux clous, les bouts de fer...

– On fera une cheminée, disait Tintin.

– Des lits de mousse et de feuilles, ajoutait Camus...

– Surtout, calez[1] tout ce que vous pourrez en fait de planches et de clous, recommanda le chef ; tâchez d'apporter vos provisions derrière le mur ou dans la haie du chemin de Saute : on reprendra tout demain, en venant à la besogne.

1. prenez.

Louis Pergaud, *La Guerre des boutons* © Mercure de France, 1912.

JE RETIENS

- Dans **les verbes du 3e groupe**, **le futur simple** ne se construit pas toujours à partir de l'infinitif du verbe. **Le radical est parfois modifié.**

aller	→ *j'irai*	*faire*	→ *je ferai*
venir	→ *je **viendr**ai*	*tenir*	→ *je **tiendr**ai*
vouloir	→ *je **voudr**ai*	*savoir*	→ *je **saur**ai*

- Les terminaisons restent inchangées : **-rai, -ras, -ra, -rons, -rez, -ront.**

1 Écris les phrases au futur.

Nous (revenir) demain. – Bientôt, ils (aller) en Espagne. – Tu (recevoir) une carte postale. – Vous (faire) un long voyage. – Vous (être) de retour dans un mois. – J'(avoir) beaucoup de choses à vous raconter.

2 Écris le verbe au temps qui convient.

Je pense qu'il (venir) demain. – La semaine dernière j'(être) malade. – Encore quelques jours, et nous (partir). – En ce moment, nous (repeindre) l'appartement. – L'an passé, nous (avoir) des cours de sport. – Que (faire)-vous l'an prochain ? – Dans un mois, il (avoir) dix ans. – Pour réussir, tu (devoir) faire des efforts. – Maintenant, tu (savoir) bien lire.

3 Écris les phrases au futur.

Nous n'allons plus au bois. – Il veut s'installer ici. – Les voisins ne doivent pas se plaindre. – Je ne parvenais pas à trouver. – Ils font beaucoup de bruit. – Tu intervenais rapidement.

4 Récris ce texte au futur.

En 1888, Vincent Van Gogh part pour Arles, dans le sud de la France. Il est ébloui par la lumière chaude du Midi. Il peint la nature [...]. Il se sent toujours très seul. Le peintre Gauguin vient travailler avec lui ; ensemble ils échangent passionnément des idées, mais ils ne sont pas toujours d'accord : lors d'une dispute, après avoir tenté de blesser son ami, Van Gogh se coupe lui-même l'oreille.

D'après Mila Boutan, *Vincent Van Gogh pour les enfants* © D.R.

Le passé composé de l'indicatif et son emploi (1) : auxiliaire *avoir*

■ À quels temps le texte est-il écrit ?
■ Observe :
On est partis. – On a vu le gardien. – Je suis entré dans la maison.
Ces actions sont-elles en train de s'accomplir, ou sont-elles accomplies ?
■ Écris ces phrases à l'imparfait.
Que remarques-tu ? Les verbes sont-ils formés différemment ?

King

On est partis en courant parce qu'on a vu le gardien du square qui arrivait. Dans la rue, en marchant, je voyais mon têtard dans le bocal, et il était très chouette… J'ai décidé de l'appeler King ; c'est le nom d'un cheval blanc que j'ai vu jeudi dernier dans un film de cow-boys…

Quand je suis entré dans la maison, Maman m'a regardé et elle s'est mise à pousser des cris : « Mais, regarde-moi, dans quel état tu t'es mis ! Tu as de la boue partout, tu es trempé comme une soupe ! Qu'est-ce que tu as encore fabriqué ? »

Jean-Jacques Sempé et René Goscinny, « King » in *Les Récrés du petit Nicolas* © Éditions Denoël, 1961, 2002, by Sempé/Goscinny.

JE RETIENS

■ **Le passé composé** indique **une action passée, accomplie au moment où l'on parle.**

Je l'ai vu jeudi dernier.

On le rencontre avec l'imparfait dans le récit d'événements passés.

■ Le passé composé est formé de l'**auxiliaire *avoir* ou *être* au présent et du participe passé du verbe.**
Avec l'auxiliaire *avoir*, **le participe passé ne s'accorde pas avec le sujet.**

écouter	*j'ai écouté* *nous **avons écouté***	*prendre*	*j'ai pris* *nous **avons pris***

1 Recopie les verbes écrits au passé composé.

Nous avons eu chaud. – Il a bien travaillé. – Nous allons partir. – Tu as terminé. – Nous avons perdu. – Il a construit une maquette de bateau. – Il fait beau. – Vous avez vu. – J'ai fini.

2 Complète avec le verbe *avoir* au passé composé.

Vous … … la visite d'Éléonore. – Il n'… pas … peur de l'orage. – Il y … … des pluies violentes.

3 Écris au passé composé.

Je perds la partie. – Tu fais des erreurs. – Il peut entendre. – Nous comprenons ses explications. – Vous recevez sa lettre. – Elles envoient la réponse.

4 Recopie le poème.

La grenouille aux souliers percés

La grenouille aux souliers percés
A demandé la charité.
Les arbres lui ont donné
Des feuilles mortes et tombées.
Les champignons lui ont donné
Le duvet de leur grand chapeau.
L'écureuil lui a donné
Quatre poils de son manteau […]

Robert Desnos, « La grenouille aux souliers percés » dans *La Ménagerie de Tristan* dans *Destinée arbitraire* (8 vers) © Gallimard.

Encadre le sujet de chaque verbe au passé composé. Indique s'il est au singulier ou au pluriel.
Souligne tous les verbes au passé composé. Explique les accords de chaque verbe.

Le passé composé de l'indicatif (2) : auxiliaire *être*

- Rappelle la formation du passé composé.
- Relève tous les verbes du texte conjugués au passé composé. Donne leur infinitif.
- Relève tous les verbes du texte qui ont pour sujet *mon père*. Puis récris-les au même temps en remplaçant *mon père* par *ma mère*. Quelle règle d'accord appliques-tu ?

Prenez garde aux papillons !

(Deux jeunes chiens s'entretiennent.)

CŒUROUVERT. – … Un papillon est arrivé… C'était un très beau papillon. Mon père s'est précipité pour le suivre… Il n'est plus revenu.

VIFARGENT. – Que s'est-il passé ?

CŒUROUVERT. – Il a couru longtemps le long de la falaise. Il a longé le bord longtemps. Comme si le papillon avait voulu faire connaître à mon père les plus beaux endroits de la côte. Alors, mon père est monté sur les crêtes, est descendu dans les criques.

Dans les yeux il devait avoir les couleurs des ailes du papillon.

Et puis, au moment où le soleil se couchait, le papillon est parti vers la mer… Et mon père est tombé du haut de la falaise.

Pierre Roudy, *La chasse est finie* © Magnard.

JE RETIENS

- **Le passé composé est formé de l'auxiliaire *avoir* ou *être* au présent et du participe passé du verbe.**
- Certains verbes se conjuguent au passé composé avec l'auxiliaire ***être*** : *devenir*, *partir*, *aller*, *arriver*, *revenir*, *naître*, *tomber*, etc.

devenir	*je **suis devenu(e)*** *nous **sommes devenu(e)s***	*partir*	*je **suis parti(e)*** *nous **sommes parti(e)s***

- **Leur participe passé s'accorde en genre et en nombre avec le sujet.**

*Elle est allé**e**. Ils sont allé**s**. Elles sont revenu**es**.*

1 **Parmi ces verbes, écris ceux qui se conjuguent au passé composé avec l'auxiliaire *être*.**

marcher – finir – venir – arriver – tomber – rougir – aller – partir – monter – parvenir.

2 **Écris le pronom sujet qui peut convenir. Sois bien attentif !**

… sommes arrivés. – … sont venues. – … est partie. – … suis tombée. – … sont entrés. – … es né il y a neuf ans. – … est arrivé.

3 **Complète avec l'auxiliaire *avoir* ou l'auxiliaire *être*.**

Quand …-vous arrivés ? – Qu'…-vous fait ? – À quelle heure …-elle partie ? – Pourquoi …-ils venus ? – Qu'…-ils répondu ? – Où …-il allé ?

4 **Écris au passé composé.**

Je suis au dernier rang. – Elle a peur. – Omar travaille bien. – Nous réussissons facilement. – Yasser et Matéo arrivaient ensemble. – Vous partirez aussitôt.

5 **Indique le temps (présent, imparfait, futur, passé composé) de chaque phrase.**

Ils ont été imprudents. (…) – Nous vous enverrons nos vœux. (…) – Vous criiez trop fort. (…) – Tu vas au théâtre. (…) – Elle prend un café. (…) – Nous avons eu chaud. (…)

Le passé composé de l'indicatif (3) : auxiliaire *avoir* ou *être*

- Relève dans le texte les verbes conjugués au passé composé. Avec quel auxiliaire sont-ils conjugués ?
- Explique les accords si tu en rencontres.
- Rappelle les règles d'accord que tu connais.

Leçon de code

Alors voyons… Qui peut me dire quelles sont les précautions à prendre pour traverser la rue ?

… Oui, vous, Agnan.

– Bah ! a dit Maixent. Lui, il ne traverse jamais seul. C'est sa mère qui l'amène à l'école. Et elle lui donne la main !

– C'est pas vrai ! a crié Agnan. Je suis déjà venu seul à l'école. Et elle ne me donne pas la main !

– Silence ! a crié la maîtresse. Elle est allée au tableau et elle nous a fait un dessin, avec quatre lignes qui se croisaient.

– Ça, c'est un carrefour, a expliqué la maîtresse. Pour traverser, vous devez emprunter les passages réservés aux piétons.

Jean-Jacques Sempé et René Goscinny, « Leçon de code »
in *Le petit Nicolas a des ennuis* © Éditions Denoël, 1964, 2004, by Sempé/Goscinny.

JE RETIENS

- **Rappel : employé avec l'auxiliaire *avoir*, le participe passé ne s'accorde jamais avec le sujet.**
  ***Ils** ont cour**u**.*
- **Employé avec l'auxiliaire *être*, le participe passé s'accorde toujours avec le sujet.**
  ***Elle** est all**ée** au tableau. – **Elles** sont arriv**ées**.*

1 Conjugue le verbe *avoir* puis le verbe *être* au passé composé.

2 Complète avec l'auxiliaire qui convient et fais les accords nécessaires.

Nous … fait… des crêpes. – Elle … reçu… des cadeaux. – Nous … arrivé… à l'heure. – Elle … allé… au cinéma. – Il n'… pas aimé… ce film. – Ils … reçu… de nombreux cadeaux. – Elle … eu très peur quand elle … monté… dans l'avion.

3 Même exercice.

Elle … parvenu. . à la joindre. – Nous … acheté… des disques. – Elle … terminé… son livre. – Elle … entré… sans frapper. – Nous … gagné… notre pari.

4 Écris au passé composé.

Elle part à cinq heures. – Tu écoutes de la musique. – Nous faisons du sport. – Elle écrit à son oncle. – Ils rentrent fatigués.

J'écris

1 Explique en quelques lignes les précautions que tu as prises la dernière fois que tu as traversé un carrefour ou une route.

Ex. : Hier, j'ai traversé un carrefour. J'ai regardé…

2 Invente une phrase au passé composé avec chacun de ces verbes.

revenir – tomber – acheter – apprendre – aller.

Le présent de l'impératif

■ Relève les conseils donnés. Le sujet de ces phrases est-il exprimé ?

■ Récris ces conseils en les adressant à plusieurs personnes. Le sujet est-il exprimé ?

Rallume la bougie éteinte !

Étonne tes amis ! Réussis à tous les coups !

Réalise ce tour avec beaucoup de précaution. N'aie pas peur, mais sois prudent.

Allume une bougie ordinaire et laisse-la brûler un moment. Lorsque la flamme est bien haute, souffle ta bougie.

Craque une allumette. Approche la flamme de l'allumette de la fumée blanche qui s'échappe de la mèche éteinte. Ta bougie se rallume aussitôt.

JE RETIENS

■ **L'impératif** est employé pour donner **des ordres, des conseils**. Il s'emploie au **présent**.

Au mode impératif, le sujet n'est pas exprimé et le verbe ne compte que trois personnes :

– celle à laquelle on parle (un seul interlocuteur) : **2e personne du singulier**. *Allume une bougie* **(pas de *s* final)**.

– celle qui englobe celui qui parle et ses interlocuteurs : **1re personne du pluriel**. *Allumons une bougie*.

– celle qui englobe plusieurs interlocuteurs (ou un seul interlocuteur que l'on vouvoie) : **2e personne du pluriel**. *Allumez une bougie*.

avoir	***être***	***rester***	***obéir***	***aller***	***faire***	***prendre***	***venir***
aie	*sois*	*reste*	*obéis*	***va***	*fais*	*prends*	*viens*
ayons	*soyons*	*restons*	*obéissons*	*allons*	*faisons*	*prenons*	*venons*
ayez	*soyez*	*restez*	*obéissez*	*allez*	***faites***	*prenez*	*venez*

1 Conjugue oralement au présent de l'impératif.

Avoir de la patience – être prudent – parler clairement – choisir ce livre – aller au marché – prendre un panier – faire attention.

2 Fais deux colonnes pour distinguer : 1. les verbes au présent de l'indicatif ; 2. les verbes au présent de l'impératif.

Nous sortons. – Vous entrez. – Venez. – Ne parlez plus. – Ayez du courage. – Ils arrivent. – Vous dites. – Sois prudent. – Tais-toi. – Nous venons. – Mange ce plat. – Tu connais ce musée. – Faites attention.

3 Écris au présent de l'impératif.

Vous ne devez pas rouler sur le trottoir à bicyclette. – Je te demande d'être prudent. – Je vous recommande de l'attention. Tu ne dois pas passer par là. – Nous devons aller lentement.

J'écris

1 La publicité emploie souvent l'impératif dans ses slogans. Écris-en quelques-uns que tu connais. Tu peux aussi en inventer.

2 Tu donnes à ton petit frère ou à un ami les conseils indispensables pour traverser la rue sans danger. Écris ce que tu lui dis.

La longue marche de Filou

Ses maîtres ayant déménagé pendant son absence, Filou le chat part à leur recherche. Après plusieurs semaines de voyage, il tombe sur une rivière qui lui barre le chemin.

Il s'approcha du courant, inquiet, toucha avec précaution cette eau qui fuyait, secoua sa patte, recula en crachant, flaira la berge, la remonta à la recherche d'un passage, revint sur ses pas en miaulant d'une petite voix aiguë, dressa la tête pour apercevoir l'autre bord, essaya encore d'attraper l'eau, puis s'éloigna, s'assit à quelques mètres en regardant la rivière comme s'il espérait qu'elle finirait bien par s'assécher, s'allongea à l'écart et attendit.

La tête reposée sur les pattes, il fixait l'autre rive, les yeux mi-clos. Il savait que sa route continuait là-bas et s'éloignait sans lui. Filou sentait le froid du découragement l'envahir. Ses pattes se faisaient plus lourdes, son pelage plus terne. L'épuisement l'écrasait comme si toute la fatigue accumulée depuis des semaines de solitude explosait d'un seul coup pour l'obliger à renoncer. [...]

Il fallut un danger, la menace de la mort toute proche, pour l'obliger à déguerpir.

Un homme approchait, son chien à ses côtés et Filou, trop préoccupé par sa tristesse, ne les avait pas entendus venir.

– Le chat, Tim ! Regarde le chat ! Vas-y ! Chope-le ! Chope !

Filou s'était dressé d'un bond. Il avait vu la masse du chien foncer sur lui en jappant au milieu des éclats de rire de l'homme. Il n'y avait pas un seul buisson dans ces prés au bord de l'eau, pas un seul arbre où grimper à l'abri des crocs. Il ne lui restait plus qu'à courir, courir comme un fou à travers champs, refaire en sens inverse tout le trajet de cet après-midi, un fauve aux trousses, plus puissant, mieux nourri, mieux reposé que lui, ou alors sauter à l'eau...

Le chien approchait, immense, monstrueux, la bave aux lèvres. Filou l'évita d'un écart, bondit au bord de la rivière et plongea. Lorsque le molosse, emporté par son élan, arriva à son tour sur la rive en trépignant, Filou dérivait déjà au milieu du courant.

Battant des pattes pour résister à la force de l'eau, il entendit à peine l'homme qui rappelait la bête :

– Au pied Tim ! Au pied mon chien ! Tranquille Tim ! Tranquille !

Filou s'accrocha au passage après une touffe de joncs. Mais les plantes pliaient sous son poids et ses pattes s'empêtraient dans leurs tiges. Lorsqu'il parvint à s'en défaire, il gagna la rive, en détestant l'eau plus que jamais.

Jacques Cassabois, *La Longue Marche de Filou* © Scandéditions-La Farandole.

As-tu bien compris ?

- Pourquoi Filou est-il découragé quand il se retrouve devant la rivière ?
- Pourquoi ne veut-il pas la traverser ? Qu'est-ce qui l'oblige à le faire ?
- Qu'aurait-il pu faire d'autre pour échapper au chien et pourquoi ne l'a-t-il pas fait ?

J'AI DÉJÀ APPRIS...

1 2 Le verbe s'accorde toujours avec son sujet même s'ils sont séparés par un pronom.

Unité 1, p. 154

3 4 *Leur* devant un nom est un déterminant. Il s'accorde avec le nom. Devant un verbe, il est invariable.

Unité 3, p. 157

1 Certains noms sont formés à partir d'un verbe ou d'un adjectif.

Unité 1, p. 160
Unité 2, p. 162

2 3 *Rigoler*, *moche* ou *bagnole* sont des mots familiers.

Unité 3, p. 164

ORTHOGRAPHE

1 Recopie cette phrase puis souligne les verbes et leur sujet.

Un homme approche avec son chien, mais Filou ne les entend pas.

Entoure le pronom qui se trouve devant le second verbe. Explique pourquoi ce second verbe est accordé à la troisième personne du singulier.

2 Transforme la phrase suivante en la commençant par *Quand les chiens approchent*.

Quand le chien approche, Filou l'évite en faisant un écart.
Quand les chiens approchent,...

Comment vas-tu accorder le verbe *éviter* ? Explique pourquoi.

3 Observe le mot *leurs (leurs tiges)* à la ligne 33 du texte. Explique pourquoi il est au pluriel.

4 Dans la phrase suivante, complète les pointillés par le mot *leur* et explique pourquoi, dans chaque cas, tu accordes ou non ce mot.

Les chats sont fidèles à ... maîtres, ils ... manifestent beaucoup d'affection et s'ils les perdent, ils partent à ... recherche, comme Filou.

VOCABULAIRE

1 Des mots du texte ont été placés dans ce tableau. Cherche, quand c'est possible, le verbe ou l'adjectif correspondant, comme dans l'exemple. Mets une croix dans les cases qu'on ne peut pas remplir, puis compare ton tableau avec celui de tes camarades.

Verbes	Adjectifs	Noms
déménager	✗	*déménagement*
	inquiet	
attendre		
		découragement
exploser		
		tristesse
	lourde	

2 Relis ce que dit l'homme à son chien, ligne 17 du texte. Quel mot familier emploie-t-il ? Par quel autre mot, moins familier, pourrais-tu le remplacer ?

3 Voici une liste de mots ou expressions familiers. Retrouve les mots du texte dont ils sont synonymes. Tu peux t'aider d'un dictionnaire.

la flotte – un cabot – une caboche – un type – un dingue – au derrière – costaud – s'emberlificoter.

Les pronoms et l'accord du verbe

■ Observe :
Il leur mordillait les oreilles.
Ils lui égratignaient le nez.

■ Quels sont les sujets des verbes de chacune de ces phrases ?

■ Peux-tu expliquer comment le verbe s'accorde dans ces deux phrases ?

■ À quoi correspondent *leur*, *lui* ? Y a-t-il un risque d'erreur pour accorder le verbe ? Quelle est la précaution à prendre ?

■ Trouve d'autres exemples dans le texte.

L'enfance de Gargantua

Il se mouchait dans ses manches, piétinait en tous lieux, buvait dans sa pantoufle et se frottait ordinairement le ventre d'un panier…

Les petits chiens de son père mangeaient dans son écuelle, lui de même mangeait avec eux. Il leur mordillait les oreilles, ils lui égratignaient le nez ; il leur soufflait sur la queue, ils lui léchaient les lèvres.

Rabelais, *Gargantua*.

JE RETIENS

■ **Le verbe s'accorde toujours avec son sujet** : nom, groupe du nom ou pronom, quelle que soit sa place.

■ **Les pronoms compléments placés avant le verbe ne modifient en rien cette règle.**

*Je **les** regarde. – Ils **la** regardent. – Tu **lui** parles. – Elles **l'**écoutent.*

1 Souligne les sujets et accorde les verbes au présent de l'indicatif.

Tu lui donn… – Nous le port… – Je les atten… – Ils la demand… – Elle les veu… – Elles le choisi… – Vous la regard… – Tu les gard… – Tu la conn… – Elle lui ressembl… – On les accompagn… .

2 Même exercice.

Les enfants lui ouvr… – Meddi et Gaetan leur apport… des cadeaux. – Leur petit chien les accompagn… – Moussa les rang… – Wallis les enten…-il ? – Tu les lui apport… – Je la lui envoi… – On me les offr… – Il la leur prépar… – Nous le lui rend… – Vous les leur rempli… – On en jou… .

3 Accorde les verbes au présent de l'indicatif.

Toi, tu le lui demand… – Moi, je ne les comprend… pas. – Est-ce que toi, tu le leur prêt… ? – Eux, ils ne le lui conf… pas. – Nous, nous le lui prêt… .

4 Même exercice.

Je les voi… – Vous ne le fait… pas. – Est-ce que vous en pren… ? – Le dis…-ils ? – Il leur écri… – Je les pren… – Vous le di… – Je ne les ven… pas.

5 Complète et accorde les verbes au présent de l'indicatif.

Ton père et toi, … ne les connai… pas. – Fatima et moi, … part… en vacances. – Camille, Lucie et Arthur, … les lui offr… – Son frère et lui ne leur vien… pas en aide. – Toi et moi, cherch…-les.

6 Écris les verbes au présent de l'indicatif.

Ma chienne (venir) de mettre au monde six petits chiots. Elle les (lécher) avec soin, les (tourner), les (retourner), les (examiner) de tous côtés. Puis elle les (rassembler) sous son ventre et les (entourer) de sa chaleur. Les yeux fermés, les petits museaux (chercher) la mamelle, la (trouver), (se caler) pour mieux déguster la douce nourriture.

7 Même exercice.

L'écureuil (ramasser) des noisettes et les (porter) dans l'arbre. – J'apprends une poésie et je la (réciter) à mon père. – Tu (préparer) un gâteau et tu le (distribuer) en parts égales à tes amis. – Sonia et Mouloud (aimer) cette musique ; ils l'(écouter) souvent.

8 Récris le texte et accorde les verbes au présent de l'indicatif.

En forêt

Je (se promener) tranquillement, quand, tout à coup, devant moi, (déboucher) deux chevreuils bondissant des buissons. Mon chien (s'élancer) mais les (poursuivre) en vain. Il ne les (rattraper) pas. Ces animaux (s'échapper) si vite qu'on les (perdre) de vue rapidement. Cette rapidité les (protéger) efficacement.

9 Accorde les verbes à l'imparfait de l'indicatif.

Elles la (préparer) – On les (oublier) – Ils l'(aimer) – Tu la (ramasser) – Je les (prendre) – Nous les (attendre) – Il les (écraser) – Tu les (jeter).

10 Même exercice.

Le clown (amuser) les enfants et les (faire) rire. – Les loups (se jeter) sur la brebis et la (dévorer). – Les peupliers (border) la route et l'(ombrager). – Le conte (intéresser) les enfants et les (émerveiller).

11 Remplace *leur* par *lui* quand c'est possible.

Tu leur offres des fleurs. – Le film passe dans leur quartier. – Nous leur expédions un nouveau CD. – Il leur est arrivé une drôle d'histoire. – Leur fille fait du judo. – Je leur prête mon skate-board.

DICTÉE

Un bonbon dans la basse-cour

Les petites poules ne se rendirent pas compte qu'il s'agissait d'un bonbon et qu'elles auraient pu le manger ; ce qui les attirait, c'était la couleur marbrée. […] Toutes se démenaient pour s'emparer du trophée, le laissaient tomber par terre, le ramassaient, le projetaient dans les airs, le rattrapaient, se le passaient de bec en bec en poussant des cris d'excitées.

Dick King-Smith, traduit par Pierre de Laubier, *Les Longs-Museaux* © collection Folio Junior, Gallimard-Jeunesse.

Choisir entre *la, l'a, l'as, là*

■ Observe les mots soulignés du texte. Comment prononces-tu ces mots ? Remarques-tu une différence de prononciation ?

■ 1. *Ta flûte, tu **l'as** taillée.* 2. *Il **l'a** taillée.* 3. ***La** pirogue.* 4. *Pour **la** délivrer.*
Quelle est la nature de *l'as* en 1 ? de *l'a* en 2 ? de *la* en 3 et en 4 ?

■ *Il l'a perforée, là, au bord d'une eau courante.*
Que signifie *là* dans cette phrase ?

Flûtistes

« Ta flûte,
Tu l'as taillée dans un tibia de taureau puissant,
Et tu l'as polie sur les collines arides
Flagellées de soleil ;
Sa flûte,
Il l'a taillée dans un roseau tremblotant de brise,
Et il l'a perforée au bord d'une eau courante
Ivre de songes lunaires.
Vous en jouez ensemble au fond du soir,
Comme pour retenir la pirogue sphérique
Qui chavire aux rives du ciel ;
Comme pour la délivrer
De son sort… »

Jean-Joseph Rabearivelo (poète malgache), *Vidalie* © D.R.

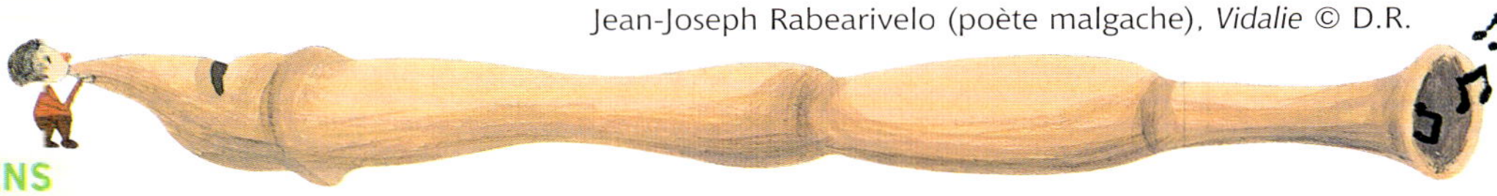

JE RETIENS

■ Dans le groupe nominal : *la flûte*, ***la*** est **un déterminant** du nom : **un article défini.** Il peut être remplacé par ***sa***, ***cette***. Il accompagne le nom féminin.

■ Dans *Il a égaré sa flûte et il **la** cherche*, ***la*** est **un pronom complément. Il remplace le nom féminin** *(sa flûte)* et accompagne le verbe.

■ Dans *Tu **l'as** vu. Il **l'a** trouvé*, *(tu)* ***l'as*** et *(il, elle)* ***l'a*** peuvent être remplacés par *(tu) l'avais*, *(il, elle) l'avait* : verbe ***avoir***, précédé de ***l'***, forme du pronom personnel ***le***, ***la*** devant une voyelle.

■ Dans la phrase : *Il est là*, ***là*** indique le lieu. Il peut être remplacé par ***ici***. C'est un adverbe de lieu : *Il est **là**, je le vois.* Il s'écrit avec un accent grave.

1 Complète avec *l'as* ou *l'a*.

Tu … appelé. – Elle … vu, elle ne … pas reconnu. – …-tu entendu chanter ? – Nadia … accompagné. – Tu ne … pas bien joué. – Tu … attrapé. – Il … prend avec lui.

2 Complète avec *la*, *l'as* ou *l'a*.

On … vu partir vers … rivière. – Il … cherche près du moulin. – Tu … vu ce matin ? – Il a disparu dans … forêt. – Tu … choisis et tu … gardes. – Il … gagné à … tombola. – Il … jeté dans la poubelle. – Elle … mettra demain.

3 Complète avec *la* ou *là*.

Le train n'est pas encore … – Elle arrive, je … vois …-bas. – Elle court jusqu'à … gare. – …-bas, … rue est calme. – Regarde …-haut, tu … verras passer. – Que fais-tu … ? – C'est … que je travaille.

4 Complète avec *l'as*, *l'a*, *la*, ou *là*.

« Ton cerf-volant, tu … fabriqué avec quoi ?
– De … toile et des baguettes que j'ai attachées … .
– Il est superbe ! Tu … joliment décoré ! Théo … vu ? »

Choisir entre *leur* et *leurs*

■ Observe : *leur vie – leurs galeries.*
Comment s'appellent ces groupes ?
Devant quelle sorte de mot est placé *leur* ? Quelle est ici la nature de *leur* ? Explique les accords.

■ *Je leur appris…*
Devant quelle sorte de mot est placé *leur* ? Quelle est ici la nature de *leur* ? Quel rôle joue-t-il ? Remplace *leur* par la même sorte de mot au singulier.

Les hommes d'autrefois

Autrefois, ils regardaient sans voir, écoutaient sans entendre. Pareils aux images des rêves, ils vivaient au hasard ; toute <u>leur vie</u> se passait dans la confusion. Ils ignoraient les maisons de briques exposées au soleil ; ils ne savaient pas travailler le bois. Ils vivaient enfouis sous la terre, comme les fourmis rapides au fond de <u>leurs galeries</u> fermées au soleil.

<u>Je leur appris</u> le lever et le coucher des astres, science difficile. Je leur enseignai la plus importante des sciences, celle des nombres. Je leur enseignai l'écriture, qui conserve le souvenir de toutes choses et qui donne naissance à tous les arts.

Eschyle, *Prométhée enchaîné*.

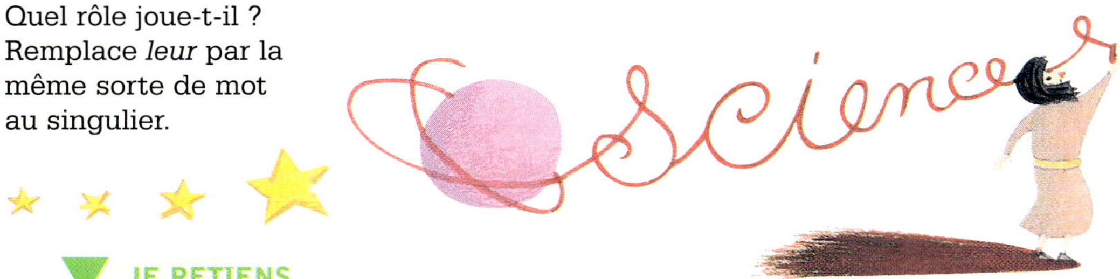

JE RETIENS

■ ***Leur*** devant un nom est **un déterminant possessif** (comme *notre*, *votre*). Il s'accorde avec ce nom.

__leur__ vie – __leurs__ galeries

■ ***Leur*** devant un verbe est **invariable**. C'est un pronom personnel, pluriel de ***lui***.

Je __lui__ enseignai… – Je __leur__ enseignai…

1 Classe en deux groupes : *leur* est déterminant ; *leur* est pronom personnel.

leur travail – tu leur écris – leur faire plaisir – leurs conseils – leur donner – leur choix.

2 Complète par *leur* ou *leurs*.

Chaque semaine, … grands-parents … téléphonent. Ils … demandent de … nouvelles. Pour … anniversaire, ils … ont offert des livres. À Noël, ils … rendront visite.

3 Remplace les mots soulignés par *leur* ou *leurs*.

<u>Ses</u> amis <u>lui</u> ont rendu visite. – Nous <u>lui</u> avons rapporté <u>ses</u> CD. – <u>Son</u> maître <u>lui</u> fait des compliments. – Il <u>lui</u> montre <u>ses</u> erreurs.

DICTÉE

Le massacre des dodos

Certains marins tenaient leur sabre à la main, d'autres de gros gourdins, et tous gagnaient rapidement de vitesse les oiseaux les plus gros et les plus poussifs. Béatrice, Bertie et leurs deux amis prirent leurs pattes à leur cou et coururent aussi vite qu'ils le purent, ne s'arrêtant que bien à l'abri dans les arbres et lorsqu'ils n'entendirent plus aucun bruit de poursuite.

Dick King-Smith, traduit par Lan Du Chastel, *Longue vie aux dodos* © Gallimard.

L'accord du participe passé (1)

■ Relève tous les participes passés du texte. Classe-les :
- employés seuls ;
- employés avec *être* ;
- employés avec *avoir*.

■ Quelles remarques peux-tu ainsi faire sur leur orthographe ?

Essai !

Dans les gradins garnis d'une foule immense, les petits groupes de Chantegrivois, venus avec leurs drapeaux de papier, encouragent leurs joueurs qui ont réussi une percée…

Le ballon parvient à Roybon, lancé avec précision par le minuscule Mosqueros, dont les cheveux noirs sont collés sur les tempes par la sueur. Roybon, cerné par trois joueurs viennois, ne peut leur échapper. Alors il ajuste un « drop », lâche devant lui l'ovale de cuir et le frappe du pied dès qu'il touche le sol. Le ballon soulevé très haut dans les airs se dirige vers les poteaux viennois et passe au milieu. L'arbitre lève le bras et siffle : il accorde les trois points.

D'après Albert Royer, *Les Lurons de Chantegrive* © D.R.

JE RETIENS

■ **Le participe passé employé seul**, c'est-à-dire sans auxiliaire, **s'accorde**, comme l'adjectif, **avec le nom qu'il accompagne.**

*les joueurs encourag**és** – une rencontre attend**ue**.*

■ **Le participe passé employé avec l'auxiliaire *être* s'accorde en genre et en nombre avec le sujet.**

*Le ballon **est** lanc**é**. – L'équipe **est** entraîn**ée**.*

■ **Le participe passé employé avec l'auxiliaire *avoir* ne s'accorde jamais avec le sujet.**

*La foule **a** applaudi. – Les joueurs **ont** levé les bras.*

1 Souligne les participes passés employés sans auxiliaire. Encadre le nom qu'ils accompagnent.

Le match, interrompu par l'arbitre, reprend. – Après un essai manqué, les spectateurs déçus se rassoient. – Épuisés mais vainqueurs, les joueurs de tennis quittent le terrain. – Accueillis comme des héros, félicités, les champions font le tour de la ville.

2 Accorde les participes passés correctement.

Prononc… d'une voix ému…, le discours est applaud… – Le vestiaire réserv… à l'équipe est envah… par les journalistes. – Épuis… par le sprint, la championne s'est allong… sur la piste. – Attend… avec impatience, les champions pénètrent dans le stade.

3 Accorde correctement les participes passés. Attention à l'auxiliaire employé !

Sandra est arriv… ce matin. – Ses parents étaient all… l'attendre à la gare. – La balle a roul… dans les pieds de James. – La route est deven… impraticable. – Le maître a dessin… un modèle au tableau. – La neige est tomb… toute la nuit. – Les cols sont ferm… à la circulation. – Manuel et Tim ont reç… des invitations. – Le marchand a ferm… son magasin.

L'accord du participe passé (2) : auxiliaire *avoir*

■ Rappelle ce que tu sais déjà sur la règle d'accord du participe passé employé : sans auxiliaire, avec l'auxiliaire *être*, avec l'auxiliaire *avoir*.

■ Observe :

1. *Nam a entraîné* [*les Kzamms*].
2. *Nam* [*les*] *a entraînés.*

Comment appelle-t-on le complément encadré ?
À partir de cet exemple, essaie d'expliquer l'accord du participe passé dans la phrase 2

■ Trouve dans le texte d'autres exemples qui confirment cette règle.

Le retour de Nam, le rusé

C'était Nam qui s'avançait dans la nappe argentine du clair de lune. Il ne tarda pas à paraître au pied du tertre.

Et le chef demanda :

– Les Kzamms ont perdu la trace de Nam ?

– Nam les a entraînés très loin dans le nord puis les a devancés et il a longtemps marché dans la rivière. Ensuite il s'est arrêté ; il n'a plus vu, ni entendu, ni flairé les Dévoreurs d'Hommes.

– C'est bien, répondit Naoh en lui passant la main sur la nuque, Nam a été agile et rusé.

J.-H. Rosny Aîné, *La Guerre du feu*

JE RETIENS

■ **Le participe passé** employé avec **le verbe *avoir*** s'accorde avec le complément d'objet direct **quand celui-ci est placé avant le verbe.**

J'ai appelé Julie. (pas d'accord) → *Je l'ai appelée.* (accord)

■ **S'il n'y a pas de COD, le participe passé employé avec *avoir* est invariable.**

Ils ont déjeuné.

1 Accorde correctement les participes passés.

Nam a éloign… le danger. – Naoh a félicit… Nam. – Les guerriers ont regagn… leur camp. – Les flammes ont effray… les tigres. – La pluie a effac… les traces. – Les hommes ont parcour… un long chemin. – Ils ont franch… la rivière.

2 Reprends l'exercice ci-dessus en remplaçant le COD par le pronom qui convient. Fais les accords quand c'est nécessaire.

Ex. : Nam a éloigné le danger → Il l'a éloigné.

3 Récris les phrases en remplaçant les COD par des pronoms COD qui conviennent.

Le tigre a contourné le camp. – Les chasseurs ont ranimé le feu. – Le fauve a abandonné le terrain. – Les aurochs ont chargé le mammouth. – La fureur a gagné le troupeau.

4 Accorde correctement les participes passés.

La caverne que Gaw a examin… – La grotte que les ours ont quitt… – Les cerfs que le lion géant a guett… – La piste que la lune a éclair… – Les Oulhamr que les Kzamms ont attaqu… .

De l'adjectif au nom

■ À partir de quels adjectifs sont formés les noms : *la tristesse*, *l'immensité*, *la douceur* ? Quels suffixes a-t-on ajoutés ?

■ *J'étais si seul*. Quel mot de la famille de *seul* figure dans le texte ?

■ Connais-tu l'adjectif correspondant au nom *la confiance* ?

■ Forme des noms à partir des adjectifs *fort*, *courageux*, *habile*.

Seul, dans l'île

« Il va venir, me disais-je, sans grande confiance… »

Au moment où la lune se leva, ma tristesse devint plus grande. À sa clarté, quand je vis l'étendue déserte des étangs, je découvris l'immensité de ma solitude. J'étais si seul qu'en moi doucement j'appelais Gatzo…

Car jamais je ne retrouverais un compagnon pareil : un compagnon plus fort, plus courageux, plus habile que moi…

Elle m'aida beaucoup cette nuit-là : sa clarté éclaira ma route et sa grande douceur m'apaisa un peu, par enchantement.

Henri Bosco, *L'Enfant et la Rivière* © Gallimard.

JE RETIENS

■ **À partir de certains adjectifs**, on peut **ajouter des suffixes** : **-esse**, **-ité**, **-eur**, etc. pour former des noms.

*Les étangs sont **immenses**. → L'**immensité** des étangs.*
*L'enfant est **triste**. → La **tristesse** de l'enfant.*

■ Dans certains cas, il arrive que **le radical soit transformé** : *seul → la solitude*, *clair → la clarté*.

1 Écris le nom formé à partir de l'adjectif donné.

Ex. : Le juge est sévère. → La sévérité du juge.

– Ces poissons d'Amazonie sont voraces. → …
– Notre grand-mère est gentille. → …
– Ce journaliste est célèbre. → …
– Ce nouveau moteur est puissant. → …
– Cette maman est tendre avec ses enfants. → …

2 Même exercice.

Cette chambre est propre. – Ces murs sont solides. – Ses progrès sont lents. – Son entreprise est hardie. – Cet enfant est insolent.

3 Retrouve l'adjectif.

la curiosité → … – la sécheresse → … – l'exactitude → … – la paresse → … – la vieillesse → … – la fidélité → … – la fragilité → … – l'inquiétude → … – la solidarité → … .

4 **Retrouve les noms formés à partir des adjectifs.**

blanc : la … – grand : la … – poli : la … – noble : la … – tranquille : la … – précis : la … – épais : l'… – difficile : la … – rapide : la … – intelligent : l'… – franc : la … – sévère : la … .

5 **Même exercice.**

aimable : l'… – majeur : la … – parfait : la … – bref : la … – distrait : la … – brave : la … – obscur : l'… – charmant : le … – vif : la … .

6 **Recopie l'exercice et relie par un trait le nom et l'adjectif correspondant.**

la véracité •	• muet
la proximité •	• vrai
la culpabilité •	• sourd
la mollesse •	• coupable
la loyauté •	• proche
le mutisme •	• mou
la surdité •	• loyal

7 **Complète les phrases en italique à l'aide d'un nom forme à partir de l'adjectif entre parenthèses.**

Ex. : (Le chat est souple.) → *On admire sa souplesse.*

– (Les TGV sont rapides.) → *Remarquez …*
– (L'arbitre n'est pas gentil.) → *Il ne faut pas compter sur …*
– (Le conducteur est responsable.) → *La … a été établie.*
– (Le sol est sec.) → *Malgré la …, ils ont fait pousser des plantes.*
– (Vos renseignements étaient précis.) → *Grâce à la …, nous avons retrouvé notre chien.*

8 **Même exercice.**

– (Le puits est profond.) → *On mesure …*
– (Le paysage est beau.) → *Les visiteurs admirent …*
– (Le miel est doux.) → *Djamel et Alice préfèrent …*
– (Ce tissu est fin.) → *Le marchand vante …*

9 **Complète selon l'exemple en trouvant dans la liste un verbe à l'impératif qui puisse convenir : *contrôler*, *remarquer*, *regarder*, *apprécier*, *admirer*.**

Ex. : (Le pont est solide.) ***Vérifiez*** *la solidité du pont.*

(Les essuie-glaces sont efficaces.) …
(La mesure est précise.) …
(Le maître d'hôtel est courtois.) …
(Les pneus sont usés.) …
(Cette femme est généreuse.) …

MOTS CROISÉS

Retrouve les noms formés à partir des adjectifs donnés et écris-les au bon endroit dans la grille.

1. facile.
2. poli.
3. fort.

A. courageux.
B. habile.
C. simple.

Du verbe au nom

■ Essaie de trouver à partir de quels verbes sont formés les noms du texte : *une habitation*, *la protection*.

■ Essaie de trouver à partir de quels verbes sont formés les noms du texte : *la délivrance*, *un enfoncement*.

Robinson Crusoé

Robinson est le seul rescapé d'un naufrage. Il se retrouve seul sur une île.

Je devais considérer plusieurs choses dans le choix du site de ma nouvelle habitation : premièrement la salubrité et la facilité de me procurer de l'eau douce ; deuxièmement l'abri contre la chaleur du soleil ; troisièmement la protection contre toutes créatures rapaces, soit hommes, soit bêtes ; quatrièmement la vue de la mer afin que, si un bâtiment passait dans ces environs, je pusse en profiter pour ma délivrance.

En cherchant un lieu qui réunît tous ces avantages, j'aperçus une petite plaine située au pied d'une colline rocheuse et à pic. Au bas de ce rocher, dominant la petite plaine, se trouvait un enfoncement, sorte de cave creusée par la nature et qui retint tout de suite mon attention.

Daniel Defoe, *Robinson Crusoé*, adaptation de Gisèle Vallerey © Nathan.

JE RETIENS

■ **À partir d'un verbe**, on peut former un nom en ***-tion***, en ***-ment***, en ***-age***, etc.

enfoncer → un enfoncement ; habiter → une habitation ; assembler → un assemblage

■ Dans certains cas, il arrive que le radical soit transformé.

louer → la location

1 Complète.

Ex. : Le maître explique. → L'explication du maître.

Les usines ferment. → … – La situation s'aggrave. → … – L'avion descend. → … – Juliette a désobéi. → … – Les classes rentrent. → … – Les oiseaux migrent. → … .

2 Remplace le verbe par le nom correspondant.

De nombreux sportifs souhaitent l'(agrandir) du stade. – Le (gonfler) de la rivière a provoqué l'(effondrer) du vieux pont. – La météo a annoncé le (changer) de temps pour demain. – Khalid a fini le (classer) de ses livres. – L'(inaugurer) du nouveau restaurant scolaire aura lieu mardi soir. – La (mettre en scène) du film est remarquable.

3 Remplace le verbe par le nom correspondant.

Respecter le feu rouge est une (obliger). – L'(opposer) de ses parents était grande. – Mon frère est un passionné du (patiner) sur glace. – Azalée est désolée de la (perdre) de son chat. – Autrefois, des bandes armées se livraient au (piller) des villes. – Les enfants demandent l'(organiser) d'une fête.

4 Écris le nom à partir du verbe donné.

explorer la forêt → l'… de la forêt – expédier un paquet recommandé → … – ramasser des ordures ménagères → … – commencer des travaux urgents → … – installer un bureau de poste → … – étaler les vacances scolaires → … .

5 Retrouve les verbes.

la réclamation → … – l'orientation → … – le tremblement → … – le paiement → … – le raffinage → … – la trahison → … – l'ouverture → … – le parcours → … .

6 Complète comme dans l'exercice 1.

Ex. : Elle a préparé un gâteau.
→ la préparation d'un gâteau.

Le canard a plongé dans l'étang. → … – La classe a inventé des décorations. → … – Elle a mélangé les jaunes d'œufs et le chocolat. → … – Il a découvert son cadeau → … .

7 Complète avec un nom ou un verbe.

Ex. : ramasser → le ramassage.

corriger → … – sonder → … – … → la dégustation – respirer → … – dresser → … – délivrer → … – réaliser → … – … → la conduite – rouler → … – … → la promesse – finir → … – … → la perte – percevoir → … – mordre → … .

8 Trouve un titre commençant par un nom à chacun de ces articles de journaux.

1. …
Les camions de la ville ramasseront les vieux habits le samedi matin à partir de 9 heures.

2. …
Un petit voilier a disparu en mer. Le mauvais temps est sans nul doute le responsable de cette perte. Les recherches entreprises n'ont rien donné à ce jour.

3. …
Le conseil d'école a décidé de modifier le règlement intérieur de l'école.

4. …
Demain, l'heure change. Vous devrez retarder vos montres et pendules d'une heure. Une heure de sommeil gagnée !

5. …
Le conseil municipal lance une campagne contre le bruit. Postes trop bruyants, pétarades de cyclomoteurs seront interdits pour redonner un peu de calme à notre ville.

J'écris

Regroupe les deux phrases pour n'en former qu'une seule.

Ex. : Le TGV passe. Cela fait trembler le quai.
→ Le passage du TGV fait trembler le quai.

Le nombre des accidents augmente. Cela pose un problème grave.
→ …

Le terrain a glissé. Cela a provoqué l'arrêt des trains.
→ …

D'autres mots pour le dire : les niveaux de langue

■ *Le Chien* ***s'est fait avoir****.*
Il ne fait pas attention
où ***il fourre son nez.***
Ils m'ont cueilli *pendant que je dormais !*
Trouve des expressions synonymes de celles écrites en gras.

■ Relève deux mots dans le texte :
– l'un synonyme de *camarade*,
– l'autre synonyme de *sot*.
Quelle est l'expression du texte qui signifie : *je me sauve* ?

La fourrière

– Alors, tu t'es fait avoir, toi aussi ? fit une voix dans l'obscurité. Le Chien mit un certain temps à entrevoir celui qui lui parlait.

– Tu es jeune, toi, pourtant, reprit la voix, tu dois être agile, tu aurais pu leur échapper.

– Justement, fit une autre voix, grincheuse et nasillarde, c'est jeune et ça ne sait pas ! Ça ne regarde pas où ça fourre son nez et ça se retrouve au trou sans savoir comment.

– Et toi, qu'est-ce que tu fais là, puisque tu es si malin ? interrogea la première voix sur un ton fatigué.

– Moi, c'est pas pareil, glapit la seconde voix ; moi, ils m'ont pas cueilli pendant que je dormais ! Et j'aime autant te dire qu'ils ne vont pas me garder longtemps, moi ! À la première occasion, hop ! ni vu ni connu, je me tire...

– Ça va, ça va, vous dites tous la même chose, reprit la première voix, qui appartenait à un gros tas laineux couché au fond de la camionnette. N'empêche que, si on s'en sort, ce coup-ci...

– Où va-t-on ? demanda enfin le Chien en s'adressant au Laineux.

– Et ça demande où on va, en plus ! s'exclama le Nasillard. Tu tombes du ciel, mon pote ! Qu'est-ce qui m'a fichu un crétin pareil ?

Daniel Pennac, *Cabot-Caboche* © Nathan.

JE RETIENS

Un pote, *fourrer son nez*, *se faire avoir* sont des mots et expressions du **langage familier**.
Il y a aussi deux autres façons de s'exprimer : en **langage courant** et en langage aux mots plus recherchés, le **langage soutenu**.

fuir (soutenu), *se sauver* (courant), *se tirer* (familier).

1 Recopie ces couples de mots et souligne le mot qui est familier.

de l'argent / du fric – de la chance / du pot – se balader / se promener – un môme / un enfant – un parapluie / un pépin – un pote / un ami – laid / moche – un ventre / un bide – un mensonge / un bobard – amusant / rigolo.

2 Dans ces couples de mots, souligne celui qui est du langage soutenu.

la bicyclette / le vélo – le vacarme / le boucan – aider / assister – décéder / mourir – égarer / perdre – se disputer / se quereller – la trouille / la crainte – l'ouvrage / le bouquin.

3 **Écris trois colonnes : langage familier ; langage courant ; langage soutenu, puis écris les mots à la place qui convient.**

– abîmer – détériorer – esquinter.
– dérober – piquer – voler.
– travail – tâche – boulot.
– fatigué – las – crevé.

4 **Relie par un trait le mot courant à son expression familière.**

partir •	• casser sa pipe
avoir peur •	• casser les pieds
rire •	• mettre les voiles
mourir •	• avoir la trouille
aider •	• se gondoler
ennuyer •	• donner un coup de main

5 **Relie par un trait l'expression familière à son explication.**

C'est un âne. •	• un homme peu sociable
C'est un ours. •	• un homme avare
C'est un renard. •	• un homme malin
C'est un rat. •	• un homme stupide

6 **Écris les mots courants correspondant à ces mots ou expressions familiers.**

le bazar : … – faire gaffe : … – dégringoler : … – la bouille : … – les tifs : … – chialer : … – le froc : … .

7 **Récris les phrases en langage courant ou en langage familier selon le cas.**

– Ce *cabot* est vraiment désagréable, il *gueule* tout le temps !
– *Elle est partie* en emportant mon *livre*.
– Ce soir, je suis *fatigué*, je ne tiens plus sur mes *jambes* ; je vais aller au *lit* de bonne heure.
– S'il continue à *se goinfrer* ainsi, il deviendra rapidement *un gros plein de soupe*.
– Depuis une heure nous *poireautons* sous *la flotte*, et je commence à avoir froid aux *pinceaux* !

J'écris

1 **Récris en langage courant la partie du texte de : *Et ça demande où on va…* jusqu'à … *crétin pareil*.**

2 **Récris le texte en transformant en langage courant les mots ou expressions écrits en langage familier.**

Mais le lendemain, c'était un mercredi, alors j'avais autre chose à faire qu'à penser à l'école et à cette drôle de fille. Je devais aller chez l'orthophoniste qui pue du bec, et qui me fait répéter cent fois les mêmes trucs […]. Et puis je voulais aussi ranger ma chambre et mettre de l'ordre dans toutes mes boîtes (J'en ai onze, j'en fais la collec : boîte à images de films d'horreur, boîte de timbres – y'en a peut-être un qui vaut des millions mais comme je ne sais pas lequel, il faut que je fasse bien gaffe à ne pas en perdre un seul, et surtout, faut que je me méfie de la chatte qui veut toujours aller pisser dedans).

Jo Hoestlandt, *Tu peux toujours courir !* © Nathan.

3 **Sur le modèle ci-dessus, rédige, en langage familier, un court texte où tu raconteras ce que tu fais le mercredi.**

Le texte poétique

■ Que dirais-tu de ce poème ? Est-il sérieux, triste, drôle, bizarre, fantaisiste ?

■ Relève les verbes employés : ils expriment une idée commune. Laquelle ?

■ Relève les mots inventés. Retrouve le mot d'origine qui a été transformé.

Grand Standigne

Un jour on démolira
ces beaux immeubles si modernes
on en cassera les carreaux
de plexiglas ou d'ultravitre
on démontera les fourneaux
construits à polytechnique
on sectionnera les antennes
collectives de tévision
on dévissera les ascenseurs
on anéantira les vide-ordures
on broiera les chauffoses
on pulvérisera les frigidons
quand ces immeubles vieilliront
du poids infini de la tristesse des choses

Raymond Queneau, « Grand Standigne » dans *Courir les rues*

JE RETIENS

■ **Un texte poétique** permet **d'exprimer des sentiments**, des idées, des émotions et de faire naître chez celui qui le lit une multitude d'images et de sensations.
■ Le poète joue avec **la musique des mots** et avec la façon dont le texte est organisé. Il utilise les sonorités des mots, les rimes et les répétitions des sons pour donner **un rythme**.
■ Il peut aussi **jouer avec les mots**, créer de nouveaux mots et modifier l'ordre habituel des mots dans une phrase.

Pour écrire un poème

↘ Vocabulaire pp. 76 et 78

- Je choisis d'abord le thème de mon poème.
- Je détermine le nombre de vers. Je peux regrouper les vers par strophes (ensembles de vers séparés les uns des autres).
- Je choisis ensuite les mots en fonction de leur sens et de ce que je veux faire ressentir. Je m'aide de mon dictionnaire.

Je fais attention :
– au rythme : je choisis le nombre de syllabes dans chaque vers ;
– aux sonorités des mots. Les vers peuvent rimer : *on pulvérisera les frigid**ons** / quand ces immeubles vieillir**ont***. Ils peuvent contenir des allitérations (répétition d'une même consonne) : ***D**escendre, **d**esceller, **d**éclouer, **d**écoller, **d**évisser*.

J'observe d'autres modèles

Avant d'écrire un poème, lis les deux poèmes suivants. Tu pourras ainsi t'en inspirer.

1 – LE CHAT ET LE SOLEIL

Le chat ouvrit les yeux,
Le soleil y entra.
Le chat ferma les yeux,
Le soleil y resta.

Voilà pourquoi, le soir,
Quand le chat se réveille
J'aperçois dans le noir
Deux morceaux de soleil.

Maurice Carême, « Le chat et le soleil », dans *L'Arlequin* © Fondation Maurice Carême.

2 – DÉMÉNAGER

Quitter un appartement. Vider les lieux. Décamper.
Faire place nette. Débarrasser le plancher.
Inventorier ranger classer trier
Éliminer jeter fourguer
Casser
Brûler
Descendre desceller déclouer décoller dévisser décrocher
Débrancher détacher couper tirer démonter plier couper
Rouler
Empaqueter emballer sangler nouer empiler rassembler entasser ficeler envelopper protéger recouvrir entourer serrer
Enlever porter soulever
Balayer
Fermer
Partir

Georges Perec, *Espèces d'espaces* © Galilée, 1974.

À mon tour !

1 **Continue le poème *Grand Standigne* en inventant des mots sur le modèle de *tévision* et *frigidons*.**

Ex. : on détruira les cuisinons
on abîmera les salles de séjons…

↘ Conjugaison p. 22

↘ Vocabulaire pp. 121 et 122

2 **Choisis deux lettres de l'alphabet ou deux sons parmi les plus courants. Puis relève dans ton dictionnaire des noms, des adjectifs et des verbes qui contiennent ces sons ou ces lettres puis établis-en une liste.**
Écris ensuite un poème en plaçant le maximum des mots de ta liste. Tu peux faire des associations surprenantes.

3 **Relis *Déménager* et récris sur le même modèle un texte de cinq lignes qui s'intitulerait *Emménager*. Aide-toi de ton dictionnaire.**

Le compte rendu

■ De quoi ce texte rend-il compte ?

■ À quoi correspondent les différentes parties du texte ?

■ Peux-tu établir la chronologie de la journée ?

■ Quels renseignements ce texte apporte-t-il ?

Le zoo de la Teste

• L'arrivée au zoo

Mardi 12 octobre 2006, nous avons pris l'autocar à Bordeaux à huit heures et nous sommes arrivés à la Teste à neuf heures. Nous avons pris un petit déjeuner puis la visite a commencé.

• Les hippopotames

Après la visite des hippopotames, nous avons eu de nombreux renseignements sur le mode de vie et les caractéristiques de ces pachydermes qui peuvent atteindre 1 600 kg.

• Les tigres

Après le repas, à 13 heures, nous sommes allés voir les tigres. Nous sommes restés longtemps à admirer leur fourrure, leur regard perçant et la puissance de leur corps. Beaucoup d'entre nous ont fait des croquis qui illustreront notre enquête.

• Le retour

Il était 17 heures quand nous avons repris l'autocar.

JE RETIENS

■ Le compte rendu est **le récit d'un événement fait par une personne**. La personne qui écrit ce compte rendu **raconte précisément les faits qui se sont déroulés** : qui ? où ? quand ? comment ? pourquoi ? et éventuellement ce qu'elle a appris et vu.

■ On peut écrire le compte rendu d'une visite ou d'une sortie faite avec la classe, d'une rencontre sportive, d'un spectacle, d'une réunion…

Pour écrire un compte rendu

PENDANT L'ÉVÉNEMENT, JE PRENDS DES NOTES

- Je dresse la liste des faits précis : la date, le lieu, les personnes (nom et rôle), les faits marquants.
- J'indique à quels moments ont lieu les faits.

↘ Conjugaison p. 20

APRÈS L'ÉVÉNEMENT, JE RÉDIGE

- Je choisis un titre qui indique l'idée essentielle.
- Je décris l'événement tel qu'il s'est déroulé dans le temps, à partir de mes notes.
- Je fais des paragraphes et je donne éventuellement un sous-titre à chaque paragraphe. Cela permet de classer les informations.
- Je peux ajouter des schémas, des photos… pour illustrer et mieux montrer ce que je veux dire.

J'observe d'autres modèles

Avant d'écrire un compte rendu, lis les deux textes suivants. Tu pourras ainsi t'en inspirer.

1 – LE COMPTE RENDU D'UN CONSEIL D'ÉCOLE

École élémentaire Anatole-France PARON
Conseil d'école – Jeudi 20 novembre 2006

La séance est ouverte à 20 heures dans la salle de classe de CE2-CM1.

Sont présents :
Monsieur Thèvenet, adjoint au maire ; Mesdames Anglade et Bettan, déléguées des parents d'élèves ; Madame François, Messieurs Vadrot et Mouquet, enseignants.

A. Présentation de l'assemblée

B. Règlement intérieur de l'école
Plusieurs modèles sont présentés. Un nouveau règlement intérieur est adopté à l'unanimité.

C. Travaux réalisés durant l'été
La bibliothèque a été repeinte.

D. Projets
– Une activité théâtrale sera menée avec pour objectif un spectacle de fin d'année prévu le 28 juin.
– Le carnaval aura lieu le 12 avril.
– La kermesse aura lieu le 10 juin.

La séance est levée à 22 heures.

2 – UN COMPTE RENDU SPORTIF

FOOTBALL. AUXERRE – SENS : MATCH NUL !

1-1. Arbitre : M. Merlange
Buts : pour Auxerre, Bridiau (32e minute, penalty) ; pour Sens, Condemine (59e minute)

Dès le début de la rencontre, Auxerre affiche sa détermination. Les visiteurs sont sur le point d'ouvrir le score sur coup franc (10e minute), mais Guillot, le gardien sénonais, l'en empêche. Chatoux attaque à son tour par une frappe à ras de terre qui ne trompe pas le gardien.

À la 32e minute, Allaoui commet une faute sur un défenseur auxerrois dans la surface. L'arbitre accorde un penalty, et Bridiau loge la balle au fond des filets.

Au cours de la 2e mi-temps, le jeu des Auxerrois est plus rapide. Bridiau est très actif mais sans succès.

À la 59e minute, Condemine, d'une reprise de la tête, offre le but de l'égalisation à son équipe.

La fin du match est sifflée sur ce score nul.

À mon tour !

↘ Conjugaison pp. 148 à 150

1 Voici les notes prises par un élève lors d'une sortie en forêt. Sur le modèle du texte de la visite du *Zoo de la Teste*, replace les notes dans l'ordre chronologique puis rédige le compte rendu au passé composé. Attention ! Deux informations inintéressantes pour un compte rendu ont été ajoutées.

Notes de visite : 12 avril 2006,
les rapaces en forêt de Rambouillet.
– Départ autocar de Chartres : 13 h
– Pause toilettes !
– 16 h : visite des volières avec d'autres rapaces.
– Arrivée à Rambouillet : 13 h 45. Exposé du responsable du centre sur les rapaces présentés.
– 14 h 30 : projection d'un film documentaire.
– 17 h : retour.
– Dispute entre Julien et Mehdi pour être bien placés.
– 15 h : présentation en vol libre des rapaces par les fauconniers.

2 Organise avec tes camarades un match de basket. Constituez les deux équipes puis nommez deux rédacteurs, un par équipe. Chaque rédacteur prendra des notes au cours du match puis rédigera le compte rendu au passé composé. Comparez ensuite les deux comptes rendus.

Bilan de la période 4

Bonbon

Nicolas a rapporté un chaton chez lui, mais sa mère n'en veut pas. Elle lui suggère de le donner à l'un de ses copains, Alceste, Rufus, Eudes ou Clotaire. Alceste venant de refuser, il se rend avec son chaton chez Rufus.

C'est la mère de Rufus qui m'a ouvert la porte.

– Tu veux parler à Rufus, Nicolas ? elle m'a dit en regardant Bonbon. C'est qu'il est en train de faire ses devoirs... Bon, attends, je vais l'appeler.

Elle est partie, et puis Rufus est venu.

– Oh ! le chouette chat ! il a dit, Rufus, en voyant Bonbon.

– Il s'appelle Bonbon, je lui ai expliqué. Il boit du lait. Je te le donne, mais il faudra me laisser venir le voir, de temps en temps.

– Rufus ! a crié la mère de Rufus, de l'intérieur de la maison.

– Attends, j'arrive, m'a dit Rufus.

Il est entré dans la maison, j'ai entendu qu'il parlait avec sa mère, et quand il est revenu, il ne rigolait pas.

– Non, il m'a dit.

Et il a fermé sa porte. [...] Alors je suis allé chez Eudes, et c'est Eudes qui est venu m'ouvrir.

– Il s'appelle Bonbon, j'ai dit. C'est un chat, il boit du lait, je te le donne, il faudra que tu me laisses venir le visiter, et Rufus et Alceste n'en veulent pas à cause de leurs parents.

– Psss ! a dit Eudes. Moi, à la maison, je fais ce que je veux. J'ai pas besoin de demander la permission. Si je veux garder un chat, je le garde !

– Eh ben, garde-le, j'ai dit.

– Bien sûr, il m'a dit. Non, mais sans blague !

Et je lui ai donné Bonbon, qui a bâillé encore un coup, et je suis parti.

Quand je suis revenu à la maison, j'étais tout triste, parce que Bonbon, je l'aimais bien, moi. Et puis, il avait l'air drôlement intelligent, Bonbon.

– Écoute, Nicolas, m'a dit maman. Pas besoin de faire cette tête-là, cette petite bête n'aurait pas été heureuse ici [...]. Et surtout, surtout, pas un mot de tout ceci à ton père. [...]

À table, pendant le dîner, papa m'a regardé et il m'a demandé :

– Eh bien, Nicolas ? Tu n'as pas l'air bien gai. Qu'est-ce qui se passe ? Des ennuis à l'école ? [...]

Et puis on a sonné à la porte, j'allais me lever pour y aller – j'aime bien aller ouvrir la porte – mais papa m'a dit : « Non, laisse, j'y vais. »

Papa est parti et puis quand il est revenu, il avait les deux mains cachées derrière le dos, un gros sourire sur la figure, et il nous a dit :

– Devinez ce que Clotaire a apporté pour Nicolas ?

René Goscinny et Jean-Jacques Sempé, « Bonbons » extrait des *Histoires inédites du petit Nicolas*

As-tu bien compris ?

➔ Pourquoi Rufus ne *rigole-t-il* pas après être allé voir sa mère ?

➔ Qu'est-ce que le papa de Nicolas cache derrière son dos à la fin de l'histoire ?

➔ Relis la dernière phrase du texte et explique ce qui, dans cette phrase, permet de comprendre qu'Eudes n'a pas pu garder Bonbon, finalement.

GRAMMAIRE

1 Complète ce tableau à l'aide de déterminants se trouvant dans le texte.

	Articles définis	Articles indéfinis	Adjectifs possessifs	Adjectifs démonstratifs
Masc. sing.	…	…	…	…
Fém. sing.	…	…	…	…
Pluriel	…	…	…	…

2 Recopie ce que dit Rufus en voyant Bonbon, ligne 5 du texte.

– Souligne l'adjectif. Quel nom accompagne-t-il ?

– Puis essaye d'allonger la phrase en ajoutant d'autres adjectifs. Compare avec ce qu'ont trouvé tes camarades.

3 Voici trois mots du texte.

lait – porte – maison

– Complète-les avec un GN complément du nom en utilisant les prépositions *de* puis *sans*.

– Compare avec ce qu'ont trouvé tes camarades.

4 Écris trois propositions relatives différentes pour compléter ce début de phrase. Tu peux utiliser *que*, *qui*, *auquel* ou *dont*.

Bonbon est un chat…

CONJUGAISON

1 Retrouve trois verbes à l'impératif dans le texte (lignes 9 à 31). À quelle personne sont-ils conjugués ?

– Écris l'infinitif de ces verbes et complète leur conjugaison à l'impératif.

2 Relis ce que dit Nicolas, lignes 6 et 7 du texte. Relève tous les verbes conjugués avec leur sujet, puis dis à quel temps ils sont conjugués.

3 Cherche dans le texte deux verbes conjugués au passé composé avec l'auxiliaire *avoir*, et deux autres conjugués avec l'auxiliaire *être*.

ORTHOGRAPHE

1 **Recopie ces phrases et complète la terminaison du verbe comme il convient. Quel mot de la phrase te permet de savoir comment accorder le verbe ?**

« Mon chat, je le donn… à Eudes », dit Nicolas.
« Ton chat, tu le donn… à Eudes », dit la maman de Nicolas.
« Je te donn… mon chat, Eudes », dit Nicolas.
« Tu me donn… ton chat ? » s'étonne Eudes.

2 **Recopie cette phrase du texte puis souligne les deux participes passés qui s'y trouvent. Explique leur accord.**

Elle est partie, et puis Rufus est venu.

3 **Explique maintenant l'accord du participe passé dans cette autre phrase.**

Et il a fermé sa porte.

– Récris cette phrase en remplaçant *sa porte* par un pronom (*l'*). Comment dois-tu accorder le participe passé cette fois ? Explique pourquoi.

VOCABULAIRE

1 **Voici des mots du texte. Classe-les dans la bonne colonne. Puis, pour chacun d'eux, trouve le nom, le verbe ou l'adjectif correspondant comme dans l'exemple. Attention, certaines lignes ne peuvent pas être remplies !**

gai – fatigué – le changement – des ennuis – intelligent – triste – garder – la permission – visiter – ouvrir – voir – appeler

Adjectif	Nom	Verbe
gai	*la gaieté*	*s'égayer*
…	…	…
…	…	…
…	…	…
…	…	…

2 **Lis ces passages du texte. Sont-ils écrits dans un langage soutenu ou familier ?**

Oh ! le chouette chat ! – Il ne rigolait pas.

– Récris-les en langage courant.

À toi de jouer !

1 **Nicolas voudrait expliquer ce qui s'est passé à son père. Mais il s'embrouille un peu ! Retrouve la place de chaque complément du nom souligné pour comprendre ce qu'il dit.**

Maman m'a demandé de donner ce chaton à un copain de lait. Alors je suis allé frapper à la porte de l'école d'Alceste. Mais il n'a pas voulu du chat. Ensuite je suis allé chez Rufus. C'est la mère de la maison qui m'a ouvert. Rufus est arrivé et je lui ai dit que je lui donnais Bonbon. Je lui ai expliqué qu'il fallait faire boire un bol de la maison à Bonbon. À ce moment-là sa mère l'a appelé de l'intérieur de Rufus et quand il est revenu, il m'a dit non !

2 **Pour découvrir ce que la mère de Rufus a dit à son fils quand elle l'a appelé de l'intérieur de la maison, retrouve les verbes de la phrase ci-dessous en t'aidant des définitions.**

1. Verbe *rendre*, 2e personne du singulier du présent de l'impératif.
2. Verbe *acheter*, 2e personne du singulier du passé composé.
3. Verbe *donner*, 3e personne du singulier du passé composé.
4. Verbe *arrêter*, 2e personne du singulier du futur.
5. Verbe *réfléchir*, 2e personne du singulier du présent de l'impératif.

… ce chat à Nicolas. Tu … trois poissons rouges le mois dernier, et le voisin t'… un hamster. Quand …-tu de prendre cette maison pour un zoo ? … un peu avant d'accepter tout ce qu'on te propose !

3 **Sais-tu qui avait offert Bonbon à Nicolas au début de l'histoire ? Pour le découvrir, déchiffre le rébus.**

4 **Dessine Eudes et Clotaire puis récris leurs paroles en langage courant. Avec un camarade, essaie de les récrire en langage soutenu.**

Eudes : « Nicolas m'a refilé son matou, mais mes vieux ont rouspété quand ils l'ont vu ! »
Clotaire : « Cool ! Mec ! Je vais le prendre, moi, ton matou ! »

Les mots en fête

Fatras

Être ange
c'est étrange
dit l'ange
Être âne
c'est étrâne
dit l'âne
Cela ne veut rien dire
dit l'ange en haussant les ailes
Pourtant
si étrange veut dire quelque chose
étrâne est plus étrange qu'étrange
dit l'âne
Étrange est
dit l'ange en tapant des pieds
Étranger vous-même
dit l'âne
et il s'envole.

Jacques Prévert, *Fatras* © Gallimard, 1966.

- À quel jeu se livre le poète ?
- Il utilise deux fois de suite le même procédé. À quels vers ?
- Essaie de trouver un ou deux mots formés sur le même modèle.
- Apprends ce poème et dis-le sans te presser pour qu'on te comprenne bien.

1 Associe un nom d'animal de la première liste avec un nom de la seconde liste pour former un nouveau nom d'animal. Attention ! Vérifie l'orthographe de ce nouveau nom dans ton dictionnaire avant de l'écrire.

Liste 1 : pie – rat – four – souris – cerf – âne – pou.
Liste 2 : seau – mie – thon – paon – lait.

2 Choisis dans la liste suivante des mots que tu pourras associer au nom *chat* pour former des noms nouveaux. Écris-les correctement.

Ex. : (chat ; tôt) → le château

mont – pot – sœur – thon – rue – poule – laid – grain – beau – lion – mois – mot – sourd – bon.

3 Cherche le mot qui, associé au mot en gras, peut former un mot nouveau correspondant à la définition, comme dans l'exemple.

Ex. : C'est un serpent : vie – père → vipère

– Il vole au bout d'une ficelle : **cerf** – … → …
– C'est un gros mammifère marin : **bas** – … → …
– C'est un oiseau parleur : **père** – … → …
– C'est un sac pour partir à l'école : **car** – … → …

4 À ton tour, trouve quatre paires de mots à associer pour former quatre mots nouveaux.

5 Observe les mots suivants et essaie de trouver en quoi ils sont particuliers.

non – Eve – été.

Ces mots peuvent se lire aussi bien de gauche à droite que de droite à gauche. Ce sont des palindromes. On ne tient pas compte des accents.
Complète ces mots avec les bonnes lettres pour trouver de nouveaux palindromes.

r…d…r (contrôle la vitesse). – t…t (contraire de tard). – k…y…k (bateau). – Ann… (prénom féminin). – s…ll…s (sièges du cavalier). – r…v…r (tu le fais la nuit).

Voici quelques phrases qu'on peut lire dans les deux sens. Apprends-les.

– Esope reste ici et se repose.
– La mariée ira mal.
– Car tel Ali il a le trac.

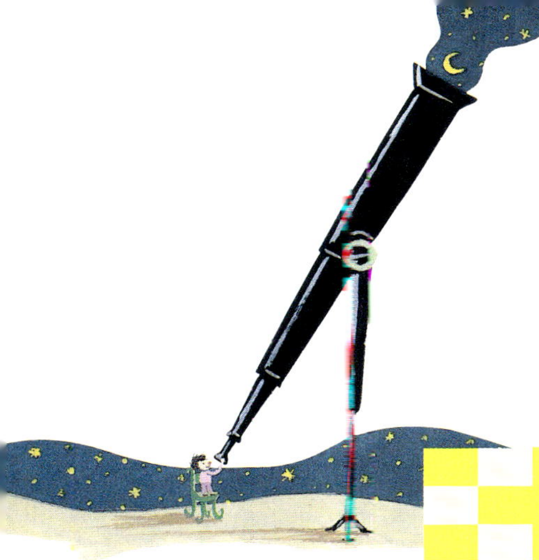

Période 5

La filature (1)

Jean-A. et son frère veulent devenir détectives, plus tard. Ils décident de s'entraîner à filer un suspect !

Le soir tombait. Près du marché couvert, il s'est mis à pleuvoir, alors on s'est abrités sous un porche en attendant que ça passe, et c'est là qu'on a aperçu le suspect...

Un type qui descendait du bus, le parapluie à la main. Grand, avec un manteau gris à col relevé, une épaisse écharpe de laine et un chapeau qui lui dissimulaient complètement le visage.

J'ai pincé le bras de Jean-A. :

– Regarde : l'homme sans visage !

Sous l'abri, notre suspect a bataillé avec son parapluie, l'ouvrant et le refermant plusieurs fois avant de s'éloigner sur l'avenue. Un vieux truc d'espion pour avertir un complice que la voie était libre.

Mon sang n'a fait qu'un tour :

– Vite, suivons-le ! j'ai lancé.

On s'est précipités derrière lui.

Le plus difficile, dans une filature, c'est de ne pas se faire repérer.

Le suspect marchait d'un pas décidé, nous obligeant presque à courir. La pluie tombait drue, il fallait sautiller entre les flaques, se glisser d'une porte cochère à une autre avec des ruses de Sioux pour ne pas être vus. Les gouttières nous ruisselaient dans le cou, on était trempés, mais qui a dit qu'être détective est un métier facile ?

Une ou deux fois, l'homme s'est arrêté devant la vitrine d'un magasin, faisant mine d'admirer la devanture pour vérifier que personne ne le suivait.

À un moment, à cause de la nuit, on a cru l'avoir perdu.

Mais non : il était rentré chez le droguiste de la Grand-Rue. Planqué sur le trottoir d'en face, je l'ai vu glisser dans son sac une paire de gants pour la vaisselle, un grand couteau et un rouleau de ficelle à gigot.

– De plus en plus bizarre, j'ai murmuré pendant qu'il payait à la caisse.

– On rentre, a dit Jean-A. J'ai froid, j'ai les pieds trempés. Y en a marre des filatures.

– Tu n'as donc rien compris ? j'ai dit, au comble de l'excitation. Il achète de quoi se débarrasser d'un cadavre encombrant ! Il le coupe en morceaux, le saucissonne comme une momie, et ni vu ni connu !

– Tu crois ? a fait Jean-A.

On a eu juste le temps de se dissimuler derrière une voiture en stationnement. L'assassin sans visage sortait de la droguerie et repartait à grands pas vers le centre, son matériel sous le bras.

Jean-Philippe Arrou-Vignod, *L'Omelette au sucre*, Collection Folio Junior © Gallimard-Jeunesse.

As-tu bien compris ?

- Qui raconte cette histoire : Jean-A. ou son frère ?
- Pourquoi les deux garçons appellent-ils le suspect *l'homme sans visage* ?
- Recherche dans le texte tout ce que *l'homme sans visage* fait de suspect.
- À ton avis, cet homme est-il vraiment un assassin ou un simple monsieur qui fait ses courses un jour de pluie ?

J'AI DÉJÀ APPRIS...

1 2 Dans une phrase certains compléments sont déplaçables ou supprimables. Ils apportent des informations de lieu, de manière ou de temps.

Unité 1, p. 178
Unité 2, p. 180

1 Pour rédiger un texte au passé, on peut utiliser l'imparfait ou le passé composé.

Unité 1, p. 188
Unité 2, p. 189

GRAMMAIRE

1 Dans chacune de ces phrases, retrouve le ou les compléments que tu peux déplacer ou supprimer.

Près du marché couvert, il s'est mis à pleuvoir.
Sous l'abri, notre suspect a bataillé avec son parapluie.
Le suspect marchait, d'un pas décidé.
On a juste eu le temps de se dissimuler derrière une voiture.
À un moment, on a cru l'avoir perdu.
L'assassin repartait à grands pas vers le centre.

Quelles informations apportent ces compléments : des informations de lieu, de manière ou de temps ?

2 Recopie les phrases ci-dessus après les avoir réduites. Puis récris-les en y ajoutant un nouveau complément du verbe. Ce nouveau complément peut apporter d'autres informations, comme dans l'exemple.

Ex. : Il s'est mis à pleuvoir. → Dans la soirée, il s'est mis à pleuvoir.

Compare avec les compléments qu'ont trouvés tes camarades.

CONJUGAISON

1 Relis le début du texte jusqu'à la ligne 6.

Est-il écrit au passé ou au présent ?

Retrouve dans ce passage les verbes *tomber*, *abriter*, *descendre*, *dissimuler*, *apercevoir*. À quel temps sont-ils conjugués ?

2 Relis le début du texte, écrit de cette manière.

Le soir tomba. Près du marché couvert, il se mit à pleuvoir, alors on s'abrita sous un porche en attendant que ça passe, et c'est là qu'on aperçut le suspect.

Le texte est-il toujours écrit au passé ? Connais-tu le temps auquel les verbes sont conjugués ? S'agit-il de l'imparfait, du passé composé ou d'un autre temps du passé ?

3 Compare ces deux phrases.

Près du marché couvert, il se mit à pleuvoir, alors on s'abrita sous un porche.
Près du marché couvert, il s'est mis à pleuvoir, alors on s'est abrités sous un porche.

À ton avis, laquelle utiliserais-tu en parlant à quelqu'un et laquelle trouverais-tu plutôt écrite dans un livre ?

Les compléments circonstanciels (1)

■ Réduis la 1re phrase pour la rendre minimale. Quels groupes as-tu supprimés ? Ces groupes supprimables peuvent-ils être également déplaçables ? Fais des essais.

■ À quoi servent ces groupes ? Quels renseignements apportent-ils ?

■ Reprends le même travail avec les 3e, 4e et 5e phrases du texte.

L'ennemi

En arrivant au bord de l'eau, j'aperçus un garçon au milieu du gouffre. Nu, avec un simple mouchoir noué autour de la taille, il nageait sur le ventre, en brasses lentes, et sa bouche soufflait au ras des petites vagues qu'il poussait devant lui. Sur sa tête penchée, ses cheveux courts ruisselaient de gouttelettes. Il avançait vers moi en fixant le fond de la conque. Comme il touchait au bord, il se mit droit dans l'eau, contre la paroi verticale, et regarda au-dessus de lui. Il me vit au moment même où je le reconnus… C'était Maubert, mon ennemi…

André Chamson, *Suite cévenole* © Bartillat.

JE RETIENS

■ Dans la phrase, **certains groupes de mots peuvent être déplacés ou supprimés.**

*Ce jour-là, Maubert prenait **tranquillement** un bain, **au fond de la conque**.*

■ Si l'on ne garde que les éléments qui ne peuvent être supprimés, on obtient **la phrase minimale** :

Maubert prenait un bain.

Les éléments : *ce jour-là, tranquillement, au fond de la conque* peuvent être **supprimés**. Ils ne sont donc **pas indispensables à la construction de la phrase minimale**.

■ Il est également possible de les **déplacer** à l'intérieur de la phrase. Ainsi, on peut écrire :

***Tranquillement*, *ce jour-là*, *Maubert prenait un bain* *au fond de la conque*.**

ou

*Maubert prenait **tranquillement** un bain, **au fond de la conque, ce jour-là**.*

ou

***Au fond de la conque, ce jour-là**, Maubert prenait **tranquillement** un bain.*

■ Ces éléments apportent **des précisions sur les circonstances de l'action** : **temps** *(ce jour-là)*, **lieu** *(au fond de la conque)*, **manière** *(tranquillement)*. On les appelle des **compléments circonstanciels**.

1 Rends les phrases suivantes minimales. Récris-les.

Mon camarade se baignait dans la rivière. – Chaque jour, nous prenions un bain dans le torrent. – La péniche descendait lentement le fleuve. – Tôt le matin, le long du canal, les pêcheurs s'installaient. – Debout sur sa planche à voile, filant à grande vitesse, Jérémy traversait le lac en quelques minutes.

2 **Récris les phrases et souligne les compléments circonstanciels des phrases.**

Après l'orage, en quelques heures, le torrent devint menaçant. – Sous la pression des eaux, le barrage céda brusquement. – La petite rivière serpente paresseusement dans la vallée. – Aujourd'hui, je te promènerai sur le lac avec mon canot pneumatique. – Demain, nous partons.

3 **Allonge les phrases à l'aide des compléments donnés.**

Un navigateur a traversé l'Atlantique (il y a quelques années – à la rame). – La barque a coulé (soudain – au milieu du lac – en quelques instants). – L'hydravion s'est posé (à la pointe de l'île – en douceur – vers cinq heures). – Loïc participe à des régates (en Bretagne – depuis plusieurs années). – Le hors-bord fendait l'eau (avec un bruit infernal – à grande vitesse).

4 **Ajoute un complément circonstanciel à chacune des phrases.**

L'incendie éclata au crépuscule. – Les sirènes se mirent à hurler. – Les pompiers firent évacuer les habitants. – Des rafales de vent attisaient les flammes. – Deux canadairs entrèrent en action. – Le feu fut maîtrisé.

5 **Ajoute deux compléments circonstanciels à chacune des phrases.**

Lio écoute un CD. – Ilona va à la piscine. – La fusée Ariane s'élève. – Le satellite est mis sur orbite. – Mes parents font des courses. – Yann écrit à sa tante. – Je t'accompagne à l'école. – Tu emmènes ton chien. – Marie se lève. – Il étend le linge propre. – Guillaume achète un stylo plume. – Elle fait des cauchemars.

6 **À quelle question (où ? quand ? comment ?) répond le complément circonstanciel de chaque phrase ?**

Au lever du jour, nous prendrons la mer. (…) – Le pétrolier est amarré au bout du quai. (…) – On répare le navire au chantier naval. (…) – Lentement, le paquebot appareille. (…) – Dès la tombée du jour, la lumière du phare balaie la mer. (…) – Derrière les hublots, j'aperçois des dauphins. (…)

7 **Classe en trois colonnes : lieu – temps – manière.**

en quelques minutes – sur le pont – depuis trois jours – avec soin – ce soir – sans effort – dans la forêt – soudain – chaque jour – en montagne.

J'écris

1 **À l'aide des indications données, écris des phrases comportant des compléments circonstanciels.**

– Les premiers hommes (quand vivaient-ils ? où vivaient-ils ? comment vivaient-ils ?)
– On s'est posé sur la Lune (quand ? comment ?)
– Un tremblement de terre a eu lieu (où ? quand ?)
– Les derniers Jeux olympiques (où ? quand ?)

2 **Écris une phrase avec chaque complément circonstanciel de l'exercice 7.**

3 **Écris, en quelques lignes, au passé composé, ce que tu as fait au cours de ton dimanche. Chaque phrase de ton récit devra comporter un complément circonstanciel de temps et un complément circonstanciel de manière ou de lieu.**

Les compléments circonstanciels (2)

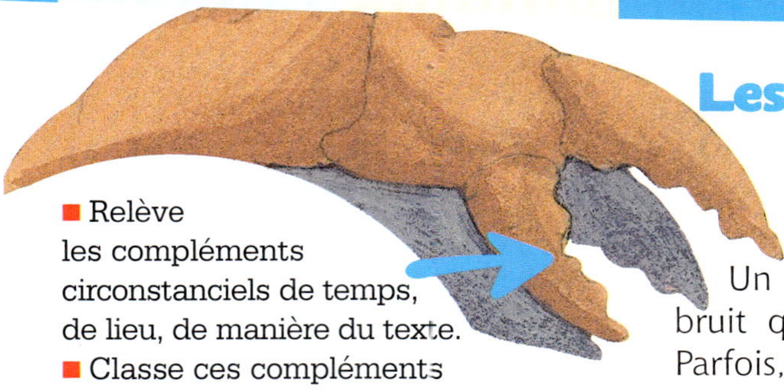

■ Relève les compléments circonstanciels de temps, de lieu, de manière du texte.
■ Classe ces compléments en deux groupes suivant leur construction : GN et GN introduit par une préposition.
■ Y a-t-il des compléments circonstanciels du texte qui ne peuvent pas être classés dans ces deux groupes ? Si oui, lesquels ? Sais-tu comment on les appelle ?

Les crabes

Un matin, Robinson crut rêver en entendant à son réveil un bruit qui ne pouvait être que celui d'un scieur en action. Parfois, le bruit s'interrompait, comme si le scieur changeait de bûche, puis il reprenait avec une régularité monotone.

Robinson sortit doucement du trou de rocher où il avait l'habitude de dormir, et il avança à pas de loup vers l'endroit d'où provenait le bruit. D'abord il ne vit rien, mais il finit par découvrir, au pied d'un palmier, un crabe gigantesque qui sciait avec ses pinces une noix de coco serrée dans ses pattes. Dans les branches de l'arbre, à six mètres de haut, un autre crabe cisaillait la queue des noix pour les faire tomber.

Michel Tournier, *Vendredi ou la Vie sauvage* © Gallimard.

JE RETIENS

■ De nombreux compléments circonstanciels sont **des GN** introduits par **des prépositions** comme *à, de, pour, sur, sans, avec… près de, loin de, au-dessus de…*
D'autres sont **des adverbes** : *doucement, d'abord.*
Ils peuvent donner **des précisions de temps, de lieu, de manière**, etc.
*Il avance **à pas de loup** vers le palmier.*

■ **En tête de la phrase,** ils mettent en avant la circonstance.
On peut insister sur le temps : ***Ce matin**, un épervier plane.*
On peut insister sur le lieu : ***Au-dessus du poulailler**, un épervier plane.*
On peut insister sur la manière : ***Lentement**, un épervier plane.*

1 Souligne les GN compléments circonstanciels.

Chaque soir, Robinson sonnait le couvre-feu. – Un jour, il fut témoin d'un duel que se livraient deux rats. – Tout le jour, il guettait l'horizon. – Les Indiens revinrent quelques jours plus tard. – La bataille éclata le lendemain.

2 Souligne le GN complément circonstanciel et entoure la préposition qui l'introduit.

Robinson attaqua le tronc à la hache. – Au pied de la falaise, il découvrit l'entrée d'une grotte. – Un jour, il vit pointer une voile blanche à l'horizon. – Il mettait ses provisions à l'abri dans sa cabane. – Il montait souvent sur la colline.

3 Entoure les adverbes compléments circonstanciels.

Longtemps, il observa les Indiens sur la plage. – Il travaillait lentement, soigneusement à la préparation de son bateau. – Il s'arrêtait quelquefois et observait longuement la mer. – Là-bas, à l'horizon, une voile apparut. – Il était souvent découragé.

4 Complète les phrases en ajoutant une idée de temps à l'aide des mots : *pendant – depuis – après.*

Robinson travaillait à son bateau … – Il fit du feu sur la colline … – Il était découragé … .

5 **Complète les phrases en ajoutant une idée de lieu à l'aide des mots : *près de*, *au milieu de*, *sous*.**

Le naufrage avait eu lieu … – Il avait construit son abri … – Il se baignait dans une mare … .

6 **Complète les phrases en ajoutant une idée de manière à l'aide des mots : *avec regret* – *avec précaution* – *peu à peu*.**

Il dut abandonner … – Chaque soir, il fermait … – Robinson s'habitua … .

7 **Complète les phrases en utilisant les adverbes : *soudain* – *aussitôt* – *là-haut* – *attentivement*.**

Il entendait des bruits de voix et … – Au sommet de la falaise, … – Le ciel se couvrit et … – Derrière les buissons, il observait … .

8 **Récris les phrases en mettant en avant, par sa place, le complément circonstanciel.**

Le bateau appareilla lentement. – L'incendie débuta à dix heures. – Les chiens aboyaient sans cesse. – Toutes les lumières s'éteignirent aussitôt. – L'arbre s'abattit dans un fracas épouvantable.

9 **Récris les phrases en mettant en avant, par sa place, le complément souligné.**

Je vais <u>chaque semaine</u> au théâtre avec plaisir. – Ce roman sortira <u>bientôt</u> dans toutes les librairies. – Les naufragés ont été recueillis <u>un à un</u> par des bateaux de pêche. – Le bateau a sombré après avoir heurté un rocher <u>près de la côte</u>.

10 **Récris les phrases en mettant en avant, par sa place, le complément circonstanciel de ton choix.**

– Le naufragé cherchait depuis longtemps un abri pour passer la nuit.
– Il avait allumé un feu au sommet de la falaise pour signaler sa présence.
– Il remarqua des traces de pas sur le sable près de la grotte.
– Il construisit rapidement une palissade pour se protéger des bêtes sauvages.
– Il fabriqua en quelques jours une pirogue en creusant le tronc d'un arbre.

11 **Même exercice.**

– À son réveil, le chat s'étire paresseusement sur son coussin.
– Chaque matin, le facteur distribue le courrier à dix heures.
– Dans un bruit d'enfer, en faisant vibrer le sol, l'hélicoptère surgit au-dessus de nos têtes.
– Lentement, prudemment sous l'œil amusé de Sabry, le chaton s'aventure hors de son panier.
– À l'heure précise, sur la voie 9, le train de Toulouse entre en gare.

J'écris

1 **Choisis une des phrases de l'exercice 10 ou 11. Invente la suite de l'histoire. Chaque phrase de ton récit devra comporter deux compléments circonstanciels de ton choix.**

2 **Sur le modèle : → *Chaque matin* (temps), *je déjeune rapidement* (manière) *dans la cuisine* (lieu), construis trois phrases contenant à la fois une idée de temps, de lieu et de manière.**

La phrase complexe

■ Observe la 1re phrase. Combien de verbes conjugués contient-elle ?
■ Combien y a-t-il de parties différentes contenant un verbe ? Chaque partie de la phrase comprenant un verbe s'appelle **une proposition**.
■ Relève dans le texte d'autres phrases contenant plusieurs propositions.
■ Quelle phrase ne contient qu'une proposition ?

Riches et pauvres

Tout autour de la place du marché s'alignaient les palais des riches, qui étaient en pierre, avec des portes en fer. Derrière les palais des riches se trouvaient les maisons des paysans, et elles étaient en bois. Derrière les maisons des paysans s'éparpillaient les cabanes des pauvres, et celles-là étaient de paille.

Les champs s'étendaient en rond autour de la muraille. Dans la ville habitaient des gens qui possédaient des champs de bonne terre noire ; les champs des autres n'étaient que sable et cailloux. Ah ! comme ils auraient été heureux, s'ils avaient eu seulement un morceau de pain à manger tous les jours !

Les autres dormaient dans des lits d'argent, mais ils n'avaient pas de quoi se vanter, parce que l'empereur, lui, dormait dans un lit d'or.

Reiner Zimnik, traduit par J.-M. Gaillard Paquet, *Les Tambours* © D.R.

JE RETIENS

■ *Une muraille entourait la ville.* Cette phrase ne contient qu'un verbe conjugué. C'est **une phrase simple**. Elle est formée d'**une seule proposition**, qui exprime une idée complète.

■ *Une muraille entourait la ville / qu'ils habitaient.* Cette phrase contient deux verbes conjugués. C'est **une phrase complexe**. Elle est formée de **deux propositions**.

1re proposition : *Une muraille entourait la ville.*

Cette proposition a une construction complète par elle-même. C'est **la proposition principale**.

2e proposition : *qu'ils habitaient.*

Cette proposition **dépend de la précédente**. Elle ne peut exister seule. C'est **la proposition subordonnée.**

■ *Les riches habitaient des maisons de pierre / et / les pauvres vivaient dans des cabanes.* Chacune des deux propositions a une construction complète et un sens complet par elle-même. **Ces propositions ne dépendent pas l'une de l'autre. Ce sont des propositions indépendantes coordonnées par *et*.**

1 ● **Sur le modèle : *La manifestation des habitants → Les habitants manifestent*, transforme les groupes nominaux en phrases simples.**

L'animation de la discussion – La division des groupes – L'apparition de la maladie – La destruction de la ville – Le départ de mes cousins – La venue de mon frère.

2 ●● **Sur le modèle : *Il a perdu à cause de son étourderie → Il a perdu parce qu'il est étourdi*, transforme les phrases suivantes en phrases complexes.**

J'ai réussi grâce à mon entêtement. – Pendant le passage des déménageurs, on a barré la rue. – En raison du verglas, la route devient dangereuse.

3 **Sur le modèle : *Le bus arrive. Le bus est complet.* → *Le bus qui arrive est complet*, transforme les deux phrases simples en une phrase complexe à deux propositions.**

Le vent se lève. Le vent chasse les nuages. – L'avion se pose. Cet avion est un Airbus. – J'ai écouté un CD. Vous m'avez prêté ce CD. – Il habite un village. Je suis née dans ce village. – Je vais à la piscine. La piscine est près du stade. – J'ai rencontré Sébastien. Sébastien est l'ami de ma sœur.

4 **Sépare d'un trait les deux propositions de chaque phrase.**

La clef tourna dans la serrure et la porte s'ouvrit. – Je connais l'acteur qui joue ce rôle. – Si vous êtes là, il passera vous voir. – Quand la pluie cessa, l'arc-en-ciel apparut. – Je pense qu'il assistera à la répétition.

5 **Sépare d'un trait les propositions de chaque phrase.**

– Dès que je suis allée à l'école, je me suis sentie chez moi et c'est là que je me suis épanouie. (É. Carles, *Une soupe aux herbes sauvages* © Hachette-Livre.)
– C'était un homme effrayant, tout vêtu d'un mauvais tissu gris, et qui avait un grand fer attaché à la jambe. (C. Dickens, *Les Grandes Espérances* © Garnier.)
– Il hésita, tira des sous de sa poche, les posa sur le comptoir et prit en échange un de ces rouleaux de réglisse qui ressemblaient à des lacets de bottine et que sucent les collégiens. (J. Cocteau, *Les Enfants terribles* © Grasset.)

6 **Souligne en bleu les propositions principales, en rouge les propositions subordonnées.**

J'enregistre le film que tu m'as prêté. – J'ai retrouvé la pièce qui manquait à mon puzzle. – Nous partirons quand nous serons guéris. – Dès que le soleil se couche, le brouillard se lève. – Le bateau qui quitte le port part pour l'Afrique.

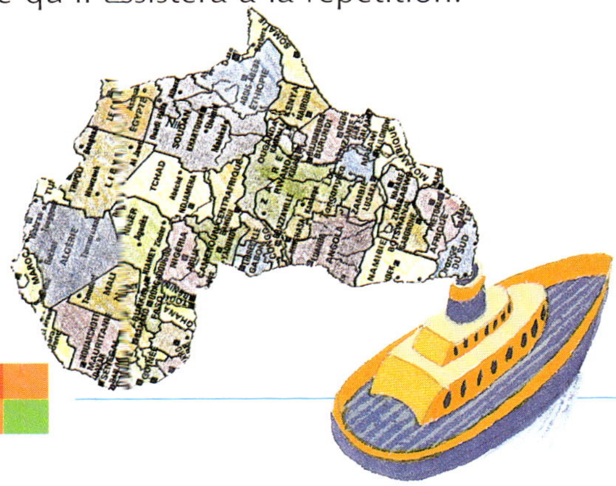

J'écris

1 **Complète chaque proposition par une seconde qui lui sera subordonnée.**

– Chaque jour, Roméo attend le car qui …
– Aujourd'hui, Juliette est absente parce qu'…
– Les spectateurs applaudissent la chanteuse qui …
– En ville, les lampadaires s'allument dès que …
– Les hirondelles quittent notre pays …

2 **Complète en inventant une proposition principale qui conviendra à la subordonnée placée en tête de phrase.**

– Dès que j'ai su lire, …
– Aussitôt que le cirque s'installe, …
– Quand le rideau se lèvera, …
– En attendant que la pluie cesse, …
– Parce qu'il a réussi son devoir, …

3 **Complète par une proposition principale.**

… quand le réveil sonne.
Depuis qu'elle sait nager, …
… qui est mon meilleur ami.
… que j'ai regardé à la télévision.

4 **Écris quatre phrases formées de deux propositions (principale et subordonnée).**

Proposition principale et proposition subordonnée relative

■ Combien de phrases simples contient ce texte ? Recopies-en deux. Combien de phrases complexes ? Recopies-en deux.

■ Observe la 2e phrase. Combien de propositions contient-elle ? Pourquoi ? Quel est le rôle du pronom relatif *qui* ?

■ Relis la 3e phrase, puis la 1re. Quelles remarques peux-tu faire ?

■ Observe la dernière phrase.

Mémoire de chien

La mémoire du chien, dont on a tant parlé, est phénoménale. Je connais un chien qui a gardé trois années le souvenir du bruit d'un moteur. Ses maîtres, qui étaient partis pour l'Europe, l'avaient confié à des amis. Les amis en question habitaient la campagne. Je me trouvais là le soir où les maîtres du chien vinrent le rechercher après leur longue absence. Il s'éveilla soudain de son sommeil, dressa les oreilles, aboya et se mit à courir à travers la pièce en faisant des efforts frénétiques pour nous amener à lui ouvrir la porte. Il faillit les étouffer sous ses baisers.

Leur voiture était un modèle assez ancien et le moteur avait un bruit que Rusty, au bout de trois ans, reconnaissait encore.

D'après J.-R. Kinney et A. Honneycutt, *Votre chien* © D.R.

JE RETIENS

■ **La proposition subordonnée relative se rattache toujours à une proposition principale**, dont elle dépend. *Le chien **qui appartient à notre voisin** est intelligent.*

Proposition principale → *Le chien est intelligent.*

Proposition subordonnée relative → *qui appartient à notre voisin.*

■ La proposition subordonnée relative appartient toujours au GN. **Elle complète le nom, appelé antécédent.** Dans la phrase *Le chien **qui appartient à notre voisin** est intelligent*, la proposition subordonnée relative est **complément de l'antécédent** *chien*.

■ La proposition subordonnée relative est souvent placée **à l'intérieur de la proposition principale** ; on dit qu'**elle est « enchâssée » dans la principale**.

*Le chien **qui garde le troupeau** s'appelle Rex.*

■ Les propositions subordonnées relatives sont le plus souvent introduites dans les phrases par **les pronoms relatifs *qui*, *que*, *qu'*, *dont*, *où***.

1 **Réunis chaque couple de phrases à l'aide d'un pronom relatif. Souligne la proposition subordonnée relative.**

Ex. : Je lis un roman. Ce roman me passionne. → Je lis un roman qui me passionne.

- Nous prenons le train. Ce train part à six heures.
- Lucie écoute un CD. Son frère lui a offert ce CD.
- J'ai écrit à mon cousin. Mon cousin habite au Mexique.

2 **Remplace l'infinitif de chaque phrase par une proposition subordonnée relative.**

Ex. : On voit le sentier courir à travers la montagne. → On voit le sentier qui court à travers la montagne.

- Les enfants regardent le singe bondir de branche en branche.
- J'entends chanter le coucou dans les bois.
- Julian entend les loups hurler dans le lointain.
- On voit le président de la République sortir de l'Élysée.

3 Pour chaque phrase, souligne la proposition subordonnée relative et entoure l'antécédent.

La loi punit les personnes qui maltraitent les animaux. – La SPA recueille les animaux que l'on abandonne. – L'aventure dont je vous fais le récit est arrivée à mon amie. – C'est un endroit où j'aime bien venir.

4 Même exercice.

– Ce chien qui se sauve appartient à mon voisin.
– L'animal dont je vous ai parlé garde cette maison.
– Le chien, qui est le plus fidèle ami de l'homme, est un animal affectueux.
– Dans le village où j'habite, il y a de nombreux chiens.

5 Sur le modèle ci-dessous, indique la fonction de la proposition subordonnée relative.

Ex. : J'entends le tonnerre qui gronde. Qui gronde : complément de l'antécédent tonnerre.

– J'habite un immeuble qui a douze étages.
– C'est mon chat qui gratte à la porte.
– Voilà le train de Quimper qui entre en gare.
– L'aveugle fait confiance au chien qui le guide.
– Le spéléologue, que le chien a retrouvé, a été sauvé.

6 Récris les phrases contenant une proposition subordonnée relative. Sois bien attentif.

– L'histoire que je te raconte est vraie.
– Le journaliste annonce que le printemps est revenu.
– L'automobiliste attend que le feu passe au vert.
– La lettre que j'ai écrite partira ce soir.
– Nous avons retrouvé les clefs que nous avions perdues.

J'écris

1 Complète chaque proposition principale par une proposition subordonnée relative. Emploie les pronoms relatifs : *qui – que – dont – où*.

– L'agent fait stopper la voiture …
– Je mets sous enveloppe la lettre …
– Ce soir, nous regarderons les photos du pays …
– Lisa m'a envoyé une carte de la région …
– Les pluies gonflent le torrent …
– Pour venir me voir, ils ont suivi le plan …
– Mon père m'a offert le livre …
– Voilà le quartier …

2 Invente quatre phrases en utilisant chacun des pronoms relatifs : *qui*, *que*, *dont*, *où*.

3 Enchâsse les propositions subordonnées relatives suivantes dans les principales.

- que nous traversons – qu'il escalade – qui quitte le village – où tu bois.
- Cette paroi est très abrupte. – Le troupeau reviendra à l'automne. – Cette fontaine est très ancienne. – La ville est une ancienne cité romaine.

Sur le même modèle, construis ensuite deux phrases dans lesquelles les propositions subordonnées relatives seront enchâssées.

De la phrase au texte
Les mots de liaison (2) : le moment et le lieu

■ Donne une expression synonyme de *d'abord*.

■ *Longtemps après*. Après quoi ? Récris la phrase de manière à donner cette précision.

■ Trouve dans le texte une autre expression qui donne une indication de temps.

■ À quel mot de la phrase précédente renvoie le mot *devant* ?

La porte mystérieuse

Les voleurs demeurèrent longtemps dans le rocher. La porte se rouvrit enfin ; les quarante voleurs sortirent. D'abord, Ali Baba ne descendit pas de l'arbre. Il ne descendit que longtemps après, pour plus grande sûreté. Il passa au travers des arbrisseaux, et il aperçut la porte qu'ils cachaient. Il se présenta devant, et dit : « Sésame, ouvre-toi ! ». Dans l'instant la porte s'ouvrit toute grande.

D'après *Ali Baba et les quarante voleurs*.

JE RETIENS

■ Quand on parle ou quand on écrit un texte, on indique **des moments et des lieux**.

***Hier après-midi**, j'ai joué **dans le square** avec Omar.*

[moment] → *Hier après-midi* ; [lieu] → *dans le square*

■ Quand plusieurs actions se succèdent, ces indications de moment et de lieu peuvent renvoyer d'une phrase à la précédente à l'aide de mots et d'expressions de liaison. Elles assurent le lien entre les phrases et la cohérence du texte.

*Il aperçut la porte. Il se présenta **devant** (lieu). Il dit : « Sésame, ouvre-toi ! ».*
***Dans l'instant** (moment), la porte s'ouvrit.*

■ Mots de liaison indiquant **le moment** : *alors, aussitôt, ensuite, plus tard, bientôt, enfin…*

■ Mots de liaison indiquant **le lieu** : *dedans, dehors, dessous, plus loin, en haut, derrière…*

1 Recopie ces suites de deux phrases puis souligne les mots et les expressions de liaison qui indiquent un moment.

- La première fusée du feu d'artifice s'épanouit bruyamment dans le ciel. Alors les applaudissements éclatèrent.
- J'ai sonné. Aussitôt la porte s'est ouverte.
- Tout semblait tranquille dans la rue. Tout à coup nous avons entendu une détonation.

2 Même exercice.

- Le réveil a sonné à sept heures. Subitement, je suis sorti de mon rêve.
- Le Président s'est arrêté pour serrer des mains. Alors il y a eu un grand mouvement de foule.
- Le peloton est passé très vite devant nous. Sur l'instant, je n'ai pas vu le maillot jaune au milieu des coureurs.

3 **Complète en ajoutant des mots ou des expressions de liaison qui indiquent le moment.**

- Le vent a soufflé longtemps en tempête. (...) tout s'est apaisé.
- Les portes du wagon se sont ouvertes. (...) les voyageurs se sont précipités à l'extérieur.
- Nous avons joué une demi-heure au ping-pong. (...) nous sommes allés goûter.

4 **Recopie ce texte et souligne les mots et les expressions de liaison qui indiquent le lieu.**

Le public s'installait peu à peu autour de la piste du cirque. Devant, se trouvaient des fauteuils. Plus haut, de longs bancs se succédaient. En bas, des hommes répandaient de la sciure sur la piste. Plus loin, un clown se montrait derrière un rideau.

5 **Complète le texte par des mots ou des expressions de liaison qui indiquent le lieu.**

L'immeuble de la nouvelle gendarmerie est construit à l'extérieur de la ville. (...) s'ouvrent les bureaux. (...), ce sont les appartements des familles. (...) une guérite abrite le gendarme de garde. (...), un mur ceinture la cour et le bâtiment.

6 **Complète le texte avec des mots et des expressions qui indiquent soit le lieu, soit le moment.**

Le samedi est le jour du marché. (...), les commerçants disposent leurs étals. (...), les marchands de fruits et légumes vantent très haut leur marchandise. (...) un rôtisseur fait tourner ses poulets. (...) les dames de la ville sont venues faire leurs courses. (...) ce sont les touristes qui se pressent dans les allées.

7 **Recopie les mots et les groupes de mots du texte qui relient les phrases les unes aux autres en indiquant un moment.**

Alphonse le chat

Après de nombreux jours de sécheresse, Alphonse accepte de se passer la patte derrière l'oreille pour faire tomber la pluie, bien qu'il ait de bonnes raisons de se plaindre des parents des petites filles, Delphine et Marinette.

Enfin, après s'être laissé longtemps supplier, il consentit à rester. Le soir de ce même jour, Delphine, Marinette, les parents et toutes les bêtes de la ferme formèrent un grand cercle dans la cour. Au milieu du cercle, Alphonse était assis sur un tabouret. Sans se presser, il fit d'abord sa toilette. Le moment venu, il passa plus de cinquante fois sa patte derrière l'oreille. Le lendemain matin, après vingt-cinq jours de sécheresse, il tombait une bonne pluie.

D'après Marcel Aymé,
Les Contes Rouges du chat perché © Gallimard.

8 **Recopie les mots et les groupes de mots du texte qui relient les phrases les unes aux autres en indiquant le lieu.**

Un marcheur

L'homme avait arpenté en hâte dans l'obscurité la grande rue de Chelles. Puis il avait pris à gauche le chemin qui mène à Montfermeil. C'est à ce point-là que commence la colline. L'homme ne rentra pas dans le chemin de Montfermeil. Il prit à droite, à travers champs, et gagna à grands pas le bois.

D'après Victor Hugo, *Les Misérables.*

J'écris

1 **Imagine, en quelques phrases, une suite au texte *La porte mystérieuse*. D'une phrase à l'autre, emploie des mots ou des expressions qui précisent le moment et le lieu.**

2 **Imagine que, dans une rue proche de chez toi, tu as assisté à un petit accident. Raconte en quelques phrases ce que tu as vu, en donnant, d'une phrase à l'autre, des indications sur les moments et les lieux.**

Le passé simple de l'indicatif et son emploi (1)

■ Ce texte est-il écrit au passé, au présent ou au futur ?
■ Quel temps du passé déjà connu retrouves-tu ici ?
■ Le temps qui l'accompagne est-il un temps simple ou un temps composé ?

Prisonnier

Comme je commençais à trouver la posture incommode, je tirai sur mes liens pour me dégager, en rompant quelques-uns, libérant ainsi mon bras gauche. J'observai avec curiosité qu'on me retenait immobilisé au sol par des fils attachés à de petits pieux fichés en terre. Par une autre secousse qui me fit mal, je réussis à libérer une partie de ma chevelure, parvenant ainsi à tourner un peu la tête…

Je sentis qu'on détachait le reste de ma chevelure encore attachée au sol. J'eus ainsi tout le loisir de bien observer l'orateur qui me haranguait. Le discours fut long et je n'y compris goutte…

D'après Jonathan Swift, *Les Voyages de Gulliver*.

JE RETIENS

■ **Le passé simple** s'emploie le plus souvent, **dans le récit écrit en langage soutenu**, pour raconter un événement ou une action qui a eu lieu à **un moment défini du passé**.
On le trouve notamment dans les contes, les romans, les récits historiques, les récits de vie. Il est souvent accompagné de l'imparfait.

■ **La conjugaison du passé simple :**
Avoir *: j'eus, tu eus, il eut, nous eûmes, vous eûtes, ils eurent.*
Être *: je fus, tu fus, il fut, nous fûmes, vous fûtes, ils furent.*
Observer (1er groupe) *: j'observ**ai**, tu observ**as**, il observ**a**, nous observ**âmes**, vous observ**âtes**, ils observ**èrent**.*
Réussir (2e groupe) *: je réuss**is**, tu réuss**is**, il réuss**it**, nous réuss**îmes**, vous réuss**îtes**, ils réuss**irent**.*

1 Souligne les verbes écrits au passé simple.

Quand il entra, je dormais. – Il me parla longuement. – Je ne finissais pas mon assiette. – Ils eurent soin de moi. – Je fus bien soigné. – Comme j'étais calme, ils me libérèrent. – Ils se réunirent tous ensemble. – Je les observais. – Ils m'immobilisèrent. – Nous achetions ce qui était nécessaire.

2 Écris les verbes suivants à la 3e personne du singulier et du pluriel du passé simple.

Ex. : raconter → il raconta, ils racontèrent.

avoir – marcher – franchir – être – entrer – rouler – fleurir – couler – commencer.

3 Écris au passé simple.

Le serpent (siffler) près d'un crapaud. Le crapaud, en fuyant, (passer) sous le pied de l'éléphant qui (glisser). L'éléphant (tomber) sur un mur qui, en s'écroulant, (écraser) une vieille femme.

D'après René Guillot, *Nouveaux contes d'Afrique*.

4 Imagine une suite à chacune des phrases suivantes. Utilise le passé simple.

Ex. : Il roulait vite… quand un pneu éclata.

Le dompteur tournait le dos quand … – Il parvenait au bout de la route quand … – La route était longue : ils … – Au moment où il jouait du violon …

Le passé simple de l'indicatif (2) : les verbes du 3ᵉ groupe

■ Relève tous les verbes du texte écrits au passé simple et classe-les selon leurs terminaisons à la 1ʳᵉ personne du singulier. Combien de séries obtiens-tu ?

■ Relève tous les verbes du 3ᵉ groupe dans chaque série. Que remarques-tu à propos de leur conjugaison ?

Le phénomène

Comme convenu, j'obéis à l'ordre, à la voix ou à la baguette de la fillette. J'allai et vins, je saluai, je m'étendis à terre et je me relevai. Je galopai à cheval sur une brindille, j'ôtai mon habit pour le remettre, je souhaitai la bienvenue aux hommes et envoyai des baisers aux dames. Je répondis aussi aux questions qu'on me posait dans la langue du pays, du mieux que je le pus. Je me retournai plusieurs fois vers la compagnie en faisant la révérence puis, saisissant un dé plein de vin que ma petite nourrice m'avait donné comme gobelet, je bus à la santé des curieux.

Je fus montré douze fois ce jour-là et je dus recommencer autant de fois les mêmes sottises.

D'après Jonathan Swift, *Les Voyages de Gulliver*.

JE RETIENS

■ Au **passé simple** de l'indicatif, **les verbes du 3ᵉ groupe peuvent se classer en quatre séries :**
- verbes en : **-is, -is, -it, -îmes, -îtes, -irent** → *répondre – voir… il répond**it**, nous v**îmes**…*
- verbes en : **-us, -us, -ut, -ûmes, -ûtes, -urent** → *courir – pouvoir… je cour**us**, elles p**urent**…*
- verbes en : **-ins, -ins, -int, -înmes, -întes, -inrent** → *venir – tenir… elle v**int**, ils t**inrent**…*
- un verbe en : **-ai, -as, -a, -âmes, -âtes, -èrent** → *aller, j'all**ai**, elles all**èrent**…*

1 Écris la conjugaison au passé simple des verbes suivants.

venir – vouloir – vendre – aller.

2 Écris les phrases au passé simple.

Gulliver (faire) la révérence. – Des curieux (venir) le voir. – La nouvelle (se répandre) vite. – Chacun (vouloir) connaître le phénomène. – Les représentations (être) nombreuses.

3 Écris le texte au passé simple.

Je (m'apercevoir) que j'étais tombé en mer. Je (demeurer) ainsi pendant quatre heures, lorsque je (croire) entendre un bruit sur le côté de ma boîte… Ce (être) avec une joie immense que j'(entendre) des acclamations au-dessus de ma tête.

D'après Jonathan Swift, *Les Voyages de Gulliver*.

MOTS CROISÉS

a. Verbe *garer*, 2ᵉ pers. sing., passé simple.
b. Verbe *animer*, 3ᵉ pers. sing., passé simple.
c. Note de musique ; article défini masc. sing. à l'envers.
d. Participe passé du verbe *unir*.
e. Verbe *aller*, 2ᵉ pers. sing., passé simple.

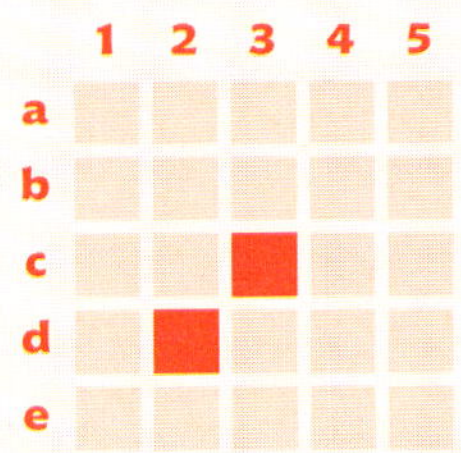

1. Verbe *garder*, 3ᵉ pers. sing., passé simple.
2. Synonyme de *sot*.
3. Participe passé du verbe *rire* ; participe passé de *lire* à l'envers.
4. Verbe *amener*, 3ᵉ pers. sing., passé simple.
5. Verbe *salir*, 2ᵉ pers. sing., passé simple.

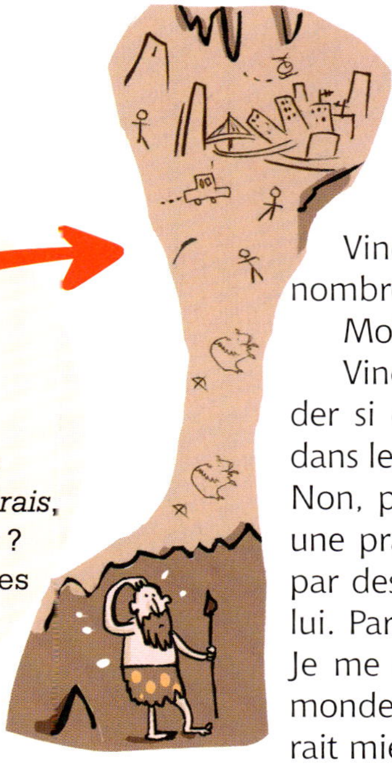

Le présent du conditionnel

■ Relève les verbes conjugués du texte.

■ À quels groupes appartiennent-ils ?

■ Que peux-tu dire des terminaisons des verbes *aimerais*, *voudrais*, *ferais*, *aurait*, *faudrait* ? À quel temps font-elles penser ?

Avant ou maintenant ?

Vincent : J'aimerais poser quelques questions à un certain nombre de types.

Moi : Qui ?

Vincent : À un homme préhistorique. Je voudrais lui demander si c'était vraiment magique, les dessins de bisons, tu sais dans les grottes… Je le ferais apparaître ici et je lui demanderais. Non, peut-être pas ici, parce qu'il aurait peur des autos. Dans une prairie pour ne pas le dépayser. Et je le ferais interviewer par des hommes habillés avec des peaux de bêtes, pareils que lui. Par exemple, il ne faudrait pas les prendre trop gringalets ! Je me demande si un homme préhistorique, qui aurait vu le monde de maintenant, tu sais, les autos, la télé, tout ça, il aimerait mieux vivre à notre époque, ou retourner aux cavernes.

Françoise Mallet-Joris, *La Maison de papier* © Grasset.

JE RETIENS

■ **Le présent du conditionnel** exprime un fait qui **n'est pas certain**, qui va éventuellement se réaliser à une certaine condition. Cette condition est souvent exprimée à l'**imparfait**.

*Si j'avais le temps, **je passerais** te voir.*

■ Au présent du conditionnel, les verbes ont le même **radical** qu'au **futur** ; les terminaisons sont identiques à celles de **l'imparfait : ais – ais – ait – ions – iez – aient.**

Avoir : *J'aurais, tu aurais, il aurait, nous aurions, vous auriez, ils auraient.*

Être : *Je serais, tu serais, il serait, nous serions, vous seriez, ils seraient.*

Passer (1er groupe) *: Je passerais, tu passerais, il passerait, nous passerions, vous passeriez, ils passeraient.*

Agir (2^e^ groupe) *: J'agirais, tu agirais, il agirait, nous agirions, vous agiriez, ils agiraient.*

Aller : *J'irais, tu irais, il irait, nous irions, vous iriez, ils iraient.*

Venir : *Je viendrais, tu viendrais, il viendrait, nous viendrions, vous viendriez, ils viendraient.*

Faire : *Je ferais, tu ferais, il ferait, nous ferions, vous feriez, ils feraient.*

Prendre : *Je prendrais, tu prendrais, il prendrait, nous prendrions, vous prendriez, ils prendraient.*

1 **Après chaque verbe, indique s'il s'agit du futur (F) ou du présent du conditionnel (C).**

Nous aurons (…) – Il irait (…) – Nous serions (…) – Je serai (…) – J'entrerais (…) – Vous viendriez (…) – Ils réussiraient (…) – Vous lui demanderez (…) – Tu aurais (…) – Elle prendra (…)

2 **Écris le ou les pronoms qui conviennent.**

… verrais – … serions – … ferait – … attendriez – … pourrais – … diraient – … viendrions – … mettrait.

3 **Écris au présent du conditionnel à la personne indiquée.**

Tu (rester) ici. – Nous (être) en retard. – Ils (avoir) le temps. – Vous (finir) à l'heure. – Elle (venir) me voir. – Je (prendre) ce train. – Nous (faire) ce voyage. – Elles (être) présentes.

4 Écris au présent du conditionnel.

Le voilier quittait le port. – La voile se gonflait au vent. – Nous pêchions beaucoup de poissons. – Ils rentraient au port avec la marée. – C'était une belle journée. – Le soleil se couchait.

5 Écris le verbe entre parenthèses au présent du conditionnel.

Si le vent se levait, nous (rester) au port. – Si tu prenais ce chemin, tu te (perdre). – Si vous partiez à l'heure, vous n'(avoir) pas à courir. – Si nous étions fatigués, nous nous (reposer). – S'ils m'appelaient, je (venir). – Si tu m'écoutais, tu (comprendre). – S'il n'était pas têtu, il (obéir). – Si tu réfléchissais, tu (trouver). – Si tu étais parti à temps, tu (être) là.

6 Même exercice.

Si j'avais dix-huit ans, je (être) majeur. – Si tu étais en retard, tu (rater) ton train. – Si je pouvais, je l'(avertir). – Si le vent se levait, la voile se (gonfler). – Si la pluie cessait, nous (pouvoir) sortir. – Si tu louais ce film, nous (pouvoir) le regarder ce soir.

7 Écris le verbe entre parenthèses au temps qui convient : présent ou imparfait.

Si tu (avoir) le temps, tu viendrais me voir. – Si tu le (souhaiter), nous irons à la piscine. – Si nous partons maintenant, nous (être) à l'heure. – Si j'(être) fatigué, je me reposerais. – Si tu me le (demander), je viendrais. – Si tu me le (demander), je viendrai. – Ils entreraient s'ils (avoir) la clé.

J'écris

1 Invente deux phrases pour chacune des conditions ci-dessous.

– Si j'avais … .
– Si j'étais … .
– Si je pouvais … .
– Si tu lisais davantage … .

2 Récris les textes au présent du conditionnel.

Hôtesse de l'air

Je voyage beaucoup. Je connais de nombreux pays. J'étudie de nombreuses langues étrangères pour pouvoir communiquer avec le plus grand nombre de personnes. J'ai des amis partout. Je rapporte beaucoup de souvenirs. À chaque escale, j'apprends à mieux comprendre les coutumes, les habitudes des autres peuples.

De bons campeurs

Nous choisissons convenablement l'emplacement de la tente. Nous dirigeons l'entrée vers le soleil levant. Nous nous éloignons des arbres à cause de l'orage. Nous enlevons les cailloux sous le tapis de sol, nous repérons les fourmilières, nous évitons les terrains trop durs ou trop humides. Nous installons un double toit pour nous protéger de la chaleur et de la pluie.

3 Écris un texte de quelques lignes où tu imagines les avantages qu'il y aurait à vivre au temps des cavernes.

Ce serait fantastique de vivre au temps des cavernes parce que…

Le présent du subjonctif

■ Relève dans le texte les formes verbales utilisées pour exprimer une exigence : *il faut que…*

■ Quelle est la personne la plus utilisée dans le texte ? Oralement, retrouve les autres personnes.

Première sortie

Ça y est, c'est le grand jour ! Tu vas prendre la route pour la première fois. Fini les allées du parc, les petits sentiers à travers bois. Ce matin, tu deviens un vrai cycliste.

Il faut que tu sois très attentif, que tu te souviennes bien des conseils qu'on t'a donnés et que tu les suives ; que tu ne fasses pas d'imprudence, que tu n'ailles pas trop vite, et que tu saches toujours respecter les règles du code de la route.

La route est dangereuse pour ceux qui ne prennent pas suffisamment de précautions. Pour que tu puisses profiter pleinement du plaisir qu'elle apporte, et que tu ne mettes jamais ta vie en péril, il faut que tu aies bien compris cela.

JE RETIENS

■ **Le présent du subjonctif** s'emploie le plus souvent dans une proposition subordonnée. Il peut exprimer :
– **un souhait** → ***Je souhaite****… que tu réussisses.*
– **une exigence, une nécessité** → ***Il faut****… que tu réussisses.*
– **un doute, une crainte** → ***Il n'est pas sûr****… que tu réussisses.*
Le fait exprimé n'est pas certain. Le verbe est toujours précédé de **que** ou **qu'**, ou d'une locution construite avec *que (pour que, de sorte que, avant que…).*

avoir	***être***	***penser*** (1er groupe)	***obéir*** (2e groupe)
*Que j'**aie***	*Que je **sois***	*Que je pens**e***	*Que j'obé**isse***
*Que tu **aies***	*Que tu **sois***	*Que tu pens**es***	*Que tu obé**isses***
*Qu'il **ait***	*Qu'il **soit***	*Qu'il pens**e***	*Qu'il obé**isse***
*Que nous **ayons***	*Que nous **soyons***	*Que nous pens**ions***	*Que nous obé**issions***
*Que vous **ayez***	*Que vous **soyez***	*Que vous pens**iez***	*Que vous obé**issiez***
*Qu'ils **aient***	*Qu'ils **soient***	*Qu'ils pens**ent***	*Qu'ils obé**issent***

■ Au **présent du subjonctif**, le radical de certains verbes change :
aller : ***que j'aille*** — *venir :* ***que je vienne*** — *faire :* ***que je fasse***
prendre : ***que je prenne*** — *pouvoir :* ***que je puisse*** — *savoir :* ***que je sache***

1 Complète par le pronom qui convient.

● que … agisses – qu' … puissent – que … ayons – qu' … soit – qu' … aillent – que … veuilles – qu' … soient – que … viennes – qu' … aient – que … sachiez – que … dises – que … partions – qu' … aille – que … fasses – que … puissions.

2 Complète par le verbe *être* ou le verbe *avoir* au présent du subjonctif.

● Il est nécessaire qu'elle … en forme pour cette course. – Il faut qu'elle … la volonté de gagner. – Pourvu que tu … le temps de venir. – Bien qu'ils … plus nombreux, il faut qu'ils … les mêmes avantages.

3 **Écris le présent du subjonctif à la personne indiquée.**

Il faut que tu (être instruit). – Il est possible qu'il (avoir du retard). – Je souhaite qu'ils (avoir plus de temps). – Il faut que vous (être intéressé). – Pourvu que tu (avoir compris). – Il est possible qu'elles (être là).

4 **Même exercice.**

Je souhaite que tu (choisir un livre). – Il faut que tu (écouter mes conseils). – Il est possible qu'il (guérir vite). – Nous souhaitons que vous (fournir ce papier). – Il est nécessaire que nous (garder le sourire). – Il faut qu'ils (arroser les fleurs).

5 **Écris au présent de l'indicatif ou au présent du subjonctif.**

J'espère que vous (être) reposés. – Je souhaite qu'il n'(avoir) pas peur. – Je crains que cette histoire (être) inventée. – La chance que j'(avoir) est très grande. – Il faut que j'(avoir) de l'aide. – Le travail qu'ils (avoir) est important.

6 **Même exercice.**

Je crois qu'il (être) à la montagne. – Je ne pense pas qu'elle (pouvoir) sortir. – Je ne pense pas qu'il (avoir) son pull. – Il faut que tu (être) à la gare. – Il est nécessaire qu'il le (faire).

7 **Indique le temps des verbes.**

Nous prenions (…) – Il faudrait (…) – Que tu ailles (…) – Il écrivit (…) – Vous iriez (…) – Nous sommes venus (…) – Faites (…) – Elles ont perdu (…).

J'écris

1 **Utilise le subjonctif présent pour décrire les qualités que doit posséder un acteur de théâtre ou de cinéma.**

Il faut que cet acteur soit…

2 **Nous devons sauver notre Terre de la pollution qui la détruit. En quelques lignes, écris ce que nous devons et pouvons faire.**

Il faut que nous…

	1	2	3	4	5
a					
b					■
c			■		
d		■			
e					

MOTS CROISÉS

a. 2e pers. du sing. du subjonctif présent du verbe *garer*.
b. 3e pers. du sing. de l'indicatif présent du verbe *agir*.
c. Note de musique. – 2e pers. du sing. de l'indicatif présent du verbe *avoir*.
d. Céréale.
e. 2e pers. du sing. du subjonctif présent du verbe *épier*.

1. 3e pers. du sing. du subjonctif présent du verbe *garder*.
2. Pour chacun de nous, il change chaque année.
3. Participe passé du verbe *rire*. – Préfixe signifiant *deux*.
4. 2e pers. du sing. de l'impératif présent du verbe *étaler*.
5. Dernière lettre de la 2e pers. du sing. du subj. présent ; déterminant possessif.

La filature (2)

Jean-A. et son frère suivent un homme dans la rue, comme deux détectives. Ils sont persuadés qu'il s'agit d'un assassin…

La poursuite aurait pu durer longtemps.

Brusquement, l'homme a traversé devant les Magasins Réunis et s'est engouffré par la porte à tambour.

Le temps de traverser à notre tour, il avait disparu.

On s'est mis à sprinter dans le magasin, mais avec la foule du soir, les animations de la Semaine du Blanc, impossible de le retrouver.

– Un truc classique, j'ai dit, hors d'haleine. Il y a une sortie par-derrière. Il en aura profité pour nous filer entre les doigts.

– Tu rigoles, a dit Jean-A. On est des as du camouflage : il n'a pas pu nous repérer.

– Je vous y prends, mes gaillards ! a tonné une voix derrière nous.

J'ai poussé un cri. L'assassin sans visage venait de surgir de l'abri d'un portant chargé de pantalons pour hommes.

Avant qu'on ait eu le temps de dire ouf, il nous avait crochetés tous les deux par le col et nous secouait comme un prunier.

– Ça ne va pas se passer comme ça ! Je vais vous apprendre, moi, à suivre les gens dans la rue !

– Lâchez-moi ! j'ai crié, me débattant comme un beau diable.

– Pas avant que vous ne m'ayez expliqué votre petit manège ! a grondé le type sans lâcher prise.

Dans sa hargne, son écharpe avait glissé, révélant un visage écarlate sous de fines lunettes à montures noires.

Jean-A a poussé un gargouillis de surprise.

– M. Martel ?

– Jean-A. ? a dit l'homme en écho. Mais qu'est-ce que tu fais là ?

Sa poigne s'est desserrée brusquement pendant que le rouge me montait au visage.

– M. Martel ? j'ai dit à mon tour.

Catastrophe ! Notre assassin sans visage n'était autre que M. Martel, le maître de CM2 de Jean-A. !

Jean-Philippe Arrou-Vignod, *L'Omelette au sucre*, Collection folio Junior © Gallimard-Jeunesse.

As-tu bien compris ?

- Pourquoi les deux garçons ne retrouvent-ils plus l'homme qu'ils suivent, au début du 2e épisode ?
- Jean-A. a-t-il raison de dire : *On est des as du camouflage* ?
- Qui est *l'homme sans visage* en réalité ?
- À ton avis, que va-t-il se passer dans la suite de l'histoire ?

J'AI DÉJÀ APPRIS...

1 **Pour distinguer le participe passé (*-é*) et l'infinitif (*-er*), on remplace le verbe par un verbe du 2e ou du 3e groupe :**
j'ai attrapé → j'ai pris /
je vais l'attraper → je vais le prendre.

Unité 1, p. 196

2 **Les mots féminins en [e] s'écrivent *-ée*, sauf *la clé*.**

Unité 5, p. 201

1 **L'ensemble des mots qui font penser à la même chose forme un champ lexical.**

Unité 1, p. 202

ORTHOGRAPHE

1 **Complète par *é* ou *er*. Pour t'aider, remplace le verbe par un verbe du 2e ou du 3e groupe.**

Jean-A. suivait un homme avec son frère. À un moment, l'homme a travers... et a disparu. Soudain, il est arriv... derrière les deux garçons, il a attrap... chacun d'eux par le col et s'est mis à les secou... . Il leur a demand... de s'expliqu... .

2 **Voici des mots du texte. Cherche un mot féminin de la même famille se terminant par [e]. Orthographie-le correctement.**

le soir : la ... traverser : la ... sa poigne : la ...

Quelle terminaison as-tu utilisée pour ces trois mots ?

Avec un camarade, cherche trois mots féminins se terminant par [te]. Comment s'écrivent-ils à la fin ? Aide-toi d'un dictionnaire.

Compare avec les mots trouvés par d'autres camarades.

3 **Complète avec *é* ou *ait* et explique ton choix.**

Jean-A. essouffl... ne retrouv... plus l'homme sans visage.

Récris la phrase en remplaçant *Jean-A.* par *Les garçons*.

VOCABULAIRE

1 **Lis ce résumé du texte *La filature*.**

Deux garçons prennent en filature un suspect dans la rue. S'agit-il d'un espion ou d'un assassin ? A-t-il un complice ? La poursuite aurait pu durer longtemps. Mais, hélas ! l'homme a repéré les deux détectives et il les attrape par le col en leur demandant des explications. C'est alors que les deux garçons reconnaissent le suspect : c'est M. Martel, le maître de CM2 !

Cherche dans ce résumé tous les mots qui te font penser au métier de détective ou de policier.

2 **Relis la phrase des lignes 5 et 6. Puis cherche le verbe *sprinter* dans un dictionnaire.**

De quelle langue ce mot vient-il ?

Récris la phrase en remplaçant *sprinter* par un synonyme français. Compare avec ce qu'ont trouvé tes camarades.

Participe passé en *-é* ou infinitif en *-er*

■ Relève les participes passés en *-é* du texte.

Essaie de les remplacer par des participes passés du 2e ou du 3e groupe. Est-ce possible ?

■ Relève les verbes du 1er groupe écrits à l'infinitif. Essaie de les remplacer par des infinitifs du 2e groupe ou du 3e groupe. Est-ce possible ?

L'escalade

« Si tu n'as jamais pu passer, tu ne passeras pas aujourd'hui. Redescendons. »

J'avais attaqué le couloir. J'eus vite grimpé jusqu'au milieu. Là, bien calé du dos et des jambes, je regardai, au-dessus de moi, le petit arbuste incliné. C'était l'endroit où nous avions renoncé à l'escalade. Même en gagnant toute ma hauteur, je n'arrivais pas à toucher le tronc noueux. Il devait me manquer presque un mètre et, pour le gravir, je ne trouvais plus rien où m'accrocher.

André Chamson, *Suite cévenole* © Bartillat.

JE RETIENS

■ **Un participe passé en *-é* peut être remplacé par un participe passé du 2e ou du 3e groupe**, mais jamais par un infinitif.

*J'avais **attaqué** le couloir* → *J'avais **pris** le couloir,* mais non pas *j'avais prendre…*

■ Un **infinitif en *-er*** peut être **remplacé par un infinitif du 2e ou du 3e groupe**.

*Je n'arrivais pas à **toucher**…* → *Je n'arrivais pas à **atteindre**…*

Après les prépositions *à*, *de*, *pour*, on emploie le verbe à **l'infinitif**.

1 Remplace les verbes soulignés par un infinitif du 1er groupe.

Ex. : Il va finir ses devoirs. → *Il va terminer ses devoirs.*

Nous ne réussissons pas à prendre ce poisson. – Il ne sait pas faire cette opération. – Je vais mettre un clou ici. – J'aime entendre le bruit de la mer. – Le chat se prépare à bondir sur la souris. – Nous allons suivre le départ de la course – Il n'arrive pas à gravir l'escalier. – Pour peindre, il faut un bon matériel. – Cette voiture est à vendre. – Quand va-t-il venir ?

2 Récris chaque phrase en remplaçant le verbe souligné par l'infinitif ou le participe passé qui convient.

– J'ai appris un joli poème. (étudier – étudié)
– Tu dois bien suivre les conseils qu'on te donne. (écouté – écouter)
– Nous avons vu ce bel avion partir. (regarder – regardé) – (décollé – décoller)
– Le chiot perdu a gémi dans la nuit. (égarer – égaré) – (pleurer – pleuré)
– Les vacances finies, ils ont repris l'école. (terminer – terminées) – (recommencer – recommencé)

3 Remplace les participes passés employés par un participe passé du 1er groupe.

Carrie a *fait* un bon dessert. – La clef *perdue* sera retrouvée. – Les chevaux ont *couru* à travers la prairie. – Cette fleur *cueillie* se fane déjà. – Le chasseur n'a rien *pris*.

4 Écris la terminaison qui convient : *-é* ou *-er*. Fais les accords nécessaires.

L'escalade termin..., nous rentrons. – Nous n'avons pas pu termin... cette escalade. – Une pierre a roul... sous mon pied. – Elle a failli tomb... sur ta tête. – Il faudra emprunt... ce chemin. – Le rocher mouill... est glissant. – Les marmottes savent siffl... pour avertir d'un danger. – Déclench... par le passage du skieur, l'avalanche a ravag... la forêt. – Cesse de pleur..., c'est ridicule.

5 Écris comme il convient les expressions suivantes.

class... des timbres – une terre labour... – des cheveux mouil ... – une crème à ras... – des fleurs coup... – un travail termin... – expédi... un colis – une route dévi... – des fleurs à arros... .

6 Complète comme il convient.

Je viens de regard... un film passionnant. – Tu l'as aidé à termin... son devoir. – Nous devons nous entraîn... pour gagn... cette course. – Avez-vous quelque chose à déclar... ? – Il faut du courage pour plong... de si haut. – Il n'arrête pas de répét... la même chose. – Après la tempête, le village est isol... ; on a coup... la route. – Il faudra la dégag... rapidement.

7 Écris les verbes suivants à leur place et comme il convient.

basculer – aider – poser – sursauter – ramasser – réparer.

Patatras ! L'étagère n'a pas tenu. Le dernier objet ... vient de faire ... tout l'ensemble. Tous les bibelots fragiles sont à terre. Tout le monde a ... dans le magasin. On s'agite, on veut ... à ..., à ... tout ce qui peut l'être.

8 Écris correctement ce texte.

Le jardinier a bêch..., bin..., ratiss... la terre avant de sem... . Bien arros..., les graines ont lev... rapidement et il a fallu repiqu... les jeunes plants pour leur donn... de la force.

9 Même exercice.

Le jardinier a commenc... à bêch..., bin..., ratiss... la terre avant de sem... . Bien arros..., les graines vont lev... rapidement et il faudra repiqu.... les jeunes plants pour leur donn... de la force.

DICTÉES

En montagne

Ceux qui ont osé marcher vers ces pics muets ont dû abandonner tout orgueil et déployer toute leur énergie. Ils sont partis, armés de courage, confiants dans leurs forces et décidés à lutter et à souffrir. Ils ont connu les lentes montées sous le soleil, à travers les arides défilés, et l'effroi des tempêtes.

Le crocodile

C'est un terrible chasseur. Capable de rester des heures sans bouger, il est aussi capable de bondir en un éclair. Ses dents aiguisées lui permettent d'attraper des proies vivantes qu'il avale sans mâcher. Il se sert également de ses mâchoires pour intimider ses adversaires. Privé de nourriture, il peut jeûner plusieurs mois.

Participe passé en [e] ou imparfait en [ɛ]

■ Observe :
Des acheteurs intéressés s'approchaient.
Quel mot peut être remplacé par un adjectif, un participe passé du 2e ou du 3e groupe ? Ce mot est-il indispensable à la phrase ?

■ Mets la phrase au présent. Quel mot s'est transformé ? Ce mot est-il indispensable à la phrase ?

■ Trouve d'autres exemples dans le texte. Explique.

Sur le champ de foire

Des vaches d'inégale grosseur attachées à une corde tendue par des piquets ruminaient côte à côte. Les brebis serrées en troupeaux formaient un nuage de laine sale, porté par le fragile échafaudage des pattes. Dans un enclos limité par des caisses, quelques porcelets agités se heurtaient et se chevauchaient à la recherche d'une issue. Les chiens, en passant, effrayaient la volaille.

Parfois des acheteurs intéressés s'approchaient, palpaient les animaux apeurés, en discutaient le prix.

Les enfants amusés contemplaient le spectacle…

D'après Henri Troyat, *Les Semailles et les Moissons* © Plon.

JE RETIENS

■ **Le participe passé** employé **sans auxiliaire** peut être remplacé par **un adjectif ou un autre participe passé**. Il ne peut pas être remplacé par le présent de l'indicatif. **Souvent, il peut être supprimé.**

Les enfants { ***amusés*** / ***surpris*** / ***heureux*** } *riaient.* → *Les enfants riaient.*

■ **Le verbe à l'imparfait peut être remplacé par le présent de l'indicatif.** Il est essentiel à la phrase.

Les enfants amusés ***riaient****.* → *Les enfants amusés rient.*

1 Fais deux groupes : (1) participes passés, (2) verbes à l'imparfait.

une place louée – Lucie écoutait – un conseil écouté – des pommes tombées – Nicolas louait une place – Les feuilles tombaient – une fête organisée – Paul racontait une histoire.

2 Supprime les participes passés quand c'est possible. Récris la phrase.

– Examinés, palpés, les animaux étaient terrorisés.
– Un acheteur décidé concluait le marché.
– Les bêtes effrayées descendent des camions surchauffés.

3 Écris la terminaison qui convient : participe passé ou imparfait.

– La tempête pass…, on nettoy… la plage.
– Le chêne déracin… barr… la route.
– À la fin de l'été, de nombreuses familles quitt… le village.
– L'argent vol… n'a pas été retrouv… .

4 Complète par *er*, *é*, *és*, *ée* ou par la terminaison à l'imparfait.

– On roul… lentement pour travers… le village encombr… .
– Sa journée termin…, il rentr… se repos… .
– Les volets ferm… empêch… la chaleur de pénétr… dans la maison.

Choisir entre *s'est, s'était / c'est, c'était*

- Quel est l'infinitif du verbe de la phrase suivante ? *Maixent s'est fâché.*
- À quel temps le verbe est-il écrit ?
- Écris-le à l'imparfait.
- Change la personne. Emploie *je, tu*.
- Trouve d'autres verbes conjugués avec *se* ou *s'*.
- Écris la phrase suivante à l'imparfait. *C'est un truc.*
- Peux-tu conjuguer le verbe à d'autres personnes ?
- Par quoi peux-tu remplacer *c'* ?
- Quelles conclusions peux-tu tirer ?

La dispute

– Si tu continues, a crié Maixent, tu retournes chez toi !

Et la maman de Maixent est entrée dans le salon, et elle est ressortie avec une petite statue qui était sur le piano.

Alors, Maixent a laissé le dé et il a pris une espèce de petite casserole.

– Cette casserole est vide, a dit Maixent en nous la montrant.

– La casserole, a demandé Clotaire, c'est comme le dé, elle est creuse ?

– Pas toute la casserole, a dit Geoffroy, seulement dans le fond.

– C'est un truc, quoi, a dit Rufus.

Alors, Maixent s'est fâché, il nous a dit que nous n'étions pas des copains et il a fermé sa boîte de magie et il nous a dit qu'il ne nous ferait plus de tours. Et il s'est mis à bouder, et plus personne n'a rien dit. Alors, la maman de Maixent est entrée en courant.

– Qu'est-ce qui se passe ici ? elle a crié. Je ne vous entends plus.

– C'est eux, a dit Maixent ; ils ne me laissent pas faire des tours !

Jean-Jacques Sempé et René Goscinny, « Maixent, le magicien » in *Le petit Nicolas et les copains* by Sempé / Goscinny © Denoël.

JE RETIENS

- ***S'est, s'était*** **sont suivis d'un participe passé.** Ils peuvent se conjuguer à d'autres personnes.
  Il s'est fâché. – Je me suis fâché. – Tu t'étais fâché.
- ***C'est, c'était*** **sont généralement suivis d'un nom, d'un pronom, d'un adjectif.** Ils ne se conjuguent qu'à la 3e personne. *C'* a le sens de ***cela***.
  *C'est le dé. – C'est à moi. (**Cela** est à moi.)*

1 Écris au passé composé. Attention aux accords !

Il se promène. – Elle s'échappe. – L'oiseau s'envole. – Il se perche sur une branche. – Il s'arrête. – L'oiseau se tait. – Le roi s'approche.

2 Complète par *s'est* ou *c'est*.

… la paix. – Le chasseur … enfoncé dans la forêt. – … à six heures que l'horloge … mise à sonner. – … là ? – Comme … grand !

3 Complète par *s'était* ou *c'était*.

… un chien qui avait beaucoup vécu. – Il … souvent battu. – Quand il … baigné pour la première fois dans la mer, il … un peu méfié des vagues.

DICTÉE

Le blaireau

Il leva les yeux, surpris, et se trouva face à face avec un énorme blaireau ; c'était une femelle […]. [Ben] s'était figé mais, bizarrement, il n'avait pas vraiment peur. La bête semblait d'ailleurs à peu près dans le même état d'esprit. Son cou s'était hérissé, ce qui la faisait paraître encore plus impressionnante, et ses babines étaient toujours retroussées, mais son grondement s'était calmé.

Allan W. Eckert, *La Rencontre* © Hachette-Livre.

Les noms terminés par *ail, eil, euil, aille, eille, euille*

- Écris les noms de tout ce que tu vois dessiné ci-contre.
- Classe ces noms suivant leur genre.
- Trouve la règle d'orthographe de ces noms.
- As-tu trouvé des exceptions ?

JE RETIENS

- **Les noms masculins** terminés par les sons [ɑj], [ɛj], [œj] **s'écrivent avec -il**.
  l'épouvantail – le soleil – le fauteuil

Exception : ceux contenant le mot **feuille**.
le portefeuille – le mille-feuille – le chèvrefeuille.

Attention ! Après **c** et **g**, on écrit **ueil** : *l'accueil, l'orgueil.*

- **Les noms féminins** terminés par [ɑj], [ɛj], [œj] s'écrivent avec **-ille**.
  la paille – une abeille – la feuille.

1 **Écris le déterminant qui convient devant chacun des noms suivants. Aide-toi de ton dictionnaire pour vérifier.**

… chandail – … ferraille – … volaille – … recueil – … œil – … gouvernail – … treille – … seuil – … écaille – … treuil.

2 **Complète.**

le vitr… – un chevr… – ce mille-f… – ma corb… – cette mur… – un rec… – le cerc… – l'appar… .

3 **Complète avec le mot qui convient.**

Le champion a reçu la … d'or. – Sa peau est brûlée, il a pris des coups de … – Des … recouvrent le corps du poisson. – Les mariés ont reçu une belle … de fleurs. – Le bateau part à la dérive, son … est cassé.

4 **D'un mot à l'autre. Retrouve des mots terminés en [j] à partir des mots donnés.**

la brousse → la … – trouver → une … – le fer → la … – la porte → le … – battre → la … .

Les noms féminins en [e], [te] et [tje] : *l'entrée, la curiosité, l'amitié*

■ Relève les noms féminins en [e] et en [te].

■ Écris d'autres noms terminés de la même façon. Vérifie l'orthographe à l'aide de ton dictionnaire. Que peux-tu en déduire ?

Une île déserte

Après plusieurs heures de marche laborieuse, Robinson arriva au pied d'un massif de rochers entassés en désordre. Il découvrit l'entrée d'une grotte. Elle était trop profonde pour pouvoir être explorée ce jour-là. Il constata que la mer cernait de tous côtés la terre où il se trouvait et qu'aucune trace d'habitation n'était visible : il était donc sur une île déserte. Il s'expliqua ainsi l'immobilité du bouc qu'il avait assommé. Les animaux sauvages qui n'ont jamais vu l'homme ne fuient pas à son approche. Au contraire, ils l'observent avec curiosité.

M. Tournier, *Vendredi ou la Vie sauvage* © Gallimard.

JE RETIENS

■ **Les noms féminins en** [e] s'écrivent **ée**, sauf *la clé*, qui peut aussi s'écrire *la clef*.

■ **Les noms féminins en** [te] et en [tje] s'écrivent **é** : *la santé*, *l'amitié*, sauf :
- ceux exprimant un contenu : *l'assiettée*, *la pelletée* ;
- les cinq noms suivants : *la dictée* – *la portée* – *la jetée* – *la montée* – *la pâtée*.

1 **Écris les noms féminins en** [e] **correspondant aux noms suivants.**

Ex. : le nid → la nichée.

le gel – le poing – un jour – l'arme – un rang – le bec – un matin – la gorge – le soir.

2 **Écris les noms féminins en** [te] **ou en** [tje] **correspondant aux adjectifs suivants.**

Ex. : libre → la liberté.

- utile – beau – habile – sûr – égal – bon – amical – fragile – solide – fraternel – vif.
- total – fier – timide – léger – cruel – pauvre – curieux – loyal – honnête – tranquille.

3 **Écris les noms féminins en** [te] **indiquant le contenu…**

d'une brouette – d'une charrette – d'un pot – d'un plat – d'une pelle.

4 **Complète avec le mot qui convient.**

La rentr… des classes a lieu en septembre. – Aujourd'hui, je n'ai fait aucune faute à ma dict… – Ce chemin est raide, la mont… est difficile. – Le chat ne touche jamais à la pât… du chien. – Ce tissu est solide : il est de bonne qualit… – J'ai perdu la cl… de mon bureau.

Les champs lexicaux

■ Relève dans le texte les mots qui ont un lien étroit avec l'avion et l'aviation. Tu peux en trouver huit.

■ Essaie de trouver d'autres mots qui te font penser à la même chose.

Un atterrissage difficile

Je baisse les roues et les volets. La piste s'approche à une vitesse effrayante. L'aérodrome semble à la fois se rétrécir et me sauter aux yeux. Je tire sur le manche, je tire désespérément, l'appareil s'enfonce avec un grand choc métallique qui résonne dans le fuselage et je le sens qui roule gauchement sur le macadam.

Pierre Closterman, *Le Grand Cirque* © Flammarion.

JE RETIENS

■ **L'ensemble des mots qui ont un lien étroit entre eux parce qu'ils font penser au même sujet** s'appelle **un champ lexical.**
Ils peuvent appartenir à la même famille : *avion – aviateur – aviation*, etc.
Ils peuvent être des synonymes : *avion – appareil – aéroplane*, etc.
Ils peuvent être proches du sujet considéré : *avion – piste – pilote*, etc.
Les mots en italique ci-dessus forment une partie du **champ lexical** de l'aviation.

1 ● **Complète le champ lexical de l'aviation en relevant dans la liste les mots qui peuvent en faire partie.**

le navire – l'aéroport – décoller – le TGV – la carlingue – les ailes – le kérosène – l'altitude – le paquebot – l'hélice – le chef de cabine – Roissy – le mousse – l'hôtesse de l'air – la piste – la tour de contrôle – le bimoteur – le long-courrier – le réacteur.

2 ●● **Retrouve puis récris chacun des deux champs lexicaux qui se trouvent dans la liste suivante. Donne un titre à chaque champ lexical.**

tente – piquets – semer – jardin – toile – arrosage – mâts – matelas – râteau – récolte – gonfler – tendre – biner – plier – graines – repiquer.

3 ●● **Trouve à quel champ lexical appartient chacune des listes.**

– barque ; péniche ; canoter ; embarcation ; navire ; pétrolier ; naviguer.
– limousine ; 4 × 4 ; ambulance ; camion ; autobus ; automobile.
– directeur ; professeur ; élève ; étudier ; bureau ; classe ; leçon.
– bourgeons ; mars ; hirondelles ; nids ; jonquilles ; muguet.
– vagues ; plage ; marée ; pêcher ; coquillage ; sel ; iodé.

4 Même exercice.

– peuplier ; tulipe ; persil ; planter ; mimosa ; rosier ; lierre.
– toiture ; fenêtre ; cheminée ; carreler ; salon ; plancher ; étage.
– spectateurs ; scène ; acteur ; costume ; souffleur ; rideau ; dialoguer ; jouer.
– partition ; notes ; chef d'orchestre ; piano ; jouer ; concert.

5 À ton tour de trouver au moins quatre mots pour chacun des champs lexicaux.

– forêt : … ; … ; … ; … .
– sport : … ; … ; … ; … .
– fête foraine : … ; … ; … ; … .
– cirque : … ; … ; … ; … .

6 Trouve les deux champs lexicaux auxquels appartiennent ces mots. Donne leurs titres.

livres – four – levure – documents – emprunter – romans – croissants – pain – dictionnaire – pétrir – consulter – pâte – bandes dessinées – farine – ouvrages – vendre – baguettes – classer – cuire.

7 Relève l'intrus qui s'est glissé dans chacun des champs lexicaux.

• rose – bouquet – épine – s'épanouir – radis – parfum – fané – fleuri.
• marteau – tournevis – pinces – clouer – tenailles – bavarder – vissé.
– flammes – radiateur – fumée – braises – cendres – brûlé – incendie.
– goûter – sauter – dîner – déjeuner – souper – petit déjeuner.

8 Complète les listes de noms, de verbes et d'adjectifs ci-dessous appartenant au champ lexical de la météo. Trouve cinq mots pour chaque liste.

– giboulées, brouillard, humidité, …
– souffler, geler, …
– ensoleillé, couvert, …

9 Complète avec le plus de mots possible les champs lexicaux.

– fruits : prune ; cerise ; fruité ; poire ; …
– transports : train ; partir ; avion ; …
– informatique : ordinateur ; se connecter ; …
– cinéma : caméra ; filmer ; …

10 Dans le texte suivant, relève les mots appartenant au champ lexical de la lutte, du combat.

Le capitaine Nemo s'était précipité sur le poulpe, et, d'un coup de hache, il lui avait encore abattu un bras. Son second luttait avec rage contre d'autres monstres qui rampaient sur les flancs du *Nautilus*. L'équipage se battait à coups de hache. Le Canadien, Conseil et moi, nous enfoncions nos armes dans ces masses charnues. Une violente odeur de musc pénétrait l'atmosphère. C'était horrible.

Jules Verne, *Vingt mille lieues sous les mers*.

J'écris

1 Jeu poétique
Le mot *fleur* peut faire penser à tous les mots écrits dans les pétales de cette fleur.

Dessine un animal et écris de la même façon tous les mots qui te font penser à cet animal.
Tu peux continuer avec le mot *arbre* ou *poisson*.

2 Écris un court texte de ton choix dans lequel tu feras apparaître un champ lexical.

Les vocabulaires techniques

■ De quel domaine scientifique est-il question dans ce texte ?

■ Relève les mots techniques utilisés dans le texte et qui se rapportent à ce domaine scientifique.

■ Connais-tu d'autres mots appartenant à ce domaine ?

L'ordinateur

Liane, Isabelle et Medhi posent de nombreuses questions à Takeo, un informaticien, pour comprendre le fonctionnement de leur ordinateur.

Takeo : L'ordinateur n'a pas de nez parce que nous n'avons pas jugé utile de lui en donner un. Mais peut-être qu'un jour, il en aura un ! D'une manière générale, on appelle « interface » l'ensemble des outils qui permettent à l'ordinateur de communiquer. Et pour qu'elle soit pratique, l'interface est adaptée à l'utilisateur, c'est-à-dire à nous. Par exemple, un clavier contient une centaine de touches. Ces touches doivent être adaptées à la taille de nos doigts. Si elles sont trop petites, cela devient impossible de taper sur une seule touche à la fois...

Medhi : Ouh ! là ! là ! Ça paraît compliqué, tout ça !

Takeo : Mais non, c'est simple. L'ordinateur comporte quatre parties importantes : le microprocesseur, qui permet de réaliser les opérations rapidement et sans erreur, la mémoire, qui stocke les informations, les programmes, qui donnent les ordres au microprocesseur, et finalement l'ensemble des moyens qui nous permettent de communiquer avec l'ordinateur.

À ce moment précis, Liane imagine un microprocesseur à deux jambes, avec des yeux en forme d'écran, une main en forme de souris et l'autre grosse comme une imprimante. Le monstre affublé de sa mémoire à l'allure de chapeau mexicain est soumis aux ordres tyranniques d'un logiciel acariâtre.

Alain Schuhl, *À l'intérieur de l'ordinateur* © éditions Le Pommier, 2004.

JE RETIENS

■ Dans leur domaine, **les techniciens** et **les scientifiques** utilisent généralement des termes particuliers. Très précis, ce vocabulaire nécessite souvent, pour sa compréhension, le recours au dictionnaire.

interface, microprocesseur sont des mots du vocabulaire de **l'informatique**.

1 **Indique, si tu le connais, le nom des différents éléments qui composent l'ensemble informatique ci-contre.**

2 **Classe le vocabulaire suivant en trois domaines : la météorologie, la médecine, la photographie. Aide-toi du dictionnaire.**

le stéthoscope – la girouette – l'objectif – le cumulus – la mise au point – l'ordonnance – les prévisions – ausculter – l'instantané – la perturbation – plâtrer – développer.

3 Associe chaque nom à sa définition.

1. le mistral
2. le crachin
3. une giboulée
4. la canicule
5. un stratus
6. un anémomètre

a. une pluie très fine et continue
b. un type de nuage
c. un vent du sud de la France
d. un instrument pour mesurer la force du vent
e. une pluie soudaine parfois accompagnée de vent et de grêle
f. une forte chaleur

4 Relie chaque nom à sa définition. Aide-toi d'un dictionnaire.

un puy	• •	mont à la forme arrondie
un ballon	• •	suite de montagnes
un mont	• •	ensemble, bloc de montagnes
une chaîne	• •	ancien volcan
un massif	• •	hauteur, montagne

5 Redonne à chaque personne l'outil ou l'objet qui lui correspond. Aide-toi d'un dictionnaire.

l'astronome – le cosmonaute – le chirurgien – le chercheur – le météorologiste – la danseuse – le photographe – l'informaticien.

la station orbitale – le scanner – l'unité centrale – le télescope – le baromètre – le négatif – les chaussons à pointe – le microscope.

6 Cherche dans le dictionnaire ou dans ton livre de géographie le sens des mots *affluent*, *confluent*, *embouchure*, *source*, puis complète les phrases.

La Loire prend sa … au mont Gerbier-de-Jonc. – La Marne est un … de la Seine. – La ville de Lyon est située au … du Rhône et de la Saône. L'… de la Garonne est un estuaire nommé Gironde. Le Tarn et le Lot sont deux … de la Garonne. C'est sur le plateau de Langres que la Seine prend sa … .

7 Lis le texte suivant et relève tous les mots qui se rapportent au domaine informatique.
Donne une définition rapide de chacun d'eux. Aide-toi d'un dictionnaire.

Un virus est un programme hostile. Au mieux, il utilise notre ordinateur, au pire, il cherche à détruire ce que nous avons en mémoire. Il y a mille sortes de virus, mais le pire de tous, c'est celui qui demande au microprocesseur d'effacer tout ce que contient le disque dur. […] Les gens qui fabriquent les virus sont très malins. Ils les glissent dans les courriers électroniques. Ou alors parfois sur certains sites Internet. Lorsque vous regardez un site, celui-ci vous envoie des textes et des images qui s'affichent sur votre écran. Si un virus se glisse sur votre ordinateur en même temps qu'une photo, il s'y installe et le tour est joué !

Alain Schuhl, *À l'intérieur de l'ordinateur*

J'écris

Choisis un domaine que tu connais bien (la mode, la mécanique, l'astronomie, la musique, la botanique…) et écris un court texte dans lequel tu emploieras le plus possible de mots techniques. Aide-toi d'un dictionnaire.

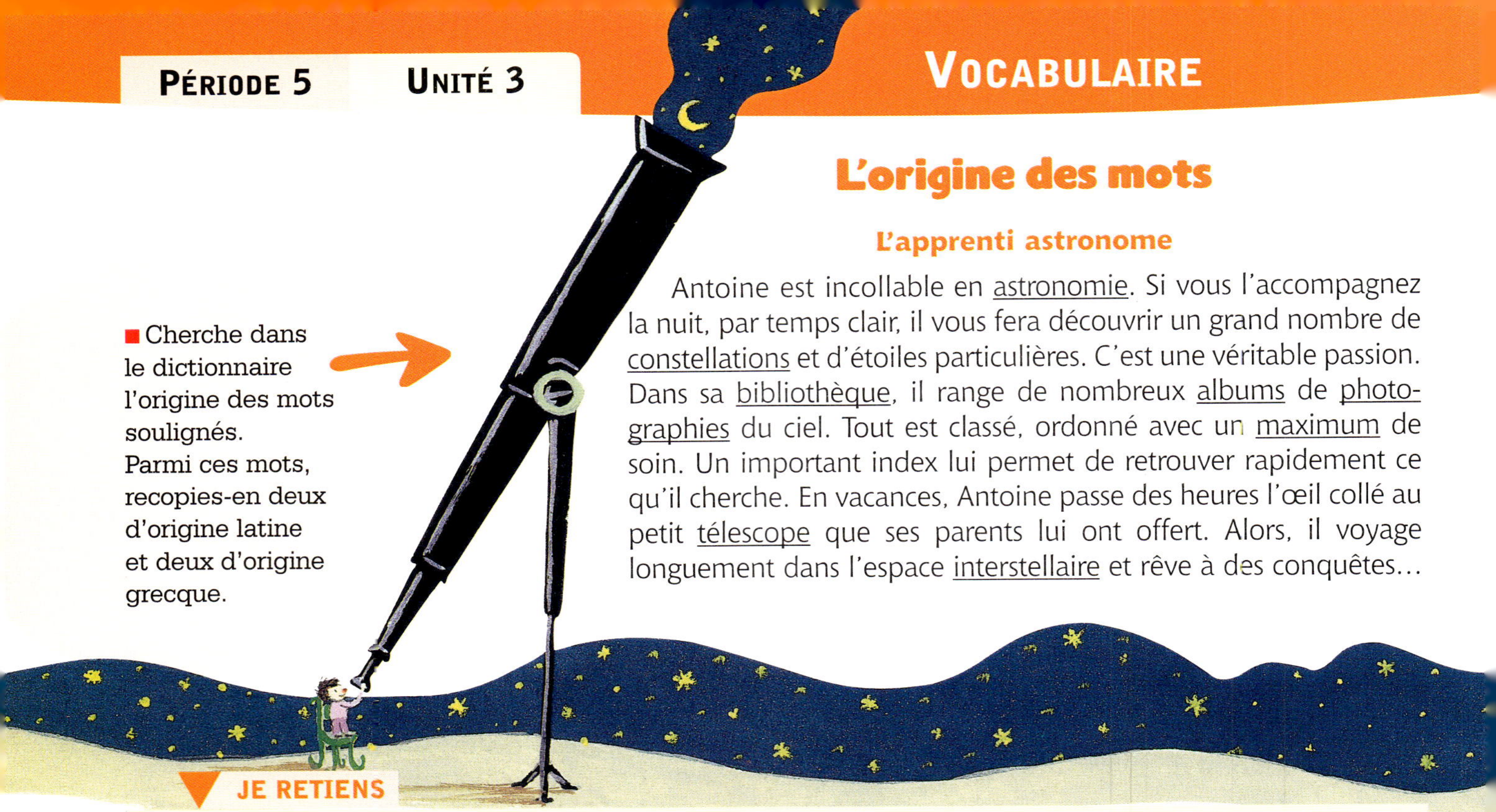

L'origine des mots

■ Cherche dans le dictionnaire l'origine des mots soulignés.
Parmi ces mots, recopies-en deux d'origine latine et deux d'origine grecque.

L'apprenti astronome

Antoine est incollable en astronomie. Si vous l'accompagnez la nuit, par temps clair, il vous fera découvrir un grand nombre de constellations et d'étoiles particulières. C'est une véritable passion. Dans sa bibliothèque, il range de nombreux albums de photographies du ciel. Tout est classé, ordonné avec un maximum de soin. Un important index lui permet de retrouver rapidement ce qu'il cherche. En vacances, Antoine passe des heures l'œil collé au petit télescope que ses parents lui ont offert. Alors, il voyage longuement dans l'espace interstellaire et rêve à des conquêtes…

JE RETIENS

■ Le français est une langue qui compte de nombreux mots d'**origine latine ou grecque**.
constellation (origine latine) – *astronomie* (origine grecque).

■ Au fil du temps, les mots de la langue française évoluent et se transforment.
L'étymologie est **la science qui étudie l'origine des mots** et leur évolution au fil du temps.

■ Lorsque l'on veut connaître de façon détaillée l'origine et l'évolution d'un mot, on consulte **un dictionnaire étymologique**.

1 Complète avec les mots latins suivants toujours utilisés de nos jours.

agenda – référendum – aquarium – verso – duo.

Le chat observe les poissons dans l'… – Il a noté le rendez-vous sur son … – Elle a tourné sa feuille pour écrire au … – Lors d'un … on vote oui ou non à la question posée. – Ce couple qui chante forme un excellent … .

2 Les mots latins de la liste 1 ont donné naissance à un mot français de la liste 2. Associe-les deux par deux comme dans l'exemple.

Ex. : canis → *chien.*

- liste 1 : *canis* – schola – fenestra – pax – mansio – pater – error.
- liste 2 : fenêtre – *chien* – maison – erreur – père – paix – école.

3 En latin, le mot *aqua* signifie « eau ». Écris deux mots français dans lesquels tu retrouveras le préfixe *aqua-* avec ce sens. Aide-toi d'un dictionnaire.

J'écris

Cherche dans ton dictionnaire le sens des expressions latines suivantes. Elles sont utilisées en français.

vice versa – veto – in extremis – a posteriori – idem – primo – ex æquo.

Emploie chaque expression dans une phrase.

Les mots qui viennent des langues étrangères

■ Cherche dans le dictionnaire l'origine des mots soulignés.

■ Classe ces mots en fonction de leur origine (anglaise, arabe, italienne).

Week-end en montagne

Nous partons plusieurs jours dans les Pyrénées. Nous avons rempli le réservoir de notre voiture de gas-oil et préparé des sandwichs, une pizza, du fromage et des fruits pour notre déjeuner. Nous avons hâte d'aller à la découverte de ces belles montagnes. Nous sommes bien équipés pour marcher et pour affronter la fraîcheur des soirées : nous avons acheté des sweats, des pull-overs, des shorts et des baskets dans des magasins.

JE RETIENS

■ Les mots *week-end*, *sandwich*, *pizza*, *sweat*, *pull-over*, *short*, *basket* ou *magasin* sont **des mots qui appartiennent à des langues étrangères**.

■ Certains mots ont conservé leur orthographe étrangère : *un sweat*, *un jean*, *un chewing-gum*…

■ Pour d'autres mots, leur orthographe a évolué et correspond aujourd'hui à leur prononciation en français.

beef steack s'écrit aujourd'hui *bifteck*.

1 **Écris le nom de chacun de ces deux vêtements. Ces noms sont des mots étrangers.**

Peux-tu indiquer le pays d'où ils viennent ?

2 **À quelles langues ces mots ont-ils été empruntés ? Aide-toi de ton dictionnaire.**

paella – choucroute – couscous – anorak.

3 **À l'aide de dictionnaires, retrouve parmi ces mots ceux qui sont d'origine étrangère. Recopie-les en indiquant leur pays d'origine.**

pantalon – buffet – chaussure – caravane – neige – planeur – carafe – sucre – monument.

4 **Relie le mot à sa langue d'origine. Aide-toi de ton dictionnaire.**

Mots désignant un sport :	*Mots empruntés à la langue :*
le surf •	
le karaté •	• inuit
le football •	• anglaise
le canoë •	• chinoise
le kayak •	• japonaise
le kung-fu •	

Le dialogue dans un récit

■ Observe le texte.
À quels signes de ponctuation comprends-tu qu'un personnage parle ? Et qu'un autre personnage prend la parole ?

■ Relève les verbes qui suivent les paroles des personnages. En connais-tu d'autres ?

L'Énorme Crocodile

Au milieu de la plus grande, la plus noire, la plus boueuse rivière d'Afrique, deux crocodiles se prélassaient, la tête à fleur d'eau. L'un des crocodiles était énorme. L'autre n'était pas si gros.

– Sais-tu ce que j'aimerais pour mon déjeuner aujourd'hui ? demanda l'Énorme Crocodile.

– Non, dit le Pas-si-Gros. Quoi ?

L'Énorme Crocodile s'esclaffa, découvrant des centaines de dents blanches et pointues.

– Pour mon déjeuner aujourd'hui, reprit-il, j'aimerais un joli petit garçon bien juteux.

– Je ne mange jamais d'enfants, dit le Pas-si-Gros. Seulement du poisson.

– Ho, ho, ho ! s'écria l'Énorme Crocodile. Je suis prêt à parier que si tu voyais, à ce moment précis, un petit garçon dodu et bien juteux barboter dans l'eau, tu n'en ferais qu'une bouchée !...

Roald Dahl, traduit par O. Gorge et P. Jusserand,
L'Énorme Crocodile © Roald Dahl Nominee Ltd, 1978.

JE RETIENS

■ Dans un récit, on peut faire **parler directement les personnages.**

■ Les paroles contiennent des informations importantes et permettent au lecteur de mieux comprendre les sentiments des personnages, leurs actions, leur caractère.

Pour écrire un dialogue

- Je vais à la ligne et je place un tiret (–) à chaque changement de personnage.
- J'essaie de ne pas répéter le même verbe pour signaler qui a parlé.

Je peux remplacer *dire* par un autre verbe pour préciser le sens des paroles du personnage et le ton de sa voix :

↘ Vocabulaire p. 121

– faire une déclaration : *déclarer*, *constater*, *raconter*, *avouer*, *affirmer* ;
– poser une question : *demander*, *interroger*, *questionner* ;
– donner une réponse : *répondre*, *rétorquer* ;
– donner un ordre : *ordonner*, *exiger* ;
– parler à voix haute : *crier*, *s'écrier*, *hurler* ;
– parler à voix basse : *murmurer*, *chuchoter* ;
– exprimer un mécontentement : *se plaindre*, *gémir*, *soupirer*, *pleurer*, *protester*, *rouspéter* ;
– exprimer un amusement : *se moquer*, *ricaner*, *rire*, *se réjouir*.

J'observe d'autres modèles

Avant d'écrire un dialogue, lis les deux textes suivants. Tu pourras ainsi t'en inspirer.

1 – LA ROSE DES KARPATHES

– Elle est habillée de satin ! murmura Mioritza.

– Elle a une robe couleur de cerise ou de ciel couchant, dit Radou. Je n'ai jamais vu une rose si jolie.

– Je n'ai jamais senti un parfum si fin et si pénétrant, ajouta Mioritza.

Et tous deux chuchotèrent :

– Que vous êtes belle et parfumée, Mademoiselle la petite rose !

Mais la petite rose se dressa vers eux et se mit à parler en leur jetant son gentil parfum :

– Emportez-moi dans votre maison, mes enfants. Enfin, vous arrivez ! Je craignais que vous passiez sans me voir. Emportez-moi avec vous. Ici je m'ennuie...

Pierre Gamarra, *La Rose des Karpathes*,

2 – LA CHÈVRE DE MONSIEUR SEGUIN

– Écoutez, monsieur Seguin, je me languis chez vous, laissez-moi aller dans la montagne.

– Ah ! Mon Dieu !... Elle aussi ! cria M. Seguin stupéfait, et du coup il laissa tomber son écuelle ; puis, s'asseyant dans l'herbe à côté de sa chèvre :

– Comment, Blanquette, tu veux me quitter !

– Oui, monsieur Seguin.

– Est-ce que l'herbe te manque ici ?

– Oh ! non ! monsieur Seguin.

– Tu es peut-être attachée de trop court, veux-tu que j'allonge la corde ?

– Ce n'est pas la peine, monsieur Seguin.

– Alors, qu'est-ce que tu veux ?

– Je veux aller dans la montagne, monsieur Seguin.

– Mais, malheureuse, tu ne sais pas qu'il y a le loup dans la montagne... Que feras-tu quand il viendra ?...

– Je lui donnerai des coups de corne.

D'après Alphonse Daudet, « La Chèvre de Monsieur Seguin », dans *Les Lettres de mon moulin*.

À mon tour !

↘ Grammaire p. 12 p. 18

↘ Conjugaison pp. 188 et 189

1 **Voici la suite du dialogue de *L'Énorme Crocodile* et de *Pas-si-Gros*. Recopie-le en remplaçant les pointillés par un verbe autre que *dire*.**

– Certes pas ! ... le Pas-si-Gros. Les enfants sont trop coriaces et trop élastiques. Ils sont coriaces, élastiques, écœurants et amers.

– Coriaces, élastiques !! ... l'Énorme Crocodile. Écœurants ! amers !!! tu racontes des bêtises grosses comme toi. Ils sont juteux et délicieux !

– Ils ont un goût si amer, ... le Pas-si-Gros, qu'il faut les enduire de sucre avant de les consommer.

– Les enfants sont plus gros que les poissons, ... l'Énorme Crocodile. Ça te fait de plus grosses parts.

Roald Dahl, traduit par O. George et P. Jusserand, *L'Énorme Crocodile*

2 **Inspire-toi du dialogue de monsieur Seguin avec sa chèvre (texte 2) et imagine puis écris un dialogue entre un oiseau en cage et son propriétaire. L'oiseau souhaite quitter sa cage et être libre.**

3 **Imagine ce que les deux personnages se disent. Écris un dialogue court de cinq ou six lignes.**

Le récit policier

Qui a tué Minou-Bonbon ?

■ Relève les mots du texte qui font penser à un acte mystérieux.

■ Quel crime a été commis ?

■ Qui décide de mener l'enquête pour trouver le coupable ?

Voici le début d'une histoire policière. Le père Latuile, un couvreur retraité, et son chat Minou-Bonbon, sont inséparables. Nicolas, un enfant, est leur meilleur ami.

Un matin, Nico fut étonné de ne pas trouver ses vieux copains sur le pas de leur porte.

Bizarre, bizarre.

Il jeta un coup d'œil par la fenêtre : le vieux bonhomme était assis dans son fauteuil. [...]

Minou-Bonbon aussi était là. Allongé aux pieds du père Latuile. Bizarrement immobile. Et voilà que du sang coulait de son museau.

– Il est malade ? demanda Nico. Il est mort ?

Le père Latuile dit oui avec sa tête, ce qui fit tomber les larmes qu'il avait au bord des yeux.

On l'a tué à coups de bâton. Il est revenu mourir chez lui. [...]

Ce qui est encore plus incroyable, pensait Nico sur le chemin de l'école, c'est qu'il existe des gens qui tuent. [...]

Il n'était plus triste, il était en colère. Comment vouliez-vous qu'il écoute la maîtresse ? [...]

– Nicolas ! dit la maîtresse, tu es dans la lune ! Viens au tableau. Écris-moi un mot avec MI de chemise.

Nico écrivit : MINOU-BONBON. Tout le monde rit. Nico s'enfuit, criant : « Je trouverai l'assassin ! Je le trouverai ! »

Joseph Périgot, *Qui a tué Minou-Bonbon ?* © Syros.

JE RETIENS

■ Dans un récit policier, **un acte criminel** (un vol, un meurtre...) **et mystérieux a été commis.** Le héros de l'histoire mène l'enquête pour trouver le coupable et la raison du crime (le mobile).

■ D'autres personnages apparaissent au cours du récit : la victime, les suspects, les témoins du crime...

■ **Le lecteur suit le déroulement de l'enquête.** Il accompagne l'enquêteur, le policier ou le détective dans ses aventures. Très souvent, le lecteur ignore au début qui a commis le crime et il le découvre à la fin.

Pour rédiger un récit policier

↘ Vocabulaire p. 202

- Je détermine le héros, la victime, le coupable, les témoins, les suspects ; le mobile ; le crime et ses circonstances ; les indices (traces laissées sur le lieu du crime).
- Au début du récit, j'expose le crime commis et je présente l'enquêteur.
- Au cours du récit, je décris l'enquête menée par le détective (les personnages qu'il rencontre, ses réflexions...).
- Dans certains passages, je crée une atmosphère mystérieuse en choisissant bien les personnages (je leur attribue un détail caractéristique : une cicatrice, un vêtement spécial...) ; le moment (l'action est plus inquiétante si elle se déroule la nuit) et le lieu (sombre et désert par exemple).
- À la fin du récit, je donne la clé de l'énigme (la solution). Le coupable ne doit pas être un inconnu du lecteur ; il peut même apparaître comme sympathique dans le récit.

J'observe d'autres modèles

- **Lis le texte 1 qui expose le début d'une énigme.**
- **Lis le texte 2 qui donne la clé d'une énigme.**

1 – GEORGES-GROS-DOS A DISPARU

Dring ! Dring ! Dring ! Fennec le Détective décroche le téléphone. Il a juste le temps d'entendre :

– Au secours ! Au sec…

Et puis plus rien.

« C'est drôle, cette voix me rappelle quelqu'un, songe Fennec en raccrochant. Zut, il n'y a plus de jus d'orange. »

Chris la factrice apporte le journal.

– Salut, Fennec. Tu as lu la dernière ?

Elle tend le journal à Fennec.

– Tu te rends compte ? Georges-Gros-Dos a disparu ! dit Chris.

– Je sais lire, dit Fennec.

– Tiens, tiens, la voix au téléphone, maintenant que j'y pense, c'était lui…

– Qu'est-ce que tu racontes ?

– Rien, rien…

Alexis Lecaye, *Georges-Gros-Dos a disparu*
© Gallimard-Jeunesse.

2 – DANGER BONBONS !

– Marc a tout deviné, cria Marèva en entrant chez Étienne.

– Quoi ?

– C'est monsieur Demers, de la rue Richelieu, qui a mis des lames dans les chocolats !

– Comment tu sais ça ? a demandé Étienne.

– C'est à cause de toi, fit Marc en souriant.

– De moi ? dit Étienne, tout étonné.

– Oui, avec tous les tours que tu m'as joués, je suis devenu méfiant… Monsieur Demers avait un drôle de sourire en nous donnant les chocolats, comme toi quand tu m'as offert des bonbons au poivre rouge. Toi aussi, tu emballes bien tes bonbons, dans un joli papier brillant… Je m'en suis souvenu.

Étienne était gêné, mais comme Marc riait, il rit lui aussi et lui tendit la main :

– T'es pas mal rusé, Marc.

– Oui, tu mérites des félicitations, mon garçon, dit l'oncle d'Étienne. […] Sans toi, on n'aurait peut-être jamais su qui avait trafiqué les chocolats. On va arrêter tout de suite ce criminel.

Christine Brouillet, *Danger bonbons !* © Syros.

À mon tour !

1 Relis le texte 1 et invente une suite : qui est Georges-Gros-Dos ? Où est-il ? A-t-il été kidnappé ?

Grammaire p. 60 p. 186

Conjugaison pp. 188 et 189

2 Écris au passé simple en dix ou douze lignes un court récit policier à partir des éléments suivants.

- Le crime et son mobile : un tableau ancien, qui vaut très cher, a été volé.
- L'auteur du crime : un marchand de tableaux qui a fait de mauvaises affaires.
- La victime : le propriétaire d'un château.
- Les indices laissés par le coupable : des traces, des objets.
- L'enquêteur : un policier ou un détective privé.
- Les différents suspects : le marchand de tableaux, un voisin envieux, un ennemi personnel du propriétaire du château.
- La preuve qui permet de trouver le coupable : les empreintes digitales, un morceau de tissu appartenant au coupable.

3 Écris en quelques lignes le récit d'un acte criminel à partir de cette couverture de livre.

Bilan de la période 5

Harry est fou

Harry a hérité de Madison, le perroquet de son oncle d'Amérique. Il est déçu parce que l'oiseau ne parle pas. Et pourtant, au moment de se coucher, il entend une drôle de voix lui souhaiter bonne nuit…

« C'était sûrement la voix de papa », se dit Harry juste avant de sombrer dans un sommeil agité. Il rêva de perroquets qui lui parlaient une langue incompréhensible et auxquels il ne pouvait répondre.

Son rêve se transforma bientôt en cauchemar dans lequel il se voyait réduit à la taille d'une graine de tournesol, tremblant qu'un perroquet ne le saisisse dans son bec crochu pour le réduire en miettes.

Harry se réveilla en sursaut. […] Au-dehors, le jour commençait à poindre. Pendant une minute il ne bougea pas, savourant le soulagement qu'il éprouvait d'avoir échappé à son cauchemar de perroquets et pensant à celui – bien vivant – qui se trouvait là, en bas. « Eh bien, se dit-il, on dirait que grand-oncle Georges n'a pas appris grand-chose à Madison, mais je ne vois pas pourquoi je n'essaierais pas à mon tour. Les perroquets ne sont pas des êtres intelligents. Ce sont des mécaniques qui ne font qu'imiter. Tout ce que l'on doit faire, c'est leur répéter le même mot encore et encore jusqu'à ce qu'ils l'attrapent. Une centaine de fois, à mon avis, devrait suffire. Et quand ils ont attrapé un mot, alors on passe au suivant. Puisqu'on est dimanche, je vais commencer tout de suite. […] Par quoi vais-je commencer ? Je sais, je vais lui apprendre à dire son nom. […]

Harry sauta de son lit, enfila sa robe de chambre, ouvrit la porte et (pour une fois) descendit l'escalier lentement et posément. Il referma la porte du salon derrière lui et vint se mettre tout près de la cage du perroquet. […]

« Cent fois, se dit-il, je vais le répéter cent fois. » Il se pencha en avant, ses lèvres touchant presque les barreaux de la cage, là où, pensait-il, l'oiseau pourrait l'entendre le plus commodément, et il se mit à prononcer les mots à voix haute et distincte comme s'il parlait à un étranger ou à quelqu'un un peu dur d'oreille :

– Mon… nom est… Madison.

Le perroquet se gratta la tête avec l'une de ses pattes.

– Si tu dis vrai, mon vieux, énonça-t-il clairement, ce serait une coïncidence vraiment remarquable. Vu que mon nom est aussi Madison.

Harry en resta bouche bée. […]

– Tu sais parler ? réussit à murmurer Harry d'une voix étouffée.

– Hon-hon.

– Et drôlement bien !

– Ouais. Pas aussi bien que toi, vu que j'ai été élevé en Amérique. Mais enfin, mon garçon, je sais parler, c'est certain.

– Mais… je pensais que les perroquets pouvaient seulement dire quelques mots.

– Ça dépend de ce qu'on leur a appris.

Dick King-Smith, traduit par Michelle Esclapez, *Harry est fou* © Gallimard-Jeunesse.

As-tu bien compris ?

- Comment s'appelle le perroquet ? D'où vient-il ?
- Comment Harry s'y prend-il pour apprendre à parler au perroquet ?
- Qui parle aux lignes 27 et 28 du texte ? Pourquoi dit-il cela ?

GRAMMAIRE

1 Recopie ces phrases. Dis si ce sont des phrases simples ou complexes.

Harry rêva de perroquets qui lui parlaient une langue incompréhensible.
Il se réveilla en sursaut.
Au-dehors, le jour commençait à poindre.
Il referma la porte du salon derrière lui et vint se mettre tout près de la cage du perroquet.
Puisqu'on est dimanche, je vais commencer tout de suite.

– Dans chaque phrase complexe, sépare d'un trait les propositions. Dis s'il s'agit de propositions principales, subordonnées ou indépendantes.

– L'une de ces phrases complexes contient une proposition relative : entoure le pronom relatif et souligne son antécédent.

2 Retrouve les compléments circonstanciels dans ces phrases. Indique s'ils donnent des précisions de manière, de lieu ou de temps.

Harry se réveille en sursaut.
Pendant une minute, Harry ne bouge pas.
Au-dehors, le jour commence à poindre.

CONJUGAISON

1 Relis la phrase des lignes 4 à 6. À quel temps est conjugué chacun des verbes ?

– Écris l'infinitif de chacun de ces verbes, puis termine leur conjugaison au temps utilisé dans le texte.

2 À partir de la ligne 18 du texte, cherche tous les verbes du 3e groupe conjugués au passé simple.

– Choisis deux d'entre eux et termine leur conjugaison.

3 Complète cette phrase avec les verbes *saisir* et *réduire* conjugués au temps qui convient. Quels temps as-tu utilisés ?

Si le perroquet … Harry dans son bec crochu, il le … en miettes !

– Retrouve dans le texte (entre les lignes 21 et 24) un verbe du 3e groupe conjugué au même temps que le verbe *réduire* dans la phrase ci-dessus.

ORTHOGRAPHE

1 ***-é* ou *-er* ? Complète ces phrases comme il convient.**

Harry a rêv… qu'un perroquet pouvait l'attrap… avec son bec !
Le lendemain, il a essay… d'apprendre à parl… à Madison. Il est persuad… qu'il faut répét… plusieurs fois la même chose à l'oiseau pour réussir à le faire parl… .
Harry, étonn…, découvre que son perroquet parle !

2 **Cherche un nom masculin de la famille du verbe *réveiller* qui se termine en [ɛj]. Comment l'écris-tu à la fin ?**

– Compare avec l'orthographe du mot *oreille*. Explique la différence d'orthographe

3 **Complète avec *c'est* ou *s'est*.**

Quand Harry … réveillé, il … dit qu'il allait apprendre à parler à Madison. « … facile, lui a-t-il dit, il suffit de répéter plusieurs fois le même mot. »

VOCABULAIRE

1 **Cherche dans le texte tous les mots pouvant faire partie du champ lexical de l'oiseau.**

– Compare avec ceux qu'ont trouvés tes camarades.

– Complète ce champ lexical avec des mots qui te permettraient de faire le portrait de Madison. Aide-toi de l'illustration.

2 **Tous ces termes techniques se rapportent à une partie du corps d'un oiseau. Aide-toi d'un dictionnaire pour savoir s'il s'agit des pattes, du bec ou des plumes.**

les rémiges – les barbules – la calotte – les tectrices

– Attention ! il y a un intrus parmi ces mots. Trouve lequel à l'aide du dictionnaire.

3 **Parmi ces mots du texte, deux sont d'origine italienne. Trouve lesquels en t'aidant d'un dictionnaire.**

perroquet – salon – cage – tournesol

À toi de jouer !

1 **Dans la suite de l'histoire, Harry et son perroquet découvrent le plaisir de jouer ensemble à un jeu. Pour connaître le nom de ce jeu, recopie dans l'ordre les lettres correspondant à chaque définition.**

...	...	...	...	C	...

a. Terminaison du participe passé du verbe *aller.*

b. Première lettre du mode (impératif, subjonctif ou conditionnel) auquel est employé le verbe de cette phrase : *Le perroquet parlerait-il un jour ?*

c. Première lettre du prénom du héros de cette histoire.

d. Lettre finale des noms féminins terminés par [ɑj].

e. Première lettre du mode (impératif, subjonctif ou conditionnel) auquel est employé le verbe de cette phrase : *Qu'il parle ce perroquet !*

2 **Les phrases de Harry et du perroquet se sont mélangées. Rétablis la place des propositions dans les deux bulles pour chaque vignette.**

Les mots en fête

À LA VA COMME JE TE POUSSE !

Alors qu'on ne l'attendait pas, il arriva comme un cheveu sur la soupe. Il avait couru comme un dératé ; il était rouge comme un coq et soufflait comme un phoque. Il mangea comme quatre, but comme un trou, se coucha comme les poules et dormit d'un sommeil de plomb en ronflant comme un ogre !

- Quel procédé l'auteur a-t-il employé systématiquement dans son texte ?
- Donne la signification de chacune des expressions du texte. Aide-toi du dictionnaire.
- Connais-tu d'autres comparaisons de même type ? Écris-en deux ou trois.

1 Explique ces expressions en complétant les comparaisons.

trembler beaucoup → trembler comme une … – courir très vite → filer comme le … – marcher en se dandinant → marcher comme un … – pleurer toutes les larmes de son corps → pleurer comme une … – répéter sans comprendre → répéter comme un … – se disputer sans cesse → s'entendre comme … et … .

2 Trouve la signification des expressions suivantes.

nager comme un fer à repasser. → nager… – se battre comme un lion. → se battre … – être blanc comme neige. → être … – être rapide comme l'éclair. → être … – être solide comme un roc. → être … .

3 De nombreuses comparaisons se font avec des noms d'animaux. Complète les expressions avec l'un des noms suivants : *des sardines – un ver – un cochon – une carpe – un loir – un paon.*

être serrés comme … – être muet comme … – dormir comme … – être nu comme … – être sale comme … – être fier comme un … .

4 Certains noms sont parfois désignés à l'aide d'une comparaison appelée *périphrase*.

Ex. : l'Himalaya → le toit du monde.

Trouve le nom qui est désigné par :

l'astre du jour : …
l'astre de la nuit : …
la ville lumière : …
la planète bleue : …
la grande bleue : …
le roi des animaux : …
la planète rouge : …

5 Complète les expressions avec les adjectifs suivants :
jaune, doux, gai, blanc, muet, sourd, mou, léger.

… comme un agneau
… comme la neige
… comme une plume
… comme un pot
… comme une chiffe
… comme une carpe
… comme un citron
… comme un pinson

La nature des mots

Les mots peuvent être classés en plusieurs espèces. Ils sont de **nature** différente : nom, adjectif, verbe...

▸ *Mon ami aime nager dans une piscine ou dans la mer.*

- ▸ *ami, piscine, mer* sont des **noms**.
- ▸ *aime, nager* sont des **verbes**.
- ▸ *mon, une, la* sont des **déterminants**.
- ▸ *dans* est une **préposition**.
- ▸ *ou* est une **conjonction**.

Il existe **8 espèces** de mots.

1. Les noms
Ils désignent ce dont on parle : une personne, un animal, un objet, une idée...
▸ *une **fille**, un **chat**, une **valise**, la **liberté***

2. Les pronoms
Ils remplacent le nom.
▸ ***Il*** [*mon ami*] *aime nager.*

▸ *Voici deux robes. **Celle-ci** est un peu trop courte. Mais **l'autre** t'irait bien.*

3. Les déterminants
Ils précèdent le nom et précisent ce qu'il indique.
▸ ***une** valise, **ma** valise, **cette** valise*

4. Les adjectifs
Ils s'ajoutent au nom et permettent d'apporter des précisions sur ce qu'il désigne.
▸ *une **petite** valise **verte***

5. Les verbes
Ils décrivent les actions ou les états d'une personne, d'un animal, d'un objet...
▸ *Mon ami **nage**. Il **est** content.*

6. Les adverbes
Ils s'ajoutent au verbe ou à l'adjectif et précisent son sens.
▸ *Il nage **très bien**.*
▸ *Une mer **fortement** houleuse.*

7. Les prépositions
Elles se placent devant un nom ou un verbe pour le relier à un autre nom ou à un autre verbe et ainsi le compléter.
▸ *La voiture **de** notre voisin.*
▸ *Il nage **dans** la mer.*
▸ *Il nage **pour** se muscler.*

8. Les conjonctions
Elles permettent de relier (de faire la jonction entre) des mots, des groupes de mots ou des phrases.
▸ *Mon ami aime nager dans une piscine **ou** dans la mer.*

La fonction des mots

Lorsqu'un mot est employé dans une phrase, il joue un rôle dans cette phrase : sujet, complément d'objet direct (COD), etc.
La **fonction d'un mot** est son rôle. Elle peut changer selon les phrases.
Un mot peut changer de fonction, mais il ne peut jamais changer de nature : un nom reste un nom, un verbe reste un verbe, etc.

▸ ***Mon ami*** *nage dans la mer.*
déterminant + nom
↓
sujet

▸ *J'ai invité **mon ami**.*
déterminant + nom
↓
complément d'objet direct

▸ *J'ai acheté un cadeau pour **mon ami**.*
préposition + déterminant + nom
↓
complément circonstanciel

L'accord au sein du groupe nominal

• Tous les éléments – déterminant, nom, adjectif – s'accordent en **genre** et en **nombre** au sein du groupe nominal.

	MASCULIN	FÉMININ
SINGULIER	*un garçon poli*	*une fille polie*
PLURIEL	*des garçons polis*	*des filles polies*

L'adjectif s'accordant avec deux noms de genre différent s'écrit au masculin pluriel.
un garçon et une fille polis

• Les marques **du féminin** et **du pluriel**

LE FÉMININ	LE PLURIEL
• **Cas général → -*e*** *(une amie jolie)* • Pas de changement pour les mots terminés par ***-e*** au masculin *(un élève → une élève).* • Mots terminés par : ***-er* → *-ère*** *(la bergère, légère)* ***-eur* → *-euse*** *(la danseuse, heureuse)* ***-teur* → *-trice*** *(l'actrice, protectrice)* ***-e* → *-esse*** *(l'ogresse)* ***-f* → *-ve*** *(la veuve, neuve)* ***-el, -eau* → *-elle*** *(la colonelle, nouvelle)* ***-en, -on* → *-enne, -onne*** *(la chienne, bonne)* ***-s* → *-sse*** *(grosse)*	• **Cas général → -*s*** *(des amis)* • Pas de changement pour les mots terminés par ***-s, -x, -z*** au singulier *(un nez → des nez).* • Mots terminés par : ***-al* → *-aux*** *(des journaux)* Exceptions : *bal, carnaval, chacal, festival, régal, récital (des bals)* ***-ail* → *-ails*** *(des rails)* Exceptions : *bail, corail, émail, soupirail, travail, vantail, vitrail → -aux (des travaux)* ***-au, -eau, -eu* → *-x*** *(des troupeaux, des feux)* Exceptions : *landau, bleu, pneu → -s (des pneus)* ***-ou* → *-s*** *(des trous)* Exceptions : *bijou, caillou, chou, genou, hibou, joujou, pou → -x (des choux)*

L'accord du groupe nominal sujet avec le verbe

• Un seul sujet
- singulier → verbe au singulier. ***Pierre*** *écout**e** un CD.*
- pluriel → verbe au pluriel. ***Les enfants*** *écout**ent** un CD.*

• Plusieurs sujets
- singulier / pluriel → verbe au pluriel. ***Camille, Lucie et Marc*** *écout**ent** un CD.*

• Un seul sujet singulier, plusieurs verbes → verbes au singulier.
La feuille *se détach**e**, tourbillonn**e** et tomb**e** sur le sol.*

• Le verbe s'accorde toujours avec le sujet, quelle que soit la place du sujet et du verbe.
– Le sujet est **devant** le verbe : ***Les hirondelles*** *nich**ent** dans la grange.*
– Le sujet est **après** le verbe : *Dans la grange nich**ent*** ***les hirondelles****.*
– Le sujet est **éloigné** du verbe :
Les hirondelles*, dont les cris nous parviennent, nich**ent** dans la grange.*

RÉCAPITULONS

Tableau des déterminants

	ARTICLES		ADJECTIFS			
	définis[1]	indéfinis	possessifs	démonstratifs	indéfinis	numéraux
masculin singulier	*le, l'*	*un*	*mon, ton, son, notre, votre, leur*	*ce, cet*	*chaque*	*un*
féminin singulier	*la, l'*	*une*	*ma, ta, sa, notre, votre, leur*	*cette*		*une*
pluriel	*les*	*des*	*mes, tes, ses, nos, vos, leurs*	*ces*	*quelques, plusieurs*	*deux, cinquante, six cents*

1. Avec les prépositions *à* et *de*, les articles définis prennent la forme contractée au masculin singulier (*au, du*) et au pluriel des deux genres (*aux, des*) : *le chat* ***du*** *voisin / le chat* ***des*** *voisins.*

Tableau des pronoms

PRONOMS PERSONNELS	• Ils permettent d'éviter les répétitions d'un même nom. • Ils désignent le sujet : ***je – tu – nous – vous.*** ▶ ***Je*** *parle.* • Ils remplacent le sujet : ***il – ils – elle – elles – on.*** ▶ *Théo entre,* ***il*** *est pâle.* • Ils remplacent le complément d'objet : ***le – la – les – l' – lui – leur – eux…*** ▶ *Ariane a une robe neuve ; elle* ***la*** *montre.*
PRONOMS RELATIFS	• Ils permettent d'éviter les répétitions d'un même nom. • Ils relient les propositions subordonnées relatives aux propositions principales. • Les principaux pronoms relatifs sont : ***qui – que – quoi – dont – où – lequel – laquelle – duquel – auquel – à laquelle*** ▶ *L'acteur saluait le public* ***qui*** *applaudissait.* ▶ *La maison* ***dont*** *j'ai parlé est en vente.*
AUTRES PRONOMS	• pronoms démonstratifs : ***celui – celle – celui-ci – ce…*** • pronoms possessifs : ***le mien – la tienne – les nôtres…*** • pronoms interrogatifs : ***qui ? – lequel ? – auquel ?…*** • pronoms indéfinis : ***aucun – chacun – certains – plusieurs – tous…***

Tableau de phonétique

SONS-VOYELLES		SONS-CONSONNES	
		[p]	par, prendre
		[b]	bien, le bateau
		[t]	très, le toit
[a]	le chat	[d]	Damien, donner
[o]	bientôt, de l'eau	[k]	comme, quatre, le képi
[ɔ]	l'école	[g]	goûter, gai
[y]	la rue	[f]	François, fort
[u]	la roue	[v]	avec, venir
[e]	du café, les	[s]	souvent, un citron
[ɛ]	après, jamais	[z]	zéro, un oiseau
[œ]	un œuf, la peur	[ʒ]	jouer, je, il nage
[ø]	heureux	[ʃ]	chercher, le chemin
[ə]	je, le, regarder	[l]	Lucien, une balle
[i]	l'ami	[r]	rire, Raoul
[ɑ̃]	grand, une dent	[m]	maman
[ɔ̃]	le pont	[n]	notre, bonne
[ɛ̃]	le timbre, le peintre	[ɲ]	la campagne, cogner
		[j]	le crayon, l'abeille
		[w]	l'ouest
		[ɥ]	la nuit

Mots invariables

(à apprendre par cœur)

afin de, que
alors
après
assez
à travers
au-dessous
au-dessus
aujourd'hui
auprès
aussi
aussitôt
autant
autour
autrefois
autrement
avant
avec
beaucoup
bien
bientôt
car
ceci
cela
cependant
chez
comme
comment
dans
dedans
dehors
déjà
depuis
dessous
dessus
devant
donc
dont
durant
encore
enfin
ensuite
entre
envers
exprès
fois
hélas
hier
ici
jamais
là-bas
loin
longtemps
lors de
lorsque
maintenant
mais
malgré
mieux
moindre
moins
non
par
parce que
par-dessous
par-dessus
parfois
parmi
pas
pendant
personne
peu
plus
plusieurs
plutôt
pour
pourquoi
pourtant
près
presque
puis
quand
quelquefois
quoi
quoique
sans
sauf
selon
seulement
sinon
sitôt
soudain
sous
souvent
sur
surtout
tant
tantôt
tard
tôt
toujours
toutefois
très
trop
vers
voici
voilà
vraiment

INFINITIF	INDICATIF					
	présent		imparfait	passé simple	futur simple	passé composé
AVOIR auxiliaire	j'	ai	avais	eus	aurai	ai eu
	tu	as	avais	eus	auras	as eu
	il, elle	a	avait	eut	aura	a eu
	nous	avons	avions	eûmes	aurons	avons eu
	vous	avez	aviez	eûtes	aurez	avez eu
	ils, elles	ont	avaient	eurent	auront	ont eu
ÊTRE auxiliaire	je, j'	suis	étais	fus	serai	ai été
	tu	es	étais	fus	seras	as été
	il, elle	est	était	fut	sera	a été
	nous	sommes	étions	fûmes	serons	avons été
	vous	êtes	étiez	fûtes	serez	avez été
	ils, elles	sont	étaient	furent	seront	ont été
PARLER 1er groupe	je, j'	parle	parlais	parlai	parlerai	ai parlé
	tu	parles	parlais	parlas	parleras	as parlé
	il, elle	parle	parlait	parla	parlera	a parlé
	nous	parlons	parlions	parlâmes	parlerons	avons parlé
	vous	parlez	parliez	parlâtes	parlerez	avez parlé
	ils, elles	parlent	parlaient	parlèrent	parleront	ont parlé
RÉUNIR 2e groupe	je, j'	réunis	réunissais	réunis	réunirai	ai réuni
	tu	réunis	réunissais	réunis	réuniras	as réuni
	il, elle	réunit	réunissait	réunit	réunira	a réuni
	nous	réunissons	réunissions	réunîmes	réunirons	avons réuni
	vous	réunissez	réunissiez	réunîtes	réunirez	avez réuni
	ils, elles	réunissent	réunissaient	réunirent	réuniront	ont réuni
ALLER	je, j'	vais	allais	allai	irai	suis allé(e)
	tu	vas	allais	allas	iras	es allé(e)
	il, elle	va	allait	alla	ira	est allé(e)
	nous	allons	allions	allâmes	irons	sommes allé(e)s
	vous	allez	alliez	allâtes	irez	êtes allé(e)s
	ils, elles	vont	allaient	allèrent	iront	sont allé(e)s
FAIRE	je, j'	fais	faisais	fis	ferai	ai fait
	tu	fais	faisais	fis	feras	as fait
	il, elle	fait	faisait	fit	fera	a fait
	nous	faisons	faisions	fîmes	ferons	avons fait
	vous	faites	faisiez	fîtes	ferez	avez fait
	ils, elles	font	faisaient	firent	feront	ont fait
VOIR	je, j'	vois	voyais	vis	verrai	ai vu
	tu	vois	voyais	vis	verras	as vu
	il, elle	voit	voyait	vit	verra	a vu
	nous	voyons	voyions	vîmes	verrons	avons vu
	vous	voyez	voyiez	vîtes	verrez	avez vu
	ils, elles	voient	voyaient	virent	verront	ont vu
DIRE	je, j'	dis	disais	dis	dirai	ai dit
	tu	dis	disais	dis	diras	as dit
	il, elle	dit	disait	dit	dira	a dit
	nous	disons	disions	dîmes	dirons	avons dit
	vous	dites	disiez	dîtes	direz	avez dit
	ils, elles	disent	disaient	dirent	diront	ont dit

INFINITIF		CONDITIONNEL	SUBJONCTIF		IMPÉRATIF	PARTICIPE	
		présent	présent		présent	présent	passé
AVOIR auxiliaire	j' tu il, elle nous vous ils, elles	aurais aurais aurait aurions auriez auraient	que j' que tu qu'il, elle que nous que vous qu'ils, elles	aie aies ait ayons ayez aient	aie ayons ayez	ayant	eu
ÊTRE auxiliaire	je tu il, elle nous vous ils, elles	serais serais serait serions seriez seraient	que je que tu qu'il, elle que nous que vous qu'ils, elles	sois sois soit soyons soyez soient	sois soyons soyez	étant	été
PARLER 1er groupe	je tu il, elle nous vous ils, elles	parlerais parlerais parlerait parlerions parleriez parleraient	que je que tu qu'il, elle que nous que vous qu'ils, elles	parle parles parle parlions parliez parlent	parle parlons parlez	parlant	parlé
RÉUNIR 2e groupe	je tu il, elle nous vous ils, elles	réunirais réunirais réunirait réunirions réuniriez réuniraient	que je que tu qu'il, elle que nous que vous qu'ils, elles	réunisse réunisses réunisse réunissions réunissiez réunissent	réunis réunissons réunissez	réunissant	réuni
ALLER	j' tu il, elle nous vous ils, elles	irais irais irait irions iriez iraient	que j' que tu qu'il, elle que nous que vous qu'ils, elles	aille ailles aille allions alliez aillent	va allons allez	allant	allé
FAIRE	je tu il, elle nous vous ils, elles	ferais ferais ferait ferions feriez feraient	que je que tu qu'il, elle que nous que vous qu'ils, elles	fasse fasses fasse fassions fassiez fassent	fais faisons faites	faisant	fait
VOIR	je tu il, elle nous vous ils, elles	verrais verrais verrait verrions verriez verraient	que je que tu qu'il, elle que nous que vous qu'ils, elles	voie voies voie voyions voyiez voient	vois voyons voyez	voyant	vu
DIRE	je tu il, elle nous vous ils, elles	dirais dirais dirait dirions diriez diraient	que je que tu qu'il, elle que nous que vous qu'ils, elles	dise dises dise disions disiez disent	dis disons dites	disant	dit

INFINITIF	INDICATIF					
		présent	imparfait	passé simple	futur simple	passé composé
VENIR	je	viens	venais	vins	viendrai	suis venu(e)
	tu	viens	venais	vins	viendras	es venu(e)
	il, elle	vient	venait	vint	viendra	est venu(e)
	nous	venons	venions	vînmes	viendrons	sommes venu(es)
	vous	venez	veniez	vîntes	viendrez	êtes venu(es)
	ils, elles	viennent	venaient	vinrent	viendront	sont venu(es)
VOULOIR	je, j'	veux	voulais	voulus	voudrai	ai voulu
	tu	veux	voulais	voulus	voudras	as voulu
	il, elle	veut	voulait	voulut	voudra	a voulu
	nous	voulons	voulions	voulûmes	voudrons	avons voulu
	vous	voulez	vouliez	voulûtes	voudrez	avez voulu
	ils, elles	veulent	voulaient	voulurent	voudront	ont voulu
POUVOIR	je, j'	peux	pouvais	pus	pourrai	ai pu
	tu	peux	pouvais	pus	pourras	as pu
	il, elle	peut	pouvait	put	pourra	a pu
	nous	pouvons	pouvions	pûmes	pourrons	avons pu
	vous	pouvez	pouviez	pûtes	pourrez	avez pu
	ils, elles	peuvent	pouvaient	purent	pourront	ont pu
SAVOIR	je, j'	sais	savais	sus	saurai	ai su
	tu	sais	savais	sus	sauras	as su
	il, elle	sait	savait	sut	saura	a su
	nous	savons	savions	sûmes	saurons	avons su
	vous	savez	saviez	sûtes	saurez	avez su
	ils, elles	savent	savaient	surent	sauront	ont su
DEVOIR	je, j'	dois	devais	dus	devrai	ai dû
	tu	dois	devais	dus	devras	as dû
	il, elle	doit	devait	dut	devra	a dû
	nous	devons	devions	dûmes	devrons	avons dû
	vous	devez	deviez	dûtes	devrez	avez dû
	ils, elles	doivent	devaient	durent	devront	ont dû
PRENDRE	je, j'	prends	prenais	pris	prendrai	ai pris
	tu	prends	prenais	pris	prendras	as pris
	il, elle	prend	prenait	prit	prendra	a pris
	nous	prenons	prenions	prîmes	prendrons	avons pris
	vous	prenez	preniez	prîtes	prendrez	avez pris
	ils, elles	prennent	prenaient	prirent	prendront	ont pris
VIVRE	je, j'	vis	vivais	vécus	vivrai	ai vécu
	tu	vis	vivais	vécus	vivras	as vécu
	il, elle	vit	vivait	vécut	vivra	a vécu
	nous	vivons	vivions	vécûmes	vivrons	avons vécu
	vous	vivez	viviez	vécûtes	vivrez	avez vécu
	ils, elles	vivent	vivaient	vécurent	vivront	ont vécu
CRAINDRE	je, j'	crains	craignais	craignis	craindrai	ai craint
	tu	crains	craignais	craignis	craindras	as craint
	il, elle	craint	craignait	craignit	craindra	a craint
	nous	craignons	craignions	craignîmes	craindrons	avons craint
	vous	craignez	craigniez	craignîtes	craindrez	avez craint
	ils, elles	craignent	craignaient	craignirent	craindront	ont craint

INFINITIF		CONDITIONNEL	SUBJONCTIF		IMPÉRATIF	PARTICIPE	
		présent	présent		présent	présent	passé
VENIR	je	viendrais	que je	vienne		venant	venu
	tu	viendrais	que tu	viennes	viens		
	il, elle	viendrait	qu'il, elle	vienne			
	nous	viendrions	que nous	venions	venons		
	vous	viendriez	que vous	veniez	venez		
	ils, elles	viendraient	qu'ils, elles	viennent			
VOULOIR	je	voudrais	que je	veuille		voulant	voulu
	tu	voudrais	que tu	veuilles	veuille		
	il, elle	voudrait	qu'il, elle	veuille			
	nous	voudrions	que nous	voulions	veuillons		
	vous	voudriez	que vous	vouliez	veuillez		
	ils, elles	voudraient	qu'ils, elles	veuillent			
POUVOIR	je	pourrais	que je	puisse		pouvant	pu
	tu	pourrais	que tu	puisses			
	il, elle	pourrait	qu'il, elle	puisse			
	nous	pourrions	que nous	puissions			
	vous	pourriez	que vous	puissiez			
	ils, elles	pourraient	qu'ils, elles	puissent			
SAVOIR	je	saurais	que je	sache		sachant	su
	tu	saurais	que tu	saches	sache		
	il, elle	saurait	qu'il, elle	sache			
	nous	saurions	que nous	sachions	sachons		
	vous	sauriez	que vous	sachiez	sachez		
	ils, elles	sauraient	qu'ils, elles	sachent			
DEVOIR	je	devrais	que je	doive		devant	dû
	tu	devrais	que tu	doives			
	il, elle	devrait	qu'il, elle	doive			
	nous	devrions	que nous	devions			
	vous	devriez	que vous	deviez			
	ils, elles	devraient	qu'ils, elles	doivent			
PRENDRE	je	prendrais	que je	prenne		prenant	pris
	tu	prendrais	que tu	prennes	prends		
	il, elle	prendrait	qu'il, elle	prenne			
	nous	prendrions	que nous	prenions	prenons		
	vous	prendriez	que vous	preniez	prenez		
	ils, elles	prendraient	qu'ils, elles	prennent			
VIVRE	je	vivrais	que je	vive		vivant	vécu
	tu	vivrais	que tu	vives	vis		
	il, elle	vivrait	qu'il, elle	vive			
	nous	vivrions	que nous	vivions	vivons		
	vous	vivriez	que vous	viviez	vivez		
	ils, elles	vivraient	qu'ils, elles	vivent			
CRAINDRE	je	craindrais	que je	craigne		craignant	craint
	tu	craindrais	que tu	craignes	crains		
	il, elle	craindrait	qu'il, elle	craigne			
	nous	craindrions	que nous	craignions	craignons		
	vous	craindriez	que vous	craigniez	craignez		
	ils, elles	craindraient	qu'ils, elles	craignent			

N° éditeur 10121465 - février 2006
Imprimé en Espagne par Mateu Cromo